UTB
FÜR WISSEN
SCHAFT

Eine Arbeitsgemeinschaft der Verlage

Wilhelm Fink Verlag München
Gustav Fischer Verlag Jena und Stuttgart
Francke Verlag Tübingen und Basel
Paul Haupt Verlag Bern · Stuttgart · Wien
Hüthig Fachverlage Heidelberg
Leske Verlag + Budrich GmbH Opladen
J. C. B. Mohr (Paul Siebeck) Tübingen
Quelle & Meyer Heidelberg · Wiesbaden
Ernst Reinhardt Verlag München und Basel
Schäffer-Poeschel Verlag · Stuttgart
Ferdinand Schöningh Verlag Paderborn · München · Wien · Zürich
Eugen Ulmer Verlag Stuttgart
Vandenhoeck & Ruprecht in Göttingen und Zürich

Paul Auvray

Bibelhebräisch zum Selbststudium

Kurzgrammatik

Erläuterte Texte

Vocabular

Ferdinand Schöningh
Paderborn · München · Wien · Zürich

Aus dem Französischen übersetzt von Peter Knauer SJ

Die Deutsche Bibliothek – CIP-Einheitsaufnahme

Auvray, Paul:
Bibelhebräisch zum Selbststudium: Kurzgrammatik, erläuterte Texte, Vocabular / Paul Auvray. [Aus dem Franz. übers. von Peter Knauer]. – Paderborn; München; Wien; Zürich: Schöningh, 1996
(UTB für Wissenschaft: Grosse Reihe)
Einheitssacht.: Initiation à l'hébreu biblique < dt. >
ISBN 3-8252-8113-2 (UTB)
ISBN 3-506-98505-1 (Schöningh)

Gedruckt auf umweltfreundlichem, chlorfrei gebleichtem und alterungsbeständigem Papier ⊗ ISO 9706

Grundlage der Übersetzung ist die 1964 bei Desclée, Paris, erschienene zweite, durchgesehene Auflage von *Initiation à l'hébreu biblique – Précis de grammaire – Textes expliqués – Vocabulaire.*

(Verlag Ferdinand Schöningh GmbH, Jühenplatz 1, D-33098 Paderborn)
ISBN 3-506-98505-1

Printed in Germany.
Herstellung: Ferdinand Schöningh, Paderborn
Einbandgestaltung: Alfred Krugmann, Freiberg am Neckar

UTB-Bestellnummer: ISBN 3-8252-8113-2

Inhaltsverzeichnis

Vorbemerkung des Übersetzers

Der Grund dieser Übersetzung ist meine eigene gute Erfahrung mit diesem Lehrbuch. Ich wollte es deshalb auch anderen, die wenigstens für den Anfang eine einfache Methode suchen, zugänglich machen. Es eignet sich zum Selbststudium. Sein besonderer Vorzug besteht darin, daß nach der sehr kurzen grammatischen Einführung mit zusammenhängenden biblischen Texten gearbeitet wird. Dabei wird jedes Wort erklärt, und es wird auch auf die Stellen in der Grammatik und den bisherigen Texten zurückverwiesen, wo etwas schon einmal erklärt worden ist. Man wird dann die meisten Texte des Alten Testaments leicht lesen können, wenn man z.B. die Konkordanz von GERHARD LISOWSKI benutzt. Diese listet bei den einzelnen Wörtern alle Vorkommen auf, so daß man kontrollieren kann, ob man eine schwierige Verbform auf die richtige Wurzel zurückgeführt hat.

Bei der Übersetzung wurden Anpassungen an den heutigen deutschen Sprachraum vorgenommen; die beiden Vorworte des Verfassers († 1977) wurden zusammengefaßt und etwas gekürzt. Das zweite Grammatikkapitel über die Vokalisation wurde unter Mithilfe von Luis I. Stadelmann SJ (Belo Horizonte) weitgehend neu bearbeitet. Ihm sind viele weitere Hinweise zu verdanken.

Die Zeit, die zum Übersetzen des ganzen Lehrbuchs und der Erstellung des Layouts notwendig war (ungefähr 300 Arbeitsstunden, die sich je zur Hälfte auf beides verteilen), sollte bei aufmerksamem Lernen vielleicht auch ausreichen, um sich den Stoff dieses Buchs anzueignen. Wer dies tun will, dem sei die Übersetzung gewidmet.

Frankfurt am Main, 24. Juni 1995.

PETER KNAUER SJ

Vorwort

Das Hebräische ist eine leichte Sprache. Dies ist jedoch kein Grund, den Studierenden die Hilfe und die Arbeitsmittel zu versagen, die ihr guter Wille verdient. Es existieren zwar verschiedene ausgezeichnete Grammatiken des Hebräischen, aber kaum eine, die für den Beginn geeignet wäre.

Aus dieser Feststellung ist die vorliegende Methode entstanden. Sie hat kein anderes Ziel, als den Unterricht zu erleichtern oder das Selbststudium am Anfang zu leiten. Es wird darin wenig Neues zu finden sein, und die wenigen, vorsichtig eingeführten Neuerungen sollen nur Routinen aufbrechen bzw. pädagogische Vereinfachungen anbieten.

Die drei Teile des Werkes werden innerhalb von durchschnittlich zwei oder drei Jahren [bei zwei bis drei halben Stunden pro Woche, vgl. Gr. **8**; Anm. des Übersetzers] zu einer ausreichenden Kenntnis der hebräischen Sprache führen, die es z.B. erlauben wird, die historischen Bücher flüssig zu lesen. Wer sich dann weiter vervollkommnen will, kann mit Nutzen auf die detaillierten Grammatiken und die großen Lexika zurückgreifen.

In der **Kurzgrammatik** wurde alles zusammengefaßt, was zu wissen erforderlich und ausreichend ist, bevor man an Texte geht. Ein aufmerksames Studium dieses Teils ist unerläßlich. Man kann also nicht den zweiten Teil beginnen, bevor man nicht wenigstens die ersten 15 Lektionen der Grammatik gut beherrscht. Für die ersten Studienmonate reicht diese Kurz-Grammatik. Es ist eher davon abzuraten, am Anfang noch weitere Grammatiken zu benutzen. Dies wäre ähnlich unpraktisch, wie wenn man sich erstmalig mit euklidischer Geometrie und gleichzeitig mit Theoremen über einen vierdimensionalen Raum beschäftigen wollte.

Die Übungen stellen nur Beispiele dar, die man mit Nutzen noch vermehren könnte.

Die **erläuterten Texte** sind, soweit möglich, in einer Ordnung wachsender Schwierigkeit ausgewählt worden. Man sollte sich nie mit einer schnellen und oberflächlichen Lektüre begnügen, sondern bei jeder sich bietenden Gelegenheit die Grammatik konsultieren, ein und denselben Text mehrmals lesen, auf Früheres zum Vergleich und zur Erläuterung zurückgehen. Das sind die Ratschläge, die zu beobachten man nicht müde werden soll. Selbstverständlich ist diese Methode nicht exklusiv. Im Unterricht kann man parallel dazu weitere Texte erläutern, sei es im gleichen Tempo oder schneller.

Das Studium des **Vokabulars**, das zugleich mit dem der Texte durchgeführt wird, läßt Studierenden und Lehrenden ein Maximum an Initiative. Trotz der Querverbindungen, von denen möglichst viele aufgestellt wurden, bleibt es immer etwas lästig, eine Folge einzelner Wörter lernen zu müssen. Man tut gut daran, sich dies durch unterschiedliche Übungen, Aufgaben, Übersetzungen, Kurztexte zu erleichtern. Mit ihren 2000 Wörtern enthält diese Zusammenstellung alle Vokabeln, die mehr als zehnmal in der Bibel vorkommen (und sogar noch einige darüber hinaus, bei denen dies nützlich oder erhellend schien). Die Erfahrung zeigt, daß damit eine genügende Grundlage für eine leichte und angenehme Lektüre fast aller biblischen Texte gegeben ist.

Der *Index* verweist nur auf solche Wörter, die Gegenstand besonderer Bemerkungen waren. Eine vollständige Aufstellung würde lediglich die Aufgabe eines Lexikons schlecht übernehmen, aber es nicht ersetzen können. Wegen eines so geringen Vorteils schien es nicht sinnvoll, den Umfang des Werkes zu vermehren.

Diese Methode ist während vieler Jahre des Unterrichtens praktisch erprobt worden. Wer die grammatische Darlegung als zu trocken empfindet, sei auf mein kleines Buch *L'hébreu biblique*, Desclée De Brouwer, Paris 1962, verwiesen, das als Ergänzung zum vorliegenden Werk gedacht ist.

Montsoult (Seine-et-Oise), 25. Januar 1953 / Oktober 1964.

P. AUVRAY

(Professor am Scholastikat des Oratoriums)

Zeichen und Abkürzungen

*	bezeichnet eine hypothetische, aber in keinem Text belegte Form
†	bezeichnet eine vollständige Aufzählung
√	Wurzel
□	bezeichnet einen beliebigen hebräischen Konsonanten

abs.	*absolutus*
Adj.	Adjektiv
Adv.	Adverb
akt.	aktiv
c.	*communis* (sowohl für feminin wie maskulin)
consec.	*consecutivus, -um*
constr.	*constructus*
Du.	Dual
f.	feminin
Gr. §	verweist auf die Grammatik (SS. 9–58)
Imper.	Imperativ
Imperf.	Imperfekt
Inf.	Infinitiv
koll.	kollektiv
Konj.	Konjunktion
LXX	Griechische Bibelübersetzung der Septuaginta
m.	maskulin
mf.	maskulin oder feminin
P.	Person
Part.	Partizip
pass.	passiv
Perf.	Perfekt
Pl.	Plural
Präp.	Präposition
Pron.	Pronomen
S.	Substantiv
Sg.	Singular
St.	Status
T. §	verweist auf die erläuterten Texte (SS. 77–220)
TM	Masoretischer Text (offizieller Text der hebräischen Bibel)
V. §	verweist auf das Vokabular (SS. 221–275)
Vulg.	Vulgata

ERSTER TEIL

KURZGRAMMATIK

1. Lektion: Hebräische Sprache und Schrift.

1 Die hebräische Sprache: eine semitische Sprache der nordwestlichen Gruppe.

Semitische Sprachen:
1) die nordöstliche Gruppe: Akkadisch (Keilschrift), aufgeteilt in den babylonischen und den assyrischen Dialekt;
2) die nordwestliche Gruppe: Ugaritisch, Aramäisch, Syrisch, **Hebräisch**, Phönizisch;
3) die südliche Gruppe: Arabisch, Äthiopisch.

2 Die hebräische Schrift:
1) alphabetisch, von rechts nach links;
2) anfänglich rein konsonantisch (§ **7ff**);
3) zwei Hauptformen:
   a) das **archaische Alphabet** (manchmal als phönizisch bezeichnet); es ist in Phönizien ab dem 13. Jhdt. v. Chr. und in Palästina seit dem 9. Jhdt. v. Chr. bezeugt.
   b) das **quadratische Alphabet**, das vom Aramäischen abgeleitet ist, und mindestens seit dem 1. Jhdt. v. Chr. und in den mittelalterlichen Manuskripten sowie heute in unseren gedruckten Bibeln verwandt wird (vgl. folgende Seite).

NB: Der Anfänger wird sich damit begnügen, das quadratische Alphabet zu erlernen; das archaische Alphabet wird hier nur für besondere Interessenten vorgestellt. Kursiv ist die heutige Schreibschrift.

3 Bemerkungen:

A. Hinsichtlich der Form:
1. Die Buchstaben des **archaischen** Alphabets werden ungefähr entsprechend der Stele des Meša (9. Jhdt. v. Chr.) wiedergegeben. Andere Inschriften und insbesondere Tonscherben bieten Varianten, die man aus dem praktischen Umgang erlernen kann.
2. Beim **quadratischen** Alphabet ist zu beachten, daß es bei einigen Buchstaben (**א**, ה, ל, ם, ת) je nach Bedarf unterschiedlich breit *gedehnte Schreibweisen* gibt, die vor allem am Ende einer Zeile zum Auffüllen gebraucht werden (ﬡ, ﬣ, ﬥ, ﬦ, ﬨ); und für andere (כ, מ, נ, פ, צ) gibt es *Schlußschreibweisen* (ך, ם, ן, ף, ץ), die immer am Schluß eines Wortes angewandt werden.

4 B. Hinsichtlich der **Transkription** und des **Lautwertes** der Buchstaben:
1. *w* wie im Englischen (*war*), *š* wie sch.
2. *g̱* = *g* als weicher Reibelaut, *ḵ* = wie *ch* in *ach*; *ṯ* = englisches stimmloses *th* (*thick*); *ḏ* = englisches stimmhaftes *th* (*this*).

3. Ein Punkt unter einem Konsonanten besagt heftige Aussprache (stark artikuliert, von der Kehle her).

Archaisch	Quadratisch	Kursiv	Name	Umschrift	
				Grundwert	Aspiriert
𐤀	א	א	Alef	ʾ	
𐤁	ב	ב	Bet	*b*	*b̲* (= *v*)
𐤂	ג	ג	Gimel	*g*	*g̲*
𐤃	ד	ד	Dalet	*d*	*d̲*
𐤄	ה	ה	He	*h*	
𐤅	ו	ו	Waw	*w*	
𐤆	ז	ז	Zajin	*z*	
𐤇	ח	ח	Ḥet	*ḥ*	
𐤈	ט	ט	Ṭet	*ṭ*	
𐤉	י	י	Jod	*j*	
𐤊	כ, am Schluß ך	כ ך	Kaf	*k*	*k̲*
𐤋	ל	ל	Lamed	*l*	
𐤌	מ, am Schluß ם	מ ם	Mem	*m*	
𐤍	נ, am Schluß ן	נ ן	Nun	*n*	
𐤎	ס	ס	Samek	*s*	
𐤏	ע	ע	Ajin	ʿ	
𐤐	פ, am Schluß ף	פ ף	Pe	*p*	*f*
𐤑	צ, am Schluß ץ	צ ץ	Ṣade	*ṣ*	
𐤒	ק	ק	Kof	*q*	
𐤓	ר	ר	Resch	*r*	
𐤔	שׂ	שׂ	Śin	*ś*	
	שׁ	שׁ	Schin	*š*	
𐤕	ת	ת	Taw	*t*	*t̲*

5 C. Hinsichtlich der **Aussprache** unterscheidet man:

1. die **Gutturale**, für einen Westler schwer auszusprechen:
   - א fast stummer Kehllaut, der dem griechischen *»spiritus lenis«* entspricht. Es handelt sich nur um die zur Aussprache jedes Vokallautes notwendige Öffnung der Kehle, also praktisch um nichts.
   - ה stummer Kehllaut, deutsches *h*.
   - ח stummer Kehllaut wie in dt. *machen*
   - ע klingender Kehllaut: arabisches *ain*.

6 2. die **schwachen** Konsonanten א, ה, ו, י, die dazu tendieren, ihren Konsonantenwert zu verlieren, zu **quieszieren**, also nicht ausgesprochen zu werden.

7 3. die sechs Buchstaben ב, ג, ד, כ, פ, ת (Gedächtnisstütze: ***Begadkefat***), die zwei Aussprachen haben können: hart als Verschlußlaut oder weich als Reibelaut. In **§ 16** wird darauf eingegangen werden, daß man in heutiger Schreibweise diese beiden Aussprachen durch ein besonderes Zeichen unterscheidet. Nützlich zu wissen, warum:

   a) Die Aussprache der *Begadkefat* als **Verschlußlaut** (hart, explosiv),
      1) wenn sie verdoppelt werden (§ **8**);
      2) bei absolutem Anfang, also bereits nach einer sehr kurzen Pause;
      3) bei relativem Anfang, nämlich wenn die unmittelbar vorangehende Silbe mit einem Konsonanten endet.

   b) Aussprache als **Reibelaut**, immer wenn einem unverdoppelten *Begadkefat*-Konsonanten ein auch nur leichter Vokal ohne Pause vorangeht.

      Zum Beispiel בראשית ברא liest man *b^{e}rešiṯ bara*.
      b(^{e}): Verschlußlaut am absoluten Anfang.
      (i)ṯ: Reibelaut (gestützt auf das unmittelbar vorhergehende i).
      b(ara): Verschlußlaut am relativen Anfang (das vorangehende Wort endet mit dem Konsonanten *ṯ*).

8 4. Alle Buchstaben außer den Gutturalen und dem ר können verdoppelt und damit **verlängert** werden.

   Zum Beispiel kann קטל die Aussprache erhalten: *qiṭṭel*.

5. Im Hebräischen gibt es keine Doppellaute; ז wird als stimmhaftes *s* (und nicht *ds*) gesprochen; צ wird als sehr scharfes *s* gesprochen (nicht als *ts*).

> Methodenhinweis: Man wird bemerken, daß die Lektionen dieser *Kurzgrammatik* relativ knapp gehalten sind. Sie bilden jedoch die Normalration für eine Übungsstunde. Die Erfahrung lehrt, daß es am Anfang besser ist, mehrere Unterrichtseinheiten durchzuführen, als eine auszudehnen. Im allgemeinen werden pro Woche zwei oder drei Unterrichtseinheiten von einer halben Stunde für normal begabte Schüler einen guten Rhythmus bilden.

Übungen
Man kann sich üben, einige Zeilen der Bibel mündlich nachzubuchstabieren, ohne auf die Vokalisierungspunkte oder andere noch nicht gelernte Zeichen zu achten. Ebenso kann man schriftliche Transkriptionsübungen versuchen.

2. Lektion: Die Vokale

9 Eine rein konsonantische Schrift ließ Raum für viele Mehrdeutigkeiten. Zum Beispiel könnte man dasselbe Wort למלך nicht nur lesen *l^{e}mælæḵ* (= einem König) oder *lammælæḵ* (= dem König), sondern auch *limlōḵ* (= um zu herrschen), *l^{e}mōlēḵ* (= dem Herrschenden) usw. Der Kontext reichte nicht immer, um Mißverständnisse zu vermeiden. So spürte man bald die Notwendigkeit, wenigstens einige Vokallaute zu kennzeichnen; dies wurde noch notwendiger, als das Hebräische aufhörte, eine gesprochene Sprache zu sein. Unsere Darstellung folgt dem sephardischen Klangfarbensystem (das im frühen Mittelalter von Juden auf der iberischen Halbinsel entwickelt wurde).

10 **A. Die darzustellenden Laute**

1. In bezug auf die **Klangfarbe** kann man
drei Grundlaute unterscheiden: *i*, *a*, *u*;
und zwei abgeleitete: *e* und *o*.
Drei dieser Laute können entweder offen (*a*, *æ*, *o* wie in *Affe*, *echt*, *offen*) oder geschlossen sein (*ā*, *ē*, *ō* wie in *Abend*, *Efeu*, *Ofen*). Dies ergibt eine Gesamtmenge von acht Klangfarben:

i	ē	æ	a	ā	o	ō	u

Dabei ist a der offenste Vokal, während i und u, jeweils am Anfang und am Ende der Reihe, die geschlossensten Vokale sind.

2. Was die **Länge** angeht, können die Vokale entweder positionslang, naturlang, kurz oder auch reduziert (letzteres jedoch nur bei *e*, *æ*, *a*, *o*) sein.

11 **B. Die Vokalschrift.**

1. Wir haben bereits erwähnt, daß man am Anfang überhaupt keine Vokale geschrieben hat.

2. Man begann dann damit, die wichtigsten Vokallaute darzustellen, nämlich die längsten. Und zu diesem Zweck benutzte man die »schwachen Konsonanten« (§ **6**), vor allem:

ו	für die Laute *ô* und *û*
י	für die Laute *î* und *ê*
ה	für die Laute *â*, *ê*, *ô*

Diese Konsonanten werden, wenn man sie als Vokale verwendet, *matres lectionis* genannt. Nachdem sie einmal in den Text eingeführt worden sind, haben sie sich bis heute erhalten. Aber ihre Verwendung blieb stets ein bißchen willkürlich. Im selben Wort *gadol* (= groß) wird der Vokal *o* bald mit *mater lectionis* גדול (*gādôl, scriptio plena*, vgl. Gen 4,13), bald ohne *mater lectionis* גדל geschrieben (*gādōl, scriptio defectiva*, vgl. Dt 26,8).

12 3. Dieses rudimentäre System wurde viel später vervollständigt, zu einer Zeit, in welcher der biblische Text fixiert war und als unveränderbar angesehen wurde. Deshalb haben die sogenannten Punktatoren (7. Jhdt. nach Christus) sich damit begnügt, ohne einen eigentlichen Buchstaben zu verändern, die verschiedenen Vokale durch kleine Zeichen anzudeuten, die entweder über oder in oder unter die Buchstaben der Konsonanten gesetzt wurden. So entstand das heutige Vokalisierungssystem. Die Vokale werden je nach Länge und Klangfarbe durch die folgenden Zeichen angegeben, benannt und transkribiert:

a) positionslange Vokale (mit *matres lectionis* ו, י, ה, Umschrift mit ˆ über dem Vokal):

◌ָה	*qameṣ*	*â*
◌ֵי	*ṣere*	*ê*
◌ִי	*ḥireq gadol*	*î*
וֹ	*ḥolem plenum*	*ô*
וּ	*šureq*	*û*

b) naturlange Vokale (ohne *matres lectionis*, Umschrift mit ¯ über dem Vokal):

◌ָ	*qameṣ*	*ā*
◌ֵ	*ṣere*	*ē*
◌ֹ	*ḥolem*	*ō*

c) kurze Vokale:

◌ַ	*pataḥ*	*a*
◌ֶ	*sægol*	*æ*
◌ֶי	*sægol*	*e* (mit *jod quiescens*)

□ִ	*ḥireq*	*i*
□ָ	*qameṣ ḥatuf*	*o*
□ֻ	*qibbuṣ*	*u*

d) reduzierte Vokale

□ְ	*Š^e^wa mobile*	^e^	
□ֱ	*ḥatef sægol*	^æ^	
□ֲ	*ḥatef pataḥ*	^a^	(*ḥatef* = flüchtig)
□ֳ	*ḥatef qameṣ*	^å^	

Wenn man hebräische Schrift vokalisiert, läßt man einen nicht am Ende des Wortes stehenden Konsonanten nie ohne ein Vokalzeichen; etwa wie man man im Deutschen *»gehn«* spräche, aber doch immer *»gehen«* schreiben müßte. So erklärt sich, daß das sogenannte *Šᵉwa simplex*, dann als *Šᵉwa quiescens* (im Unterschied zum *Šᵉwa mobile*), auch für das Fehlen überhaupt jedes Vokals stehen kann.

13 BEMERKUNGEN:

1. Man unterscheidet also zwei Arten des *Šᵉwa*, das einfache und das zusammengesetzte *Šᵉwa*.

Das **einfache** *Šᵉwa* (*Šᵉwa simplex*) hat nur eine einzige Form, aber zwei Werte:

a) das *Šᵉwa mobile* als reduziertes, also sehr unbetontes ᵉ;
es kommt vor nach einer Silbe mit langem Vokal,
Beispiele: שֹׁמְרִים, *šōmᵉrîm*; כָּתְבָה, *kātᵉbāh*.
oder beim Anfangsbuchstaben eines mit einer unbetonten Silbe beginnenden Wortes,
Beispiele: תְקַטֵּל, *tᵉqaṭṭēl*; שְׁלֹמֹה, *šᵉlōmōh*.

b) und das *Šᵉwa quiescens* (= stumm).

Das **zusammengesetzte** oder gefärbte *Šᵉwa* (*Šᵉwa compositum*) gibt es in den drei Möglichkeiten □ֱ, □ֲ, □ֳ, die den drei Halbvokalen ^æ^, ^a^, ^å^ entsprechen.

14 2. Die Realität ist jedoch sehr flexibel.

a) Im einzelnen sind auch lange Vokale nicht genau gleichlang. Die geschlossensten Vokale tendieren dazu, auch am längsten zu sein; so ist וּ länger als וֹ, □ִ länger als □ֶ, usw. Dies ist wohl die Erklärung dafür, daß es kein langes □ַ = *a* (*pataḥ*) gibt, und daß nur die offensten Vokale zu reduzierten Vokalen werden können.

b) Ebenso haben die Inkonsequenzen in der Wahl der vollen bzw. der verkürzten (defektiven) Schreibung (§ **11**) zu Unregelmäßigkeiten geführt: Oft werden lange Vokale ohne *mater lectionis* (also wie kurze Vokale) geschrieben; und kurze Vokale können doch eine *mater lectionis* haben. Das ist der Fall bei dem Vokal *æ*, der oft mit einem ה oder י geschrieben wird, ohne daß er deshalb lang wäre.

15 3. In der Transkription

a) läßt man das *Šᵉwa quiescens* weg.
Beispiel: יִקְטֹל, *jiqtōl* (= er wird töten);

b) man transkribiert ָ bald mit *a*, bald mit *o*, je nach der Etymologie des Wortes.

4. Somit hat das Zeichen ָ zwei Aussprachen (langes *ā*, und in geschlossener, unbetonter Silbe kurzes *o*).

Beispiele: הָקְטַל, *hoqtal*; קָרְבָן, *qorbān*.

5. Schließlich sei darauf hingewiesen, daß der hochstehende Punkt ֹ, der dazu dient, den Vokal *o* darzustellen, in der Schrift gewöhnlich mit dem diakritischen Punkt des ihm vorangehenden שׁ oder des ihm folgenden שׂ zusammenfällt.

Beispiel: שָׁלֹשׁ, *šālōš* = drei.

Übungen
Jeden Tag einen Vers der Bibel mündlich buchstabieren und dann transkribieren. Sich aber noch nicht im eigentlichen Lesen üben, solange man noch nicht alle erforderlichen Zeichen kennt.

3. Lektion: Andere Lese-Zeichen

16 I. Das *Dageš* ist ein Punkt in der Mitte eines Buchstabens. Es dient dazu,

- entweder die Verdoppelung dieses Buchstabens anzuzeigen (§ **8**), und wird dann *Dageš forte* genannt;
- oder es drückt die harte Aussprache eines *Begadkefat*-Konsonanten (בגדכפת) aus (§ **7**) und heißt dann *Dageš lene*[1].

Diese beiden Verwendungsmöglichkeiten kann man folgendermaßen unterscheiden:

A. In einem anderen Konsonanten als den *Begadkefat* bedeutet es immer Verdoppelung:

Beispiel: קִטֵּל, *qiṭṭēl* (= er hat umgebracht).

B. In einem *Begadkefat*-Konsonanten bedeutet das *Dageš* ebenfalls Verdoppelung (und harte Aussprache), wenn diesem Konsonanten ein echter Vokal (nicht ein *Šᵉwa*) vorangeht.

Beispiel: יִפֹּל, *jippōl* (= er wird fallen).

Wenn dagegen dem Konsonanten mit *Dageš* unmittelbar ein anderer Konsonant ohne Vokal vorangeht oder wenn er einen Neubeginn nach einer Pause darstellt, dann markiert das *Dageš* nur die harte Aussprache.

---

1 Wenn man auf die zweifache Aussprachemöglichkeit der *Begadkefat* keinen gesteigerten Wert legt, dann braucht man sich um das *Dageš lene* nicht zu kümmern. Aber da dieses in unseren gedruckten Bibeln vorhanden ist, muß man es zumindest vom *Dageš forte* (der Verdoppelung) unterscheiden, das immer ausgesprochen wird.

Beispiel: יִשְׁפֹּט, *jiš-pōṭ* (= er wird richten). Dem פּ geht unmittelbar ein anderer Konsonant (שׁ) voraus, dem kein Vokal folgt.

בֵּן, *ben* (= Sohn).

17 BEMERKUNGEN

1. Folglich bedeutet das Fehlen des *Dageš* in einem *Begadkefat*-Konsonanten immer eine weiche Aussprache.
2. Die Gutturale und das ר können weder verdoppelt werden noch hart (explosiv) ausgesprochen werden. Deshalb tragen sie nie ein *Dageš*.
   NB: Mit dem *Dageš* darf man nicht den diakritischen Punkt verwechseln, der dann in ein Schluß-ה gesetzt wird, wenn es sich nicht um eine *mater lectionis* handelt, sondern um einen echten Konsonanten. Dieser Punkt heißt *Mappiq*.
3. Es ergibt sich auch, daß Vorhandensein oder Fehlen des *Dageš* in einem *Begadkefat*-Konsonanten dazu verhilft, zu unterscheiden, ob ein vorangehendes *Š*^{e}*wa* ein *Š*^{e}*wa quiescens* (also »stumm«) oder ein *Š*^{e}*wa mobile* ist (§ **12, 13**).
   Beispiel: קָטַלְתָּ, *qāṭaltā* (= du hast getötet). Das *Š*^{e}*wa* ist *quiescens*, weil das darauf folgende תּ das *Dageš* trägt.
   כָּתְבָה, *kāṯ*^{e}*ḇâ* (= sie hat geschrieben): Es handelt sich um ein *Š*^{e}*wa mobile*, weil das folgende ב kein *Dageš* trägt.

   Bei einem anderen Konsonanten als den *Begadkefat* kann man diesen Unterschied nur aus der Analogie erschließen.
   Beispiel: קָטְלָה, *qāṭ*^{e}*lâ* (= sie hat getötet), in Analogie zu dem vorangehenden Beispiel *kāṯ*^{e}*ḇâ*, das die gleiche Verbform ist.
4. Fünf Regeln von ELIJAH LEVITA (XVI. Jhdt.) für die Erkennung des *Š*^{e}*wa mobile*:
   a) am Beginn eines Wortes: כְּתַבְתֶּם, *k*^{e}*ṯaḇtæm*;
   b) das zweite von zwei nebeneinanderliegenden *Š*^{e}*wa*: יִכְתְּבוּ, *jikt*^{e}*ḇû*;
   c) nach einem langen Vokal (vielleicht nicht immer): כֹּתְבִים, *kōt*^{e}*ḇîm*;
   d) unter einem Konsonanten mit *Dageš*: דִּבְּרָה, *dibb*^{e}*râ*;
   e) unter dem ersten von zwei gleichen Konsonanten: רוֹמְמוּ, *rôm*^{e}*mû*.
5. Wir vertagen auf später (§ **33**) eine Besonderheit des *Š*^{e}*wa quiescens*, welche man manchmal als *Š*^{e}*wa medium* bezeichnet.

18 II. Der ***Maqqef*** oder Bindestrich:

Beispiel: אֶת־הָאוֹר (Gen 1,3; wegen des *Maqqef* die Schreibung אֶת־ statt אֵת).

III. Das ***Sôf-pāsûq*** (:), dem der ***Sillûq*** (ֽ) vorangeht; es bezeichnet das Ende eines Verses. Der ***ʾAṯnāḥ*** (֑) dagegen bezeichnet die Versmitte.

NB:

1. Diese wichtigen Pausenzeichen haben oft zur Folge, daß sich der Akzent verschiebt und sich sogar die Färbung der Vokale des Wortes verändert. Man hat dann Pausaformen, die gewöhnlich verlängert sind und die archaischen Laute erhalten haben.

2. Für das Akzentuierungssystem in unseren gedruckten Bibeln (das wirklich ein volles System bildet), kann man die ausführlichen Grammatiken konsultieren (z.B. JOÜON, S. 42. Und weiter unten: T. § **59**, 1 B).

Einige praktische Regeln

1. Jedes *Š^{e}wa*, dem ein *Dageš* folgt, ist ein *Š^{e}wa quiescens* (und das *Dageš* ist ein *Dageš lene*).
2. Wenn Ihnen ein Buchstabe mit einem *Dageš* begegnet, versuchen Sie, ihn entweder verdoppelt oder hart (explosiv) auszusprechen. Wenn die eine dieser beiden Aussprachen nicht geht, nehmen Sie die andere! So leicht ist das.

   Beispiel: בְּרֵאשִׁית בָּרָא (= Am Anfang schuf ...). In den beiden ב befindet sich ein *Dageš*. Da die Aussprache als Verdoppelung nicht möglich ist, weil ihr die Abstützung fehlt, bleibt nur die harte (explosive) Aussprache.

   הַשָּׁמַיִם. Das שּׁ trägt das *Dageš*. Eine harte (explosive) Aussprache ist nicht möglich, da es sich nicht um eine *Begadkefat* handelt. Deshalb bleibt nur die Verdoppelung.

   הַבְּרִית. Das בּ ist zugleich hart (explosiv) und verdoppelt.

Übungen

1. Schriftliche Transkriptionsübungen machen (nach dem Vorbild am Anfang der erläuterten Texte, S. 78).
2. Mündliche Leseübungen machen, langsam und mit großer Aufmerksamkeit. Sich von Anfang an gewöhnen,
   - die Gutturale gut auszusprechen,
   - die beiden Werte (hart und weich) der *Begadkefat* auseinanderzuhalten;
   - den Vokalen ihren genauen Klang zu geben: vor allem *e* und *æ* unterscheiden sowie langes und kurzes *a*.

4. Lektion: Einführung in die Phonetik

Hinweis zur Methode

Man braucht die folgenden Begriffe nicht von Anfang an zu lernen. Es genügt, sie aufmerksam zu lesen und immer wieder zu konsultieren. Erst bei einem zweiten Durchgang der Kurzgrammatik wird man sie genau zu lernen versuchen.

19 VORBEGRIFFE

A. **Offene** Silbe: endet mit Vokal.
Beispiel: סוּסָה *sû-sā* (= Stute), zwei offene Silben (das ה ist eine *mater lectionis*).

B. **Geschlossene** Silbe: endet mit Konsonant.
Beispiel: הַסּוּס *has-sûs* (= das Pferd), zwei geschlossene Silben.

BEMERKUNGEN:

1. Ein verdoppelter Konsonant (§ **8**; **16**) bedeutet, daß der erste die vorangehende Silbe abschließt und der zweite die folgende einleitet.
2. Ein *Šᵉwa quiescens* (= »nichts«) kennzeichnet das Ende einer geschlossenen Silbe.
   Beispiel: יִקְטֹל *jiq-ṭol* (= er wird töten).
3. Ein *Šᵉwa mobile* oder ein Halbvokal reichen nicht, um Silben zu bilden, sondern nur für Halbsilben, die mit der folgenden Silbe verbunden sind.
   Beispiel: דְּבָרִים *dᵉḇā-rîm* (= Worte).

20 DIE KONSONANTEN

Die hebräischen Wortwurzeln bestehen gewöhnlich aus **drei Konsonanten**. Die Konsonanten bleiben im Hebräischen vorwiegend **stabil**. Es gibt jedoch vor allem die folgenden Ausnahmen:

1. **Quieszentierung** der schwachen Buchstaben (§ **6**); sie werden zwar nicht mehr ausgesprochen, bleiben jedoch in der Schrift erhalten.
2. **Wegfall** der schwachen Buchstaben (und des נ) durch
   Aphärése = Weglassung (am Beginn),
   Synkopé = Zusammenziehung (in der Mitte),
   Apokopé = Abstoßung (am Schluß des Wortes).
3. **Assimilation** = Angleichung: Häufig wird das נ einem folgenden Konsonanten angeglichen; ebenso werden Dentale einander angeglichen (*td* wird zu *dd*).
4. **Inversion**, um Laute wie *ts*, *tś* und *tš* zu vermeiden; sie werden zu *st*, *śt* und *št*.
5. **Fusion:** Zwei ähnliche Konsonanten, die zunächst durch ein *Šᵉwa simplex* voneinander getrennt sind, tendieren dazu, zu einem einzigen verdoppelten Konsonanten zu werden.

21 DIE VOKALE

Im Gegensatz dazu sind die **Vokale** äußerst **instabil**.

1. Gleichwohl gibt es in den folgenden Fällen eine gewisse Tendenz zur **Stabilität:**
   a) bei den langen Vokalen, vor allem wenn sie voll ausgeschrieben sind;
   b) bei den Vokalen in geschlossener Silbe.

2. Bei **offener Silbe** und in **betonter Silbe** kommt die Stimme etwas zur Ruhe, was dadurch zum Ausdruck kommt, daß der Vokal
   a) verlängert wird; oder
   b) den Ton ändert: Aus sehr offenen (*a*) oder sehr geschlossenen Vokalen (*i, u*) werden mittlere.
3. Die Abschwächung oder Verlegung der **Betonung** führt häufig zu einer Verkürzung oder dem Wegfall des Vokals.
4. Es sei auf zwei **Besonderheiten der Gutturale** gegenüber den damit verbundenen Vokalen hingewiesen:
   a) Vorliebe für sehr offene Vokale (*a* oder dem *a* nahestehende Vokale).
   NB: Daher der Gebrauch des *Pataḥ furtivum* ◌ַ unter einem starken Guttural am Wortende (הּ, ח, ע); dieses *Pataḥ furtivum* wird **vor dem Guttural** gesprochen, wenn dieser eine Silbe beendet, deren Vokal von *a* verschieden ist.
   Beispiele: רוּחַ *rû*^{a}*ḥ* (= Wind); רֵעַ *rē*^{a}*ʿ* I (= Geschrei), II (= Freund); גָּבוֹהַּ *gāḇō*^{a}*h* (= hoch).
   b) Abneigung gegen das *Š*^{e}*wa mobile*; es wird meist durch *Š*^{e}*wa compositum* ersetzt.
5. Ein hebräisches Wort kann nicht mit zwei *Š*^{e}*wa* beginnen. Wenn dies eigentlich geschehen müßte, wird das erste *Š*^{e}*wa* durch einen Hilfsvokal ersetzt, und zwar:
   a) Wenn das zweite *Š*^{e}*wa* ein *Š*^{e}*wa compositum* ist, durch den entsprechenden Vokal.
   Beispiel: לְעֲבֹד* wird לַעֲבֹד *la*^{ʿa}*bōd* (= um zu arbeiten).
   b) Wenn das zweite *Š*^{e}*wa* ein *Š*^{e}*wa simplex* ist, durch den Vokal *i*.
   Beispiel: לְקְטֹל* wird לִקְטֹל *liqṭōl* (= um zu töten), außer daß der Konsonant einen anderen Vokal liebt (so wird וְ vor einem *Š*^{e}*wa* zu וּ, insbesondere vor פ, מ, ו, ב; aber וְיְ wird zu וִי).

22 BEMERKUNGEN

1. Häufig bedeuten die Vokaländerungen, die sich aus der Deklination (§ **31ff**) oder Konjugation (§ **45ff**) eines Wortes ergeben, eine Rückkehr zu den ursprünglichen Formen oder eine Angleichung an sie. Deshalb empfiehlt es sich, diese ursprünglichen Formen zu kennen, um den Mechanismus der hebräischen Phonetik zu verstehen.
2. Die Abkürzung eines Vokals besteht nicht immer darin, von einem langen Vokal zu einem mittleren und von diesem zu einem sehr kurzen Vokal überzugehen. Häufig besteht die Abkürzung auch in einer Tonfarbänderung entsprechend dem Prinzip (§ **15**), daß die am meisten geschlossenen Vokale auch die längsten sind. Das Gegenteil gilt für eine Verlängerung von Vokalen.

23 DIE BETONUNG

Die hebräischen Wörter tragen fast immer eine **starke Betonung**. Der Hauptton liegt auf der **letzten** oder manchmal auf der **vorletzten** Silbe, nie aber auf der drittletzten.

NB:

1. Wir werden die Betonung, wenn notwendig, durch das Zeichen ˂ auf der betonten Silbe angeben.
2. In der Aussprache soll man sich bemühen, die Betonung genau zu beachten, besonders für die Fälle, wo sie auf der vorletzten Silbe liegt:
   Beispiele: מֶ֫לֶךְ *mælæk̲* (§ **32**); לַ֫יְלָה *lajlâ* (T. § **36**, 2 B).

Übungen
Irgendeinen hebräischen Text nehmen und ihn transkribieren, indem man die Silben trennt und zwischen offenen und geschlossenen Silben unterscheidet.
Beispiel: Gen 1,1 (die geschlossenen Silben kursiv): Bᵉrē-*šîṯ* bā-rāʾ ʾᵆlō-*hîm ʾēṯ haš*-šā-ma-*jîm wᵉʾēṯ* hā-ʾā-*reṣ*.

---

5. Lektion: Der Artikel

24 Der Artikel hat eine einzige Form für alle Geschlechter im Singular und im Plural: הַ.
Er wird mit dem Nomen verbunden und bringt die Verdoppelung von dessen erstem Konsonanten mit sich; ein zu einem Substantiv mit Artikel gehöriges attributives Adjektiv erhält ebenfalls den Artikel (ohne Artikel wäre es Prädikatsnomen):

Beispiele: מֶלֶךְ (= König); הַמֶּלֶךְ (= der König);
הַמֶּלֶךְ הַגָּדוֹל (= der große König); הַמֶּלֶךְ גָּדוֹל (= der König ist groß).
סוּסִים (= Pferde); הַסּוּסִים (= die Pferde).
מַלְכָּה (= Königin); הַמַּלְכָּה (= die Königin).

NB: Bezüglich des ersten Beispiels sei darauf hingewiesen, daß man unter das Schluß-ך immer ein *Šᵉwa quiescens* setzt, wenn kein Vokal folgt: ךְ; dies vielleicht nur, um es leichter vom Schluß-ן zu unterscheiden.

Das ה des Artikels verschmilzt für gewöhnlich (Synkope, § **20**) mit den Präpositionen לְ (= für), כְּ (= wie), בְּ (= in), die ebenfalls mit dem Nomen verbunden werden.

Beispiele: לְמֶלֶךְ (= für einen König, einem König); לַמֶּלֶךְ (= für den König, dem König).

25 BEMERKUNGEN

1. Die Verdoppelung des Anfangskonsonanten nach dem Artikel wird häufig bei Wörtern, die mit יְ und מְ beginnen, und in einigen anderen Fällen nicht markiert.
   Beispiel: הַיְלָדִים (= die Kinder).

2. Die Gutturale und das ר werden nie so verdoppelt, daß sie das *Dageš* (§ **8**; **17**,2) erhalten. Aber sie erhalten manchmal eine Halb- oder virtuelle Verdoppelung, die in der Schrift nicht erscheint. In diesem Fall (fast immer bei ח, oft bei ה, selten bei ע, nie bei א und ר) behält der Artikel seinen normalen Vokal.

   Beispiel: הַחֹדֶשׁ (= der Monat); allerdings kommt manchmal הֶ vor, besonders vor חָ.

   Wenn sie keine Verdoppelung haben, wird der Vokal des Artikels gedehnt, da dann die Silbe offen ist (§ **21**,2): man hat dann הָ.

   Beispiel: הָאִישׁ (= der Mann).

Übungen

1. Irgendeine Seite der hebräischen Bibel lesen und versuchen, die Worte mit Artikel herauszufinden und zu analysieren.
2. Den Artikel für die Nomina der zweiten Lektion des Vokabulars (V. § **2**) setzen. Wenn man keinen Lehrer hat, danach das Lexikon konsultieren und sich über die Unregelmäßigkeiten Rechenschaft geben.

6. Lektion: Das Nomen (Substantiv und Adjektiv)

26 Das Hebräische kennt **zwei Genera** (Maskulinum und Femininum; das Neutrum wird gewöhnlich durch das Femininum wiedergegeben) und **drei Numeri** (Singular, Dual, Plural); der Dual existiert allerdings nur für Substantive und wird gewöhnlich nur für paarweise auftretende Dinge (Flügel, Beine ...) und für Maßeinheiten (2 Ellen, 2 Jahre u. ä.) gebraucht.

Die alte hebräische Deklination ist fast verschwunden. Im biblischen Hebräisch werden die meisten Kasus durch Präpositionen wiedergegeben: בְּ (= in), לְ (= für), אֵת kennzeichnet den Akkusativ (fakultativ, und nur vor determinierten Wörtern).

27 Nur das **Besitzverhältnis** wird gewöhnlich durch eine besondere Konstruktion ausgedrückt: Dem Nomen für das, was sich im Besitz befindet, folgt das Nomen für den Besitzenden und bildet damit eine phonetische Einheit mit einem einzigen Hauptakzent auf dem zweiten Nomen. Im Gegensatz zu dem, was in unseren westlichen Sprachen üblich ist, wird also das erste Nomen (für das, was sich im Besitz befindet), verändert: Es verliert den Akzent und nimmt eine neue[2] Form, den *Status constructus* an. Das zweite Nomen (für den Besitzer) dagegen behält seine normale Form, den *Status absolutus* bei.

---

2 *Neu* nur für die Studierenden, weil sie gewohnt sind, die Wörter im *Status absolutus* zu verwenden. In Wirklichkeit stellt der *Status constructus* eher eine ältere Form des Nomens dar.

Beispiel: דָּבָר (= ein Wort);
דְּבַר אֱלֹהִים (= das Wort Gottes; דְּבַר ist im *Status constructus*).

28 Die verschiedenen Formen, die den Genera, den Numeri und den beiden Kasus der hebräischen Deklination entsprechen, werden gekennzeichnet:

1. durch Endungen, außer für Maskulinum Singular;
2. in den meisten Fällen auch durch Vokaländerungen.

29 **A. DIE ENDUNGEN**

Musterbeispiel für die Beugung des hebräischen Nomens:
סוּס (= das Pferd)[3], ein Nomen mit einem einzigen und stabilen Vokal.

Mask.	Sing.	abs.	סוּס	keine Endung
		constr.	סוּס	
	Plur.	abs.	סוּסִים	
		constr.	סוּסֵי	
	Dual	abs.	סוּסַיִם	
		constr.	סוּסֵי	dem Plur. constr. gleich
Femin.	Sing.	abs.	סוּסָה	das ה ist *mater lectionis* (vgl. § **11**,2)
		constr.	סוּסַת	
	Plur.	abs.	סוּסוֹת	
		constr.	סוּסוֹת	
	Dual	abs.	סוּסָתַיִם	
		constr.	סוּסְתֵי	

3 Das Femininum סוּסָה lautete ursprünglich סוּסַת wie im *Status constructus*; das ת am Schluß fiel aus, und deshalb wurde aus dem kurzen ַ (*a*) in der nun offenen Silbe ein langes ָ (*ā*) (§ **21**,2 und **14**,2b).

Übungen

1. Das Adjektiv »טוֹב = gut« deklinieren.

2. ÜBERSETZUNG

הַסּוּסָה הַטּוֹבָה - סוּס הַסּוּסָה טוֹב -
הַסּוּסוֹת טוֹבוֹת - כְּסוּס טוֹב -

3. AUFGABE
Die Pferde (sind) gut. - Die Stuten der Hengste (sind) gut. - Den guten Hengsten die guten Stuten.

NB:

1. Es empfiehlt sich, nach jeder Lektion schriftliche Übungen dieser Art zu machen. Aber noch besser ist es, am Anfang jeder Unterrichtseinheit mit mündlichen Übungen zu improvisieren, die sich auf die vorangehende Lektion beziehen und der Erinnerung an das Gelernte und seiner Anwendung dienen.

2. Wenn man Anfänger ist und keinen Lehrer hat, der in die Grundregeln der Syntax und Konstruktion des Hebräischen einführt, kann man die eigenen Übungen mit den Korrekturen dazu vergleichen, die in diesem Buch nach der Grammatik stehen (S. 60f). Man versuche dann, sich selbst über Besonderheiten, die noch nicht erklärt worden sind, Rechenschaft zu geben (vgl. auch § 35).

7. Lektion: Das Nomen (Fortsetzung)

30 **B. DIE VOKALÄNDERUNGEN.**

Unter den vielen Beugungsformen wählen wir drei besonders häufige und charakteristische aus.

1. **Nomen mit einem einzigen veränderbaren Vokal.**
גָּדוֹל (= groß). Ursprüngliche Form: *gādāl* (Typ: *Qaṭāl*).

	m.	f.
Sg. abs.	גָּדוֹל	גְּדוֹלָה
constr.	גְּדוֹל	גְּדוֹלַת
Pl. abs.	גְּדוֹלִים	גְּדוֹלוֹת
constr.	גְּדוֹלֵי	גְּדוֹלוֹת

ZUSAMMENFASSUNG: Der auswechselbare Vokal *ā* wird in allen Fällen außer dem *Status absolutus* m. Sg. ersetzt.

31 2. **Nomen mit zwei auswechselbaren Vokalen.**
יָשָׁר (= aufrecht). Ursprüngliche Form: *jāšār* (Typ: *Qaṭal*).

		m.	f.
Sg.	abs.	יָשָׁר	יְשָׁרָה
	constr.	יְשַׁר	יִשְׁרַת
Pl.	abs.	יְשָׁרִים	יְשָׁרוֹת
	constr.	יִשְׁרֵי	יִשְׁרוֹת

ZUSAMMENFASSUNG:

Für den Vokalwechsel bei der Beugung kann es zwei Gründe geben:
- die Hinzufügung einer (betonten) Endung;
- die Verschiebung des Akzents wegen des *Status constructus* (§ **27**).

A. Wenn nur einer der beiden Gründe vorliegt, ergibt sich:
   1) Der erste Vokal entfällt und wird durch ein *Š^e^wa mobile* ersetzt.
   2) Es besteht die Tendenz, den zweiten Vokal zu kürzen. Aber dieser Tendenz wird nur im *Status constructus* m. Sg. (יְשַׁר, vgl. § **22**,2) entsprochen. Für die anderen Formen wird in offener Silbe (vgl. § **21**,2) ein längerer und gedehnterer Vokal bewahrt.

B. Wenn beide Gründe zusammen zutreffen, verschwindet der zweite Vokal, während der erste zu einem *i* (statt des ursprünglichen *a*) abgeschwächt wird. So entstehen die *Status constructi* des Plurals: יִשְׁרֵי und יִשְׁרוֹת.

Übungen

Man möge sich nicht an der »intellektuellen Dürftigkeit« dieser und der folgenden Texte stoßen. Es geht nur darum, auch mit einem noch unentwickelten Vokabular einfache Sätze zu bilden. Vielleicht macht es trotzdem Spaß.

1. Die Wörter lernen:
   דָּבָר S. m. (= Wort)
   קָדוֹשׁ Adj. (= heilig)
   צַדִּיק Adj. (= gerecht)
   שָׁלוֹם S. m. (= Frieden)
   צְדָקָה S. f. (= Gerechtigkeit)
   נָבִיא S. m. (= Prophet)

2. ÜBERSETZUNG
   הַדָּבָר טוֹב - הַצְּדָקָה הַטּוֹבָה קְדוֹשָׁה - הַנְּבִיאִים יְשָׁרִים -
   דִּבְרֵי הַשָּׁלוֹם גְּדוֹלִים - צִדְקוֹת הַנָּבִיא הַטּוֹבוֹת יְשָׁרוֹת -

3. AUFGABE
   Das Wort (ist) groß. - Die Worte des Propheten (sind) aufrecht. - Die Gerechtigkeit der Propheten (ist) gut. - Die Propheten sind heilig. - Die großen Stuten des Propheten (sind) gut. - Das aufrechte Wort (ist) wie die Gerechtigkeit.

8. Lektion: Das Nomen (Fortsetzung)

32 3. *Nomina segolata*

So nennt man eine Reihe von Nomina, die ursprünglich nur einen einzigen kurzen Vokal (nach dem ersten Wurzelkonsonanten: Typen *Qaṭl, Qiṭl, Quṭl*) hatten. Diese Nomina haben nachträglich einen zweiten Vokal bekommen, der meist ein æ ֶ (genannt *Segol*, § **15**,4) ist. Diese *Segolata* werden auf der ersten Silbe betont.

Beispiel: מֶלֶךְ (= König). Die ursprüngliche Form lautete: *malk* (Typ *Qaṭl*).

	m.	f.
Sg. abs.	מֶלֶךְ	מַלְכָּה
constr.	מֶלֶךְ	מַלְכַּת
Pl. abs.	מְלָכִים	מְלָכוֹת
constr.	מַלְכֵי	מַלְכוֹת

ZUSAMMENFASSUNG:

1. Im m. Sg. sind *Status absolutus* und *Status constructus* identisch.
2. Alle Plurale (m. und f.) im *Status absolutus* werden wie die Formen יְשָׁרִים und יְשָׁרוֹת (§ **31**) gebildet.
3. Für die anderen Formen kehrt man zur archaischen Vokalisation zurück:
   - Bei Nomina des Typs *Qaṭl* also mit dem Buchstaben *a*:
     Beispiel: Pl. constr. מַלְכֵי.
   - Bei einem Nomen des Typs *Qiṭl* käme man zum Vokal *i*:
     Beispiel: סִפְרֵי, Pl. constr. von סֵפֶר (= Buch).
   - Bei einem Nomen des Typs *Quṭl* käme man zum Vokal *o*:
     Beispiel: חָדְשֵׁי, Pl. constr. von חֹדֶשׁ (= Monat).

33 NB: In der Form מַלְכֵי liegt ein *Šᵉwa quiescens* vor, das manchmal *Šᵉwa medium* (§ **17**,5) genannt wird. Dieses *Šᵉwa* wird ausgesprochen, da das folgende כ kein Explosiv-, sondern ein Reibelaut ist (ohne *Dageš*, trotz der benachbarten Formen מַלְכָּה usw.). Andererseits wird das vorangehende ַ nicht zu einem ָ gedehnt, was zu erwarten gewesen wäre, wenn es sich um eine offene Silbe handelte (§ **31**,2). Es schließt also eine Silbe (falls sie unbetont war, wird ָ deshalb als *o* gesprochen); aber es schließt sie nicht so fest wie das *Šᵉwa quiescens*, weshalb die *Begadkefat* weich bleiben. Zu sprechen ist ein Mittelding zwischen *malᵉḵê* und *malḵê*. Das *Šᵉwa medium* kommt insbesondere beim Inf. mit Suffix (vgl. § **60**,1) vor und vor den schweren Suffixen der 2. P. Pl. (vgl. § **38**).

Übungen

ÜBERSETZUNG:

הַמְּלָכִים גְּדוֹלִים - מַלְכֵי הַשָּׁלוֹם יְשָׁרִים -
דִּבְרֵי הַמֶּלֶךְ טוֹבִים - מַלְכַּת הַצְּדָקָה גְּדוֹלָה -

AUFGABE:

Der Friede der Königin (ist) heilig. - Die Bücher der Könige (sind) groß. - Das Wort der guten Könige (ist) gerade. - Ein Buch eines Königs (ist) ein Wort des Friedens. - Ein gerader König (ist) wie ein heiliger Prophet.

9. Lektion: Das Nomen (Schluß).

34 **Die Formen des Dual:**

Drei Beispiele, an denen man sich die Bildung des Dual klarmachen kann:

	Typ *Qaṭal*		Typ *Qaṭl* *Segolata*
	m.	f.	
Sg. abs.	כָּנָף (= Flügel)	שָׂפָה (= Lippe)	רֶגֶל (= Fuß)
Du. abs.	כְּנָפַיִם	שְׂפָתַיִם	רַגְלַיִם
Du. constr.	כַּנְפֵי	שִׂפְתֵי	רַגְלֵי

Zusammenfassung:

1. An das Maskulinum werden die Dualendungen wie die des Plural angefügt. Zu beachten ist jedoch:
   a) Die Duale im *Status absolutus* der *Segolata* werden entsprechend der archaischen Vokalisation (רַגְלַיִם, und nicht wie der Plural מְלָכִים, § **32**,2) gebildet.
   b) Im Dual des *Status constructus* von כָּנָף liegt ausnahmsweise der Hilfsvokal *a* statt *i* vor.
2. Beim Femininum werden die Dualformen an die Form des *Status constructus* angeschlossen: שְׂפַת, שְׂפָתַיִם (ָ◌ in offener Silbe, vgl. § **21**,2).

35 **Kurze Hinweise zur Syntax:**

1. Ein Nomen im *Status constructus* trägt **nie den Artikel**.
2. Wenn man zwei Nomina im Verbund hat, gilt vom Gesamten, daß es entweder determiniert oder undeterminiert ist (also mit bestimmtem Artikel zu übersetzen ist oder nicht), je nachdem, ob im Hebräischen das zweite Nomen mit dem Artikel determiniert ist oder nicht.
   Beispiel: בֵּית הַמֶּלֶךְ (= das Haus des Königs)
   Hingegen: בֵּית מֶלֶךְ (= ein Königshaus).
3. Ein Ausdruck wie »der Sohn und die Tochter des Königs« kann nur übersetzt werden mit »der Sohn des Königs und seine Tochter«.

36 **Bemerkungen zur Beugung von Nomina:**

1. Wir haben als Maskulinformen die Formen angesehen, die im Singular ohne Endung sind (im Plural enden sie auf ◌ִים); und als Femininformen die mit der Endung ◌ָה im Singular (Plural auf וֹת).
   Dies trifft immer für die Adjektive zu.
   Für die Substantive gibt es jedoch zahlreiche Ausnahmen.

a) Viele maskuline Substantive haben für den Plural die Endung וֹת.
Beispiel: אָב (= Vater), Pl. אָבוֹת; שֵׁם (= Name), Pl. שֵׁמוֹת.

b) Viele Feminina haben einen Singular ohne Endung:
Beispiel: אֶרֶץ (= Erde, Land); יָד (= Hand); עִיר (= Stadt).

c) Es gibt Feminina, die im Plural die Endung der Maskulina auf ִים haben.
Beispiel: אִשָּׁה (= Frau), Pl. נָשִׁים; שָׁנָה (= Jahr), Pl. שָׁנִים.

2. Bekanntlich kann die Gegenwart eines Gutturals oder eines schwachen Buchstabens in einer Wurzel die Beugung des betreffenden Wortes beeinflussen (vgl. § **20** und **21**,4).
Beispiel: חָכָם, Adj. (= weise), Pl. חֲכָמִים.
בַּיִת, S. m. (= Haus), cstr. בֵּית.

3. Außer den einfachen Nomina, die wir bisher gesehen haben, existieren im Hebräischen wie in allen Sprachen abgeleitete Nomina, die entweder mit Hilfe eines Präfixes gebildet werden (oder eines Präformativs, vor allem מ und ת), oder mit Hilfe von Endungen (oder Afformativen). Diese Nomina bieten keine besonderen grammatikalischen Schwierigkeiten, aber die Tatsache, daß manche Lexika sie nicht an ihrem alphabetischen Ort bringen, sondern bei der Wurzel, von der sie abgeleitet sind, kann Anfänger ein bißchen stören. Hier einige Beispiele:
מִשְׁמֶרֶת, S. f. (= Wache) ist unter der Wurzel שָׁמַר zu finden.
תּוֹרָה, S. f. (= Weisung, Gesetz) ist unter der Wurzel יָרָה zu suchen (vgl. § **71**).
מַכָּה, S. f. (= Schlag) findet man unter der Wurzel נָכָה (vgl. § **76**).

Weitere Einzelheiten für die Suche im Lexikon werden in § **85** mitgeteilt.

Übungen

ÜBERSETZUNG

שִׂפְתֵי הַחֲכָמִים בֵּית צְדָקָה - נְשֵׁי הַמְּלָכִים טוֹבוֹת -
הַמְּלָכוֹת הַחֲכָמוֹת בָּעִיר הַגְּדוֹלָה -

AUFGABE

Die Füße des Königs (sind) groß. – Die heiligen Frauen (sind) gut. – Das Haus der Könige (ist) groß. – Die Lippen der Stute der Königin (sind) gut.

10. Lektion: Nachgestellte Pronomina (Suffixe)

37 **Personalpronomina** existieren in zwei Versionen:

a) **getrennt**, in Entsprechung zu unseren Pronomina der westlichen Sprachen, und gewöhnlich als Subjekt verwendet.

b) als **Suffixe**, die nachgestellt werden:

- entweder dem Nomen: **Nominalsuffixe**. Sie bedeuten ein Besitzverhältnis und entsprechen unseren besitzanzeigenden Fürwörtern.
  Beispiel: סוּס (= Pferd); סוּסִי (= das Pferd von mir, mein Pferd),
- oder einem Verb: **Verbalsuffixe**, welche die Funktion eines Akkusativobjekts übernehmen.
  Beispiel: קָטַל (= er hat umgebracht); קְטָלוֹ (= er hat ihn umgebracht).

Die getrennten Pronomina bieten überhaupt keine grammatikalische Schwierigkeit und werden bei Gelegenheit im Rahmen der erläuterten Texte (T. § **1–83**) erklärt. Sie finden sich alle in der ersten Lektion des Vokabulars, zusammen mit den übrigen (Relativ-, Interrogativ-, Demonstrativ-) Pronomina (V. § **1**).

Die Verbalsuffixe werden nach dem regelmäßigen Verb behandelt werden (15. Lektion, Gr. § **60**; vgl. Paradigmen, Nr. 12, S. 75f).

38 NOMINALSUFFIXE

NB: Die Nominalsuffixe werden immer an die *konsonantische* Form des *Status constructus* angefügt.

I. DIE FORMEN

1. An das Nomen im Singular angefügtes Suffix:
   Beispiel: סוּס (= Pferd); סוּסִי (= das Pferd von mir).

	Sg.	Pl.
3. P. m.	סוּסוֹ (= das Pferd von ihm)	סוּסָם (= das Pferd von ihnen)
3. P. f.	סוּסָהּ (= von ihr)	סוּסָן (= von ihnen)
2. P. m.	סוּסְךָ (= von dir)	סוּסְכֶם (= von euch)
2. P. f.	סוּסֵךְ (= von dir)	סוּסְכֶן (= von euch)
1. P. c.	סוּסִי (= von mir)	סוּסֵנוּ (= von uns)

39 2. An das Nomen im Plural angefügtes Suffix:
Beispiel: סוּסִים, constr. סוּסֵי (= Pferde); סוּסַי (= die Pferde von mir).

	Sg.	Pl.
3. P. m.	סוּסָיו (= die Pferde von ihm)	סוּסֵיהֶם (= die Pferde von ihnen)
3. P. f.	סוּסֶיהָ (= von ihr)	סוּסֵיהֶן (= von ihnen)
2. P. m.	סוּסֶיךָ (= von dir)	סוּסֵיכֶם (= von euch)
2. P. f.	סוּסַיִךְ (= von dir)	סוּסֵיכֶן (= von euch)
1. P. c.	סוּסַי (= von mir)	סוּסֵינוּ (= von uns)

NB: Das י ist quieszent (wird nicht als Konsonant ausgesprochen) in allen Formen außer סוּסַיִךְ und סוּסַי.

40 II. DIE VOKALVERÄNDERUNGEN
Die Vokalveränderungen sind unterschiedlich je nach den betroffenen Nomina und manchmal auch den angefügten Suffixen (*schwere Suffixe:* 2. und 3. P. Pl.; *leichte Suffixe*: die übrigen). Über schwierige Fälle kann man die Lexika konsultieren.
Hier einige Beispiele mit bereits bekannten Wörtern:

	Nomen m. Sg.		
Status abs.	גָּדוֹל	יָשָׁר	מֶלֶךְ
constr.	גְּדוֹל	יְשַׁר	מֶלֶךְ
Suffix leicht	גְּדוֹלִי	יְשָׁרִי	מַלְכִּי
schwer	גְּדוֹלְכֶם	יְשַׁרְכֶם	מַלְכְּכֶם

	Nomen m. Pl.		
Status abs.	גְּדוֹלִים	יְשָׁרִים	מְלָכִים
constr.	גְּדוֹלֵי	יִשְׁרֵי	מַלְכֵי
Suffix leicht	גְּדוֹלַי	יְשָׁרַי	מְלָכַי
schwer	גְּדוֹלֵיכֶם	יִשְׁרֵיכֶם	מַלְכֵיכֶם

41 Die Hinzufügung der Suffixe zu den Feminina geschieht nach denselben Regeln, mit folgenden Besonderheiten:

1. Nomen im Singular: Das Schluß-*a* des *Status constructus* wird zu ◌ָ, außer bei den schweren Suffixen (סוּסָתְךָ bzw. סוּסַתְכֶם).
2. Nomen im Plural: Die Suffixe sind die gleichen wie beim Nomen m. Pl. (§ **39**), mit einem Bindungs-י (סוּסוֹתַי, סוּסוֹתֶיךָ, סוּסוֹתֵיכֶם).
   Keine anderen Vokaländerungen als die des *Status constructus*.

42 BEMERKUNG:
Die Nominalsuffixe werden auch an Präpositionen angeschlossen (welche häufig ursprünglich Substantive waren).

Beispiel: לִי (= für mich) (§ **24**).
אִתִּי (= mit mir, אֵת = mit).
עָלַי (= gegen mich, עַל = über, gegen).

NB: Im letzteren Fall wie sonst häufig (wenn es sich um Präpositionen handelt, die einmal mit einem י geendet hatten) ist die gebräuchliche Form des Suffixes die für das Nomen im Plural (§ **39**).

Übungen

ÜBERSETZUNG

מַלְכֵיכֶם הַיְשָׁרִים אִתָּנוּ – סוּסֵינוּ הַגְּדוֹלִים בְּעִירָם –
שְׁמוֹת אָבוֹתֵינוּ גְּדוֹלִים – הַנָּבִיא בְּאֶרֶץ אֲבוֹתָיו –

AUFGABE

Mein Pferd (ist) groß. – Unsere Königin (ist) mit uns. – Der König unserer Gerechtigkeit (ist) gegen euch. – Euch der Friede, uns die Gerechtigkeit. – Eure Könige (sind) in der Stadt.

11. Lektion: Das Verb

43 I. DIE FORMEN

Jede hebräische Wurzel kann außer ihrer **einfachen Form** (קָטַל = er hat getötet) durch Veränderung des Radikals zwei andere Formen annehmen, die den ursprünglichen Sinn nuancieren: Es handelt sich um eine

- **intensive** Form: קִטֵּל (= er hat umgebracht),
- **kausative** Form: הִקְטִיל (= er hat töten lassen).

So entstehen abgeleitete (oder erweiterte) Konjugationen, die praktisch wie neue Verben sind[4].

Darüber hinaus können diese Verben (das einfache, das intensive und das kausative) gewöhnlich in den drei *Genera verbi* des Aktivs, des Passivs und des Reflexivs konjugiert werden. Daraus ergeben sich im Prinzip die folgenden Möglichkeiten (»Stämme«):

	Aktiv	Passiv	Reflexiv
einfache Handlung	*qaṭal* (= er hat getötet)	⟸ (er ist getötet worden)	*niqṭal* (= er hat sich getötet)
intensive Handlung	*qiṭṭel* (= er hat umgebracht)	*quṭṭal* (= er ist umgebracht worden)	*hiṯqaṭṭel* (= er hat sich umgebracht)
kausative Handlung	*hiqṭîl* (= er hat töten lassen)	*hoqṭal* (= er ist zu töten veranlaßt worden)	

44 BEMERKUNGEN:

1. Wie zu sehen ist, wurde die verschwundene[5] einfache Passivform durch die reflexive ersetzt. Eine kausativ-reflexive Form besteht nicht.
2. Was die Bezeichnung dieser Formen angeht, kann man sie, wie in der Tabelle geschehen, nach der seit mehr als einem Jahrhundert als Paradigma üblichen Verbform von *qaṭal* (= töten) benennen. Man sagt also: »die Form *Qaṭal*« oder »die Form *Qiṭṭel*«. Aber erhalten hat sich auch die Gewohnheit der Grammatiker, sie nach den Formen des früheren Paradigmas פָּעַל (= tun) zu benennen. Dann ergeben sich die folgenden Namen:

Nifal (nifʿal)	einfaches Passiv
Piel (piʿel)	intensives Aktiv
Pual (puʿal)	intensives Passiv
Hiṯpael (hiṯpaʿel)	intensives Reflexiv
Hifil (hifʿîl)	kausatives Aktiv
Hofal (hofʿal)	kausatives Passiv

Für die einfache Aktivform sagt man statt *Paal (paʿal)* **»Form *Qal*«** (*qal* = leicht, einfach).

---

4 Vgl. im Deutschen »trinken«, »austrinken« und das kausative »tränken« (= trinken machen).

5 Außer im Partizip *Qal* passiv: קָטוּל = getötet; בָּרוּךְ = gesegnet.

45 **II. DIE KONJUGATION**

Jede dieser Formen hat
- einen perfektischen und einen imperfektischen **Indikativ** (letzterer wird manchmal Futur genannt);
- einen **Imperativ**;
- einen doppelten **Infinitiv**;
- ein **Partizip**.

Die Konjugation des Perf. *Qal*: קָטַל (= er hat getötet):

	Sg.			Pl.		
	m.	c.	f.	m.	c.	f.
3. P.	קָטַל		קָטְלָה		קָטְלוּ	
2. P.	קָטַלְתָּ		קָטַלְתְּ	קְטַלְתֶּם		קְטַלְתֶּן
1. P.		קָטַלְתִּי			קָטַלְנוּ	

46 BEMERKUNGEN:
1. Man beachte den Wegfall des zweiten Vokals in offener Silbe (קָטְלָה, קָטְלוּ), seine Aufrechterhaltung in geschlossener Silbe.
2. Der erste Vokal fällt (und der zweite wird aufrechterhalten), wenn *schwere* Endungen hinzukommen (2. Pers. Plural: קְטַלְתֶּם). Dies kommt nur bei der Form *Qal* vor. Bei den anderen Formen bleibt der erste Vokal erhalten aufgrund der geschlossenen Silbe.
3. Man sollte der Tatsache nicht zuviel Aufmerksamkeit widmen, daß häufig neben dem ersten Vokal der Formen קָטְלָה und קָטְלוּ ein kleiner senkrechter Strich steht: קָֽטְלָה und קָֽטְלוּ. Dieses orthographische Zeichen heißt *Meteg* (= Zügel) und dient dazu, die Aussprache zu »zügeln«, sei es um auf eine Schwierigkeit aufmerksam zu machen oder eine zu kurze Aussprache des Vokals zu verhindern.

47 Die anderen Formen werden auf die gleiche Weise konjugiert (**Paradigma 1, S. 64f**), mit folgenden Besonderheiten:
1. Formen auf *a* (*Nifal, Pual, Hofal*): genauso wie das *Qal*.
2. Formen auf *e* (*Piel, Hitpael*): Es handelt sich ursprünglich um Formen mit *a*; sie werden deshalb genau wie das *Qal* konjugiert, mit Ausnahme der 3. P. m. Sg., die auf *e* geht.
3. Form *Hifil*: Es gibt zwei Möglichkeiten:
   - eine Möglichkeit auf *a*: -הִקְטַל mit einer geschlossenen Silbe, die nicht die Endsilbe ist.

- eine Möglichkeit auf *î*: הִקְטִיל mit einer offenen Silbe und einer geschlossenen Schlußsilbe.

Übungen

ÜBERSETZUNG

קָטַל - קִטַּלְתֶּם - הִקְטִילָה - נִקְטַלְנוּ - הָקְטַלְתָּ
הִתְקַטַּלְתֶּם - הִקְטַלְנוּ - קָטַל הָאָב אֶת־סוּסָתוֹ -
הִקְטִיל הַמֶּלֶךְ אֶת־הַנָּבִיא

AUFGABE
Er ist umgebracht worden. - Wir haben getötet. - Sie ist töten lassen worden. - Wir sind umgebracht worden. - Sie haben töten lassen. - Ich bin getötet worden. - Du hast umgebracht. - Der König ist mit seiner Stute umgebracht worden. - Die Frau hat ihren Hengst getötet.

NB:
1. In diesen und den folgenden Übungen übersetzen wir alle Perfekta mit der Vergangenheit und alle Imperfekta mit dem Futur; dies ist eine Vereinfachung, auf welche die Erläuterungen von Lektion 14 eingehen werden.
2. Um zu variieren, wird man gut daran tun, die Beispiele mit anderen Verben zu vermehren, zum Beispiel כָּתַב (= schreiben) (vgl. § **55**), קָפַץ (= schließen), בָּגַד (= täuschen), כָּלַם (= erniedrigen) usw.
3. Die meisten Verben sind mehr oder minder defektiv, oder zumindest sind nicht alle Formen bezeugt. Darum kümmern wir uns hier nicht, sondern setzen wie die Grammatiker bei dem Verb קָטַל die Existenz aller Formen voraus.

12. Lektion: Das Verb (Fortsetzung)

48 DIE INFINITIVE

Es gibt zwei Infinitive, den *Infinitivus absolutus* und den *Infinitivus constructus*:

	Qal	Nifal	Piel	Pual	Hitpael	Hifil	Hofal
abs.	קָטוֹל	הִקָּטֹל נִקְטֹל	קַטֹּל	קֻטֹּל		הַקְטֵל	הָקְטֵל
constr.	קְטֹל	הִקָּטֵל	קַטֵּל	(קֻטַּל)	הִתְקַטֵּל	הַקְטִיל	הָקְטַל

BEMERKUNGEN:

1. Vom *Infinitivus constructus* aus werden das Imperfekt, der Imperativ und meist auch das Partizip gebildet.
2. Neben dem Infinitiv und den abgeleiteten Formen auf *o* muß es einmal einen Infinitiv und ein Imperfekt auf *e* (archaisch *i*) gegeben haben; eine Spur davon haben einige Konjugationen der schwachen Verben bewahrt: das Verb נָתַן (= geben) und andere.
3. Es sei hingewiesen auf die zweifache Form des *Infinitivus absolutus* des *Nifal*,
   - die eine mit dem Präformativ ה, welche die Assimilation des נ (הִקָּטֵל für הִנְקָטֵל*) mit sich bringt,
   - die andere nur mit dem Präformativ נ (נִקְטֹל).
4. Im *Hofal* hat der *Infinitivus constructus* manchmal als ersten Vokal das *u* (ֻ) statt des *o* (ָ) bewahrt.
5. Im Hebräischen ist wie in den anderen Sprachen der Infinitiv ein Verbalsubstantiv. Der *Infinitivus constructus* entspricht im wesentlichen dem deutschen Infinitiv. Der *Infinitivus absolutus* wird in einer besonderen Weise angewandt, nämlich als eine Art »Joker« für eine finite Form oder auch adverbiell als »innerer Akkusativ«; wird er vor oder nach ein Verb derselben Wurzel gestellt, verstärkt er dieses:

   Beispiel: שִׁמְעוּ שָׁמוֹעַ (= hört genau; *wörtlich:* hört hören[6]).

49 DAS IMPERFEKT

Das Imperfekt wird vom *Infinitivus constructus* aus gebildet, und zwar mit Hilfe von Präformativen, die vor allem die Person bezeichnen, und von Afformativen (Endungen), die eher Geschlecht und Zahl andeuten.

	Sg.			Pl.		
	m.	c.	f.	m.	c.	f.
3. P.	יִקְטֹל		תִּקְטֹל	יִקְטְלוּ		תִּקְטֹלְנָה
2. P.	תִּקְטֹל		תִּקְטְלִי	תִּקְטְלוּ		תִּקְטֹלְנָה
1. P.		אֶקְטֹל			נִקְטֹל	

50 BEMERKUNGEN:

1. Der Vokal im Präformativ müßte eigentlich ein *Šᵉwa mobile* sein. Aber da man am Beginn eines Wortes nicht zweimal ein *Šᵉwa* haben kann, wird das erste durch den

6 Man erinnere sich an Ausdrücke in der lateinischen Vulgata: *plorans deploravi, desiderio desideravi, morte morieris*, die dieser Formulierungsweise entsprechen.

Hilfsvokal *i* (§ **21**,5) ersetzt. Aber bei der 1. Person hat der Guttural **א** bewirkt, daß man den Laut *æ* vorzog, der dem *a* näher liegt; vgl. § **21**,4).

2. Der zweite Vokal *o* entfällt in offener Silbe, bleibt aber in geschlossener Silbe erhalten.

51 Die übrigen Formen werden in der gleichen Weise konjugiert (**Paradigma 1**), aber mit den folgenden Besonderheiten:

1. Synkope der Präformative נ oder ה in den Imperfekta der Formen mit Präformativ (*Nifal, Hitpael, Hifil, Hofal*).

   Beispiel: Im *Nifal* wird יִנְקָטֵל* über יִנְקָטֵל* zu יִקָּטֵל; im *Hifil* wird aus יְהַקְטִיל* ein יַקְטִיל.

2. Beim *Hifil* gibt es zwei Möglichkeiten: הַקְטֵל und הַקְטִיל. Die Form auf *e* wird bei geschlossener Silbe verwandt, die nicht am Ende steht; die Möglichkeit mit *î* wird bei einer offenen und bei einer Schlußsilbe verwandt (vgl. jedoch § **81**,2 und **83**, B).
3. Die anderen Formen werden konjugiert wie das *Qal*, aber im *Nifal* und manchmal im *Hitpael* begegnet die archaische Vokalisation der letzten Silbe mit *a* vor der Endung נָה (תִּקָּטַלְנָה).

Übungen

ÜBERSETZUNG

יִקְטֹל – נִקְטַל – תַּקְטִיל – יִקָּטְלוּ – קָטֹל – קְטֹל – תִּקְטְלוּ אֶת־סוּסֵיכֶם

AUFGABE

Wir werden getötet werden. – Sie werden töten lassen. – Die Königin wird die heiligen Propheten töten lassen. – Die Könige werden umgebracht werden. – Um (לְ) umzubringen. – Um getötet zu werden.

13. Lektion: Das Verb (Fortsetzung)

52 Den **Imperativ** – er wird für die eigentlich passiven Verbformen (*Pual, Hofal*) nicht angewandt – gibt es nur für die 2. Person (vgl. § **83f**).

Der Imperatif *Qal*:

	Sg.	Pl.
m.	קְטֹל	קִטְלוּ
f.	קִטְלִי	קְטֹלְנָה

BEMERKUNG:
Bei offener Silbe entfällt der zweite Vokal, und es wird ein Hilfsvokal eingeführt (§ **21**,5).

53 Die übrigen Formen werden in derselben Weise konjugiert, mit denselben Besonderheiten wie im Imperfekt (§ **50**, 2 und 3). Jedoch beachte man, daß die Form des *Hifil* m. Sg. הַקְטֵל der Form auf *î* vorgezogen wird; vielleicht aufgrund des Einflusses des Jussivs (§ **83**).

54 **DIE PARTIZIPIEN**

Qal	*Nifal*	*Piel*	*Pual*	*Hitpael*	*Hifil*	*Hofal*
קֹטֵל	נִקְטָל	מְקַטֵּל	מְקֻטָּל	מִתְקַטֵּל	מַקְטִיל	מָקְטָל

BEMERKUNGEN:
1. Im *Qal* gibt es auch eine Passiv-Form des Partizips: קָטוּל.
2. Wie man sieht, sind die Partizipien der Intensiv- und Kausativformen alle mit dem Präformativ מְ gebildet, wobei das andere Präformativ ה (§ **51**,1) gegebenenfalls synkopiert, also damit zusammengezogen wird.
3. Natürlich muß das Partizip genauso wie das Adjektiv seinem Bezugswort entsprechen und wird auch genauso dekliniert. Gleichwohl besteht im Femininum eine gewisse Präferenz für die Formen auf ֶת: lieber קֹטֶלֶת (auf der zweiten Silbe betont) als קֹטְלָה.

55 BEMERKUNGEN ZUR KONJUGATION:
Das Verb קָטַל, das als Paradigma gewählt wurde, enthält keine *Begadkefat*. Aber solche Verben sind selten und meist mehr oder minder »defektiv«, d. h. sie sind nicht in allen Stämmen belegt. Bei vielen hebräischen Verben erfordert das Vorhandensein eines *Begadkefat*-Konsonanten die Anwendung der Regeln des *Dageš* (§ **16ff**).

Beispiel: כָּתַב (= er hat geschrieben); יִכְתֹּב (= er wird schreiben).

56 Die Zustandsverben
Neben der Konjugation der Handlungsverben gibt es noch eine andere, seltenere Konjugation der statischen oder Zustandsverben, die durch die folgenden Besonderheiten gekennzeichnet ist:

a) Das **Perfekt** hat als zweiten Vokal häufig ein *e* oder seltener ein *o*.

Beispiel: כָּבֵד (= er ist schwer); קָטֹן (= er ist klein) (vgl. § **59**,1).

NB: Das Perfekt des Typs כָּבֵד wird genauso konjugiert wie קָטַל, außer allein in der 3. P. m. Sg. Das *o* von קָטֹן ist stabiler; es bleibt in geschlossener betonter Silbe erhalten (קָטֹנְתָּ) und wird in geschlossener unbetonter Silbe abgekürzt (קְטָנְתֶּם); es entfällt jedoch in offener Silbe (קָטְנוּ).

b) Beim **Imperfekt** ist der zweite Wurzelvokal ein *a*:

יִכְבַּד יִקְטַן

c) Das **Partizip** wird manchmal ersetzt oder ergänzt durch das Verbaladjektiv:

כָּבֵד (= schwer) קָטֹן (= klein)

Die übrigen Formen sind dieselben wie bei den Handlungsverben.

ZUSAMMENFASSUNG:
Die kennzeichnenden Vokale des Perfekts und des Imperfekts sind:
- bei den **Handlungs**verben: Perfekt *a*; Imperfekt: *o* und *e* (selten; vgl. § **48**).
- bei den **Zustands**verben: Perfekt: *o* und *e*; Imperfekt: *a*.

Übungen

ÜBERSETZUNG

קִטְלוּ – קַטְּלוּ – הַקְטִילוּ – הַמְּלָכִים הַקְּטוּלִים – הִקָּטֵל – קַטֵּל – הַקֹּטְלִים – יִכְבַּד – קָטְנָה

AUFGABE
Werdet getötet. – Lasse töten. – Tötend. – Die getöteten Frauen. – Sie waren schwer. – Er wird getötet werden. – Ihr wart klein.

14. Lektion: Die Anwendung der Zeitformen.

57 1. Im Unterschied zu unseren westlichen Verben, die zuerst die **Zeit** der Handlung angeben, nämlich Gegenwart, Vergangenheit oder Zukunft, betont das hebräische Verb mit seinen beiden Formen des »**Perfekt**« oder »**Imperfekt**« (man sagt auch: »vollendet« oder »unvollendet«) ursprünglich den **Aspekt**, unter dem die Handlung sich darbietet:

- Das **Perfekt** bezeichnet eine abgeschlossene Handlung oder eine Augenblickshandlung oder eine nur einmal geschehende Handlung.
- Das **Imperfekt** bezeichnet eine unvollendete oder auch verlängerte oder wiederholte Handlung.

Beispiel: כָּתַב (= er hat geschrieben; er schrieb; er hatte geschrieben; er wird geschrieben haben): Die Handlung wird als abgeschlossen betrachtet.
יִכְתֹּב (= er schreibt; er ist dabei, zu schreiben; er war am Schreiben; er wird schreiben): Dabei ist die Handlung nicht beendet, vor allem wenn sie fortgesetzt oder wiederholt wird.

2. Allerdings schließt diese Gebrauchsweise den **Gedanken der Zeit** nicht völlig aus.

Eine vergangene Handlung wird häufig als beendet angesehen werden; dies ist der Grund, warum eine Form wie כָּתַב oft durch eine Vergangenheitsform wiedergegeben wird (= er schrieb; er hat geschrieben).

Umgekehrt wird eine künftige Handlung oft vorgestellt werden als in Ausführung begriffen, und deshalb wird eine Form wie יִכְתֹּב häufig durch das Futur wiedergegeben werden (= er wird schreiben; er wird im Begriff sein zu schreiben).

58 Es ist jedoch wichtig, will man die Eigenart des hebräischen Satzes verstehen, immer auf die Aspekte des Verbs zu achten. Man muß sich davor hüten, mechanisch die Perfekte durch Vergangenheitsformen zu übersetzen und die Imperfekte durch Zukunftsformen. Deshalb erscheint auch die Bezeichnung »Futur«, die von manchen Grammatiken für das hebräische Imperfekt gebraucht wird, nicht glücklich.

Einige Beispiele:

Mit dem **Perfekt**:

דִּבֶּר מֹשֶׁה = Mose sprach [zu ganz Israel] (Dt 1,1)
הָאָרֶץ אֲשֶׁר נָתַן = Das Land, das er gegeben haben wird (Dt 8,10)
רָחֵל לָקְחָה = Rachel hatte genommen (Gen 31,34)
הִנֵּה נָתַתִּי לְךָ = Siehe, (hiermit) übergebe ich dir [Performativ] (Num 18,8)

Mit dem **Imperfekt**:

יִקְרָא = Er diktierte [während langer Zeit] (Jer 36,18)
מַה־תְּבַקֵּשׁ = Was suchst du? (Gen 37,15).
לֹא יַאֲמִינוּ = Sie werden nicht glauben. (Ex 4,1)

59 BEMERKUNGEN:

1. Die obigen Hinweise gelten vor allem für **Handlungs**verben (»schreiben«, »machen«, »essen« usw.). Für die **Zustands**verben (»groß sein«, »schwer sein«) gilt anderes. Diese Verben sind, vor allem im Perfekt, eher »konjugierte Adjektive«, deren Aspekt gewöhnlich fortdauernd ist. Deshalb ist für diese Verben der Unterschied zwischen Perfekt und Imperfekt eher eine Sache der Zeit; das Perfekt wird dann vor allem für Vergangenheit und Gegenwart gebraucht, das Imperfekt für die Zukunft.
2. Es sei darauf hingewiesen, daß das hebräische Verb zugleich reicher und ärmer ist als das Verb unserer eigenen Sprache:
   - Es ist ärmer, weil nur zwei Formen (Perfekt und Imperfekt) dazu dienen, die mindestens sechs »Zeiten« unserer Sprache wiederzugeben, die sich auf Vergangenheit, Gegenwart und Zukunft aufteilen.
   - Es ist reicher, weil es Nuancen ausdrückt, für die wir Umschreibungen oder Adverbien zu Hilfe nehmen müssen.

Übungen
Die bisher gewohnten Übungen werden jetzt nicht mehr von großem Nutzen sein. Man nehme besser irgendeine Seite hebräischer Prosa, zusammen mit einer Übersetzung, um sich genau über die Zeit der Verben und ihre präzise Nuance Rechenschaft zu geben. (Man sollte sich aber nicht bei den morphologischen Schwierigkeiten der scheinbar unregelmäßigen Verben aufhalten, und auch nicht mit den Formen, denen die Konjunktion »ו = und« vorausgeht, weil es mit diesen noch eine besondere Bewandtnis hat, vgl. § **81**).

15. Lektion: Verbalsuffixe

Die Verbalsuffixe unterscheiden sich kaum von den Nominalsuffixen (§ **37ff**); aber ihre Verbindung mit den Verbformen zeigt Besonderheiten, von denen wir hier zwei Beispiele geben (vgl. **Paradigma 12**).

60 1. Mit einer Verbform, die auf einen **Konsonanten** endet: קָטַל (= er hat getötet):

	Sg.	Pl.
3. P. m.	קְטָלוֹ (= er hat getötet: ihn)	קְטָלָם (= er hat getötet: sie)
3. P. f.	קְטָלָהּ (= sie)	קְטָלָן (= sie)
2. P. m.	קְטָלְךָ (= dich)	קְטַלְכֶם (= euch)
2. P. f.	קְטָלֵךְ (= dich)	קְטַלְכֶן (= euch)
1. P. c.	קְטָלַנִי (= mich)	קְטָלָנוּ (= uns)

2. Mit einer Verbform, die auf **Vokal** endet: קָטְלוּ (= sie haben getötet):

	Sg.	Pl.
3. P. m.	קְטָלוּהוּ (= sie haben getötet: ihn)	קְטָלוּם (= sie haben getötet: sie)
3. P. f.	קְטָלוּהָ (= sie)	קְטָלוּן (= sie)
2. P. m.	קְטָלוּךָ (= dich)	קְטָלוּכֶם (= euch)
2. P. f.	קְטָלוּךְ (= dich)	קְטָלוּכֶן (= euch)
1. P. c.	קְטָלוּנִי (= mich)	קְטָלוּנוּ (= uns)

61 BEMERKUNGEN:

1. Man sieht, daß die Hinzufügung eines Suffixes an eine Verbform in dieser einen Vokalwechsel bewirkt, der gewöhnlich (und wenn dies möglich ist) in folgendem besteht:
   - im Perfekt entfällt der erste Vokal, während der zweite wiederhergestellt oder bewahrt wird (in offener Silbe wird er verlängert);
   - im Imperfekt entfällt der zweite Vokal: יִקְטֹל (= er wird töten); יִקְטְלֵנִי (= er wird mich töten).
2. Auch die Konjugation der Verben bietet bei Hinzufügung von Suffixen einige Besonderheiten, die man später lernen kann.
3. Die Infinitive und die Partizipien bekommen eher Nominalsuffixe als Verbalsuffixe (vgl. § **37** b).

Übungen

ÜBERSETZUNG

קְטָלַנִי - יִקְטְלֵהוּ - נְקַטְּלֵם - קִטְּלוּהוּ - קִטְּלוּם -
יַקְטִילוּנוּ - קְטָלַתְהוּ

AUFGABE
Wir haben sie töten lassen. – Sie werden euch töten. – Ihr werdet uns umbringen. – Sie haben sie (3. P. f. Pl.) umgebracht. – Er hat sie (3. P. f. Sg.) getötet. – Er wird mich umbringen. – Er wird mich töten lassen.

16. Lektion: Gutturale Verben

Methodenhinweis
Von jetzt an kann man die erläuterten Texte aus dem zweiten Hauptteil gleichzeitig mit der Grammatik studieren; man kann sich aber auch einzig den erläuterten Texten widmen und nur bei jeder Gelegenheit die Grammatik konsultieren, um erst danach auf die letzten Lektionen zurückzukommen und sie methodisch zu studieren.

Jedenfalls sollen von jetzt an die Hauptübungen in der Übersetzung und Erläuterung von Texten bestehen. Gleichwohl bleiben die AUFGABEN (Rückübersetzung) eine notwendige Übung, um eine Sprache gut zu beherrschen. Deshalb findet man am Schluß der Grammatik einige Versuche von AUFGABEN, die Texte nachahmen, und Hinweise für weitere Übungen.

62 Es wurde bereits darauf hingewiesen, daß bestimmte Konsonanten (Gutturale und schwache Konsonanten) in phonetischer Hinsicht bemerkenswerte Besonderheiten an den Tag legen (§ **6**; **8**; **21**,4). Man nennt diese Verben zu Unrecht »unregelmäßig«. Dieser in der Linguistik kaum sinnvolle Begriff hat hier noch weniger Anwendung als sonst. Die Gegenwart der betreffenden Konsonanten in einer Wurzel bringt Turbulenzen mit sich, die jetzt erklärt werden sollen.

Verben mit Gutturalen (Gutturalverben)
Man unterscheidet:
- die Verben, deren erster Konsonant ein Guttural ist (פ-Gutturalverben): עָמַד.
- die Verben, deren zweiter Konsonant ein Guttural ist (ע-Gutturalverben): פָּעַל.
- die Verben, deren dritter Konsonant ein Guttural ist (ל-Gutturalverben): שָׁלַח.

NB:

1. Das ר wird gewöhnlich wie ein Guttural behandelt.
2. Die beiden Buchstaben א und ה können zuweilen als Gutturale angesehen werden, zuweilen auch als schwache Buchstaben.
   Sie werden als Gutturale behandelt, außer:
   a) am Schluß, wo das א immer (§ **74**) und das ה fast immer (§ **75**) schwach ist. Sollte jedoch das ה am Schluß nicht schwach sein, bekommt es das *Mappiq* (§ **17**, 2 NB);
   b) bei fünf Verben (§ **69**), bei denen das Anfangs-**א** teilweise wie ein schwacher Buchstabe behandelt wird;

63 Erinnern wir uns an die Auswirkungen der Gegenwart eines Gutturals:

A. Keine Verdoppelung möglich (§ **8**; **17**,2; **25**,2).
B. Abneigung gegen das *Šᵉwa mobile* (in der Regel ersetzt durch *Šᵉwa compositum*).
C. Vorliebe für den Vokal *a* oder einen ihm nahen Vokal; dies kann führen zu
   a) einem Vokalwechsel oder
   b) der Einführung eines *Pataḥ furtivum* (eines flüchtigen *Pataḥ*, das vor dem Guttural gesprochen wird) (§ **21**,4).

64 **Anwendung:**

I. פ-Gutturalverben: עָמַד (= stehen) **(Paradigma 2)**

1. Das Imperfekt *Nifal* ist die einzige Form, bei welcher der erste Konsonant eigentlich verdoppelt werden müßte. Da dies aber nicht geht, kommt es zu einer Ersatzdehnung des vorangehenden Vokals.
   Beispiel: יֵעָמֵד (יִקָּטֵל).
2. Das *Šᵉwa mobile* unter dem Guttural wird gewöhnlich durch das *ḥatef pataḥ* ◌ֲ ersetzt (außer bei **א**, das oft ein *ḥatef segol* ◌ֱ vorzieht).
   Beispiel: *Infinitivus constructus* und Imperativ *Qal* עֲמֹד (קְטֹל);
   daher das Imperfekt יַעֲמֹד (יִקְטֹל), vgl. § **12**,5a.
3. Auf die Perfekte *Nifal* und *Hifil* achten:
   נֶעֱמַד (נִקְטַל) und הֶעֱמִיד (הִקְטִיל),
   wo der Laut *æ* zwischen dem sonst üblichen *i* und dem *a*, welches von dem Guttural gefordert wäre, liegt und wo das *Šᵉwa* die Farbe des Vokals annimmt, der ihm vorausgeht (§ **21**,5a).

65 **II. ע-Gutturalverben:** זָעַק (= schreien), בָּרַךְ (= segnen) **(Paradigma 3)**

Im *Piel, Pual, Hitpael* führt die Unmöglichkeit einer Verdoppelung des Gutturals zu einer Verlängerung des vorangehenden Vokals.

Piel: בֵּרֵךְ oder häufiger בֵּרַךְ (קִטֵּל).

Pual: בֹּרַךְ (קֻטַּל).

Hitpael: הִתְבָּרֵךְ (הִתְקַטֵּל).

NB: Aber manchmal kommt eine virtuelle Verdoppelung vor (vgl. § **25**,2), die es erlaubt, den gewohnten Vokal beizubehalten.

Beispiel: שִׁחֵת, Perf. *Piel* von שָׁחַת (= verderben).

In allen Formen wird das *Šᵉwa mobile* gewöhnlich ersetzt durch ◌ֲ.

Beispiel: Perf. *Qal*, 3. P. Pl.: זָעֲקוּ (קָטְלוּ).

Man beachte die Imperfekta auf *a* wie bei den Zustandsverben.

Beispiel: יִזְעַק (יִקְטֹל).

66 **III. ל-Gutturalverben:** שָׁלַח (= schicken) **(Paradigma 4)**

Der Vokal *a* ersetzt vor dem Guttural die anderen Vokale, wenn diese nicht sehr stabil sind.

Beispiel: *Piel* שִׁלַּח (קִטֵּל).

Wenn umgekehrt die Vokale sehr stabil sind, bleiben sie erhalten, und es wird ein *Pataḥ furtivum* eingeführt (§ **21**,4).

Beispiel: *Hifil* הִשְׁלִיחַ (הִקְטִיל).

Es sei hingewiesen auf die 2. P. f. Sg. Perf. mit einem Hilfs-*a*.

Beispiel: *Qal* שָׁלַחַתְּ (קָטַלְתְּ) (wohlgemerkt ist das *Dageš* ein *Dageš lene* trotz des vorangehenden Vokals; vgl. § **16**; **17**).

BEMERKUNGEN:

1. Keine dieser Regeln ist absolut. Das Lexikon informiert über besondere Fälle.
2. Die »Unregelmäßigkeiten« der Gutturalverben betreffen nur die Vokalisation (oder die Verdoppelung). Die drei Konsonanten der Wurzel bleiben immer erhalten. Deshalb ist es leicht, wenn irgendeine Form vorliegt, deren Wurzel zu finden.

   Anders wird es sich bei den schwachen Verben und den Verben mit zwei gleichen Konsonanten verhalten, die im folgenden erörtert werden.

17. Lektion: Schwache Verben.

67 Man bezeichnet als »schwache Verben« diejenigen Verben, die in ihrer Wurzel einen schwachen Konsonanten aufweisen, der Veränderungen unterliegt (§ **6**; **20**). Man unterscheidet die folgenden Klassen:

1. Verben, deren **1. Radikal schwach** ist:
   - פ״א[7]: fünf Verben: אָמַר (= sagen) u. a. (vgl. § **62** NB; vgl. später § **69**);
   - פ״י: seien es ursprüngliche פ״י: יָטַב (= gut sein),
     oder פ״ו, die zu פ״י geworden sind: יָשַׁב (= sitzen).

   NB: Anfangs-ו* wird immer zu י. Das Anfangs-ה wird nie als schwach behandelt außer in einigen Formen des Verbs הָלַךְ (= gehen) (§ **62** NB).
2. Verben mit nur **zwei Radikalen** (»hohle« oder »mittelvokalige« Wurzeln):
   - ע״ו: קוּם (= aufstehen), בּוֹשׁ (= sich schämen)

7 Man spricht diese Schreibung: Verben *Pe-Alef* (vgl. dazu § **44**,2), und entsprechend bei anderen Buchstaben.

Zu dieser Gruppe gehören nicht die Verben mit einem konsonantischen ו als zweitem Radikal, z.B.: צִוָּה *Piel* (= befehlen), קָוָה (= warten).

- ע"י: דִּין (= richten)

NB: Ein א und ein ה als zweiter von drei Radikalen werden nie als schwach behandelt.

3. Verben, deren **3. Radikal schwach** ist:
- ל"א: מָצָא (= finden)
- ל"ה (ursprünglich ל"י): גָּלָה (= entblößen).

NB: Mit ו und י als drittem Radikal ist klassisch nicht zu rechnen. Das ursprüngliche End-ה ist selten und wird nie als schwach behandelt (§ **62**, NB):

Beispiel: גָּבַהּ (= hochfahrend sein).

68 Allgemeine Prinzipien

A. Verben, die eine von der heutigen verschiedene ursprüngliche Form haben, tendieren dazu, immer dann **zur ursprünglichen Form zurückzukehren**, wenn der schwache Radikal durch ein Präformativ oder durch eine Endung geschützt wird.

Beispiel: גָּלָה (von גָּלַי*): 2. P. m. Sg. Perf. *Qal*: גָּלִיתָ (das י wird durch die Endung תָ geschützt).

יָשַׁב (von וָשַׁב*): Perf. *Hifil*: הוֹשִׁיב (das ו wird vom Präformativ ה geschützt).

B. Die hauptsächlichen möglichen Ereignisse sind:

1. **Verschwinden** (vgl. § **20**,2) durch:
- Aphärese (Beispiel: שֵׁב, Imper. von יָשַׁב);
- Synkope (Beispiel: תֵּשֵׁב, Imperf. von יָשַׁב);
- Apokope (Beispiel: יִגֶל, apokopiertes Imperf. von גָּלָה (§ **81**,2).

2. Einfaches **Quieszieren** (§ **6**; **20**,1):

Dieses Quieszieren, das aus der Silbe eine offene Silbe macht, bringt eine Veränderung in der Vokalisation mit sich.

Beispiel: מָצָא (קָטַל).

C. Diese verschiedenen Ereignisse haben in manchen Zeitformen die Auswirkung, daß die schwachen Verben so erscheinen, als bestünde ihre Wurzel nur aus **zwei Konsonanten** statt aus drei. Dagegen hat das »linguistische Gewissen« manchmal durch künstliche Wiederherstellung der Dreikonsonantigkeit reagiert:

a) sei es durch Hinzufügung von **Endungen**, die anderen Formen entliehen worden sind:

Beispiel: יָשַׁב, *Inf. constr.*: שֶׁבֶת statt שֵׁב, also Hinzufügung der femininen Endung ת.

Das gleiche gilt von allen *Infinitivi constructi* der Verben ל"ה auf וֹת.

b) sei es durch Wiederholung eines der beiden übriggebliebenen Konsonanten, wie die Form *Polel* der Verben ע"ו, die das *Piel* ersetzt.

Beispiel: קוֹמֵם als Intensivform von קוּם.

D. Schließlich sei auf häufige **Kontaminationen** (»Ansteckungen«) hingewiesen: Manche besonders gebräuchliche Formen tendieren dazu, sich auch dort einzubringen, wo dies nicht historisch begründet ist.

Beispiel: Die Verben ע״י (דִּין) haben im *Nifal* eine Form (נָדוֹן), die den häufigsten Verben ע״ו nachgebildet ist.

18. Lektion: Schwache Verben (Fortsetzung)

69 Anwendungen

A. **Die Verben פ״א.**

Es gibt fünf solche Verben:

אָכַל (= essen)
אָמַר (= sagen)
אָבַד (= zugrunde gehen)
אָבָה (= wollen) } sowohl פ״א als auch ל״ה (vgl. § **44**,2).
אָפָה (= backen)

Deren א wird nur im Imperf. *Qal* quieszent, was die folgenden Formen ergibt:

3. P. Sg. יֹאכַל (in Pausa יֹאכֵל) } schwer zu erklären.
1. P. Sg. אֹכַל

Beachte auch die Form des konsekutiven Imperf., die sehr häufig ist: וַיֹּאמֶר (§ **80**).

NB: Wenn das א nicht abgeschwächt wird, bleibt es den Regeln für die Gutturale (§ **64**) unterworfen.

Beispiel: 2. P. m. Pl. Perf. *Qal*: אֲמַרְתֶּם.

70 B. **Verben mit ursprünglichem פ״י: יָטַב** (= gut sein) **(Paradigma 6)**

Diese Verben sind

- selten (sieben Exemplare),
- allesamt Zustandsverben (Imperfekt mit *a*),
- nur im *Qal* und im *Hifil* belegt.
- Das י bleibt immer erhalten (weder Aphärese noch Ersetzung); aber im Fall, daß es mit einem *Š^ewa simplex* stehen müßte und diesem ein Vokal vorangeht, hat es die Tendenz, mit diesem Vokal zu verschmelzen; deshalb:

Imperf. *Qal*	(יִיטַב) יִיטַב	(יִכְבַּד)
Perf. *Hifil*:	הֵיטִיב	(הִקְטִיל)
Imperf. *Hifil*:	יֵיטִיב	(יַקְטִיל)
Part. *Hifil*:	מֵיטִיב	(מַקְטִיל)

71 **C. Verben פ"י, ursprünglich פ"ו: יָשַׁב** (= sitzen) **(Paradigma 5)**
Sie werden relativ häufig gebraucht: יָשַׁב (= sitzen), יָרַד (= herabsteigen), יָלַד (= zeugen, gebären), יָדַע (= kennen), יָצָא (= hinausgehen).
Das ו
1. bleibt erhalten, wenn es durch ein Präformativ geschützt wird:
   Nifal Perf. נוֹשַׁב Imperf. יִוָּשֵׁב (ו wegen נ-Assimilation verdoppelt)
   Hifil Perf. הוֹשִׁיב Imperf. יוֹשִׁיב (*o*)
   Hofal Perf. הוּשַׁב Imperf. יוּשַׁב
   NB: Ausnahmen für das Imperf. *Qal*:
   - יָרַשׁ (= Erbe sein) bildet יִירַשׁ (vgl. § **70**).
   - יָשַׁב bildet יֵשֵׁב (das י der Wurzel entfällt und zur Kompensation wird das *i* des Präformativs zu einem langen und betonten *ē*; zum 2. Vokal vgl. § **48**,2).
2. wird zu י, wenn es am Anfang steht und vokalisiert ist:
   Perf. *Qal* יָשַׁב (für וָשַׁב*);
   Part. akt. יוֹשֵׁב; Part. pass. יָשׁוּב.
3. entfällt, wenn es am Anfang stünde und ein *Šᵉwa* tragen müßte, nämlich im Imper., *Inf. constr.* und Imperf. *Qal*:
   Beispiele: Imper. *Qal* שֵׁב, רֵד.
   NB 1: Die *Inf. constr. Qal* (§ **68**, C. a) in der Form eines *Nomen segolatum* f.:
   Beispiele: שֶׁבֶת, לֶדֶת, דַּעַת; mit Suffix: שִׁבְתִּי.
   NB 2: Bezüglich der **Verben פ"י mit folgendem צ** vgl. § **77**.

Wie bei den genannten ursprünglichen פ"ו-Verben werden die meisten Formen von הָלַךְ gebildet: *Qal*: Imper. לֵךְ, Inf. constr. לֶכֶת, Imperf. יֵלֵךְ, *Hifil* Perf. הוֹלִיךְ.

72 **D. Verben ע"ו: קוּם** (= aufstehen) **(Paradigma 7)**
Diese Verben werden im Lexikon nicht in der Perfektform (קָם) aufgeführt, sondern mit dem *Infinitivus constructus* (קוּם), der ihren kennzeichnenden Vokal (*u* oder *i* oder *o*) besser herausstellt.
1. Dieser ist so wichtig, daß er bestehen bleibt
   - im Imperfekt in allen Personen, sogar um den Preis eines einzufügenden Verbindungsvokals:
     2. P. f. Pl.: תְּקוּמֶינָה statt תְּקוּמְנָה*, weil וּ in einer geschlossenen Nicht-Schlußsilbe unmöglich ist.
   - im *Nifal* Perfekt und Imperfekt in verkürzter Form: וֹ:
     Perf. נָקוֹם; Imperf. יִקּוֹם.
2. Dennoch bleibt er nicht erhalten
   - im Perf. *Qal*, bei dem eine abgeschwächte Vokalisation mit *a* vorliegt, die für das Perf. *Qal* bezeichnend ist;
   - im *Hifil*, dessen bezeichnende Vokalisation *i* im Perf. und Imperf. dominiert.
     Beispiel: Perf. הֵקִים.

NB: Der erste Vokal ֵ (Verlängerung des normalen *i* in offener Silbe, vgl. § **21**,2) wird im Fall einer schweren Endung zu ֲ: הֲקִימוֹתִי
Imperfekt: יָקִים; 3. P. f. Pl. תְּקִימֶינָה (oder תָּקֵמְנָה).

3. Was die Intensivformen angeht, werden sie gewöhnlich gebildet durch
   - ein *Polel*: Perf. קוֹמֵם, Imperf. יְקוֹמֵם;
   - ein *Polal*: Perf. קוֹמַם, Imperf. יְקוֹמַם (vgl. § **68**, C.);
   - ein *Hitpolel*: Perf. הִתְקוֹמֵם, Imperf. יִתְקוֹמֵם (vgl. § **68**, C).

73 **E. Verben ע"י: דִּין** (= richten)
Es handelt sich um relativ seltene Verben, die stark von den ע"ו angesteckt sind. Praktisch haben sie als Besonderheit nur den *Infinitivus constructus* דִּין und die davon abgeleiteten Formen: Imperativ דִּין; Imperfekt יָדִין.

NB: Das Imperf. *Hifil* ist, wie man sieht, dem Imperf. *Qal* gleich, so daß sich die beiden Formen nicht unterscheiden lassen.

19. Lektion: Schwache Verben (Fortsetzung)

74 **F. Verben ל"א: מָצָא** (= finden) (**Paradigma 8**)

1. Das א verliert immer seinen Konsonantwert.
   Die vorangehenden Silbe wird also zu einer offenen Silbe mit den entsprechenden Vokalveränderungen (§ **21**,2).
2. Die Konjugation dieser Verben gleicht sich häufig derjenigen der Verben ל"ה (§ **68**, D) an:
   - Imperf. mit *a*: יִמְצָא;
   - Tendenz, ein *a* in offener Nicht-Schlußsilbe durch *e* oder *æ* zu ersetzen:
     Perf. *Nifal*, 2. P. m. Sg. נִמְצֵאתָ (נִקְטַלְתָּ);
     Imperf. *Qal*, 3./2. P. f. Pl. תִּמְצֶאנָה.

75 **G. Verben ל"ה** (ursprünglich ל"י): גָּלָה (= entblößen) (**Paradigma 9**)
Sehr häufige Verben, deren Vereinheitlichung so weit getrieben worden ist, daß
- der Unterschied zwischen Handlungs- und Zustandsverben entfällt;
- auch die verschiedenen Formen (*Qal*, *Nifal* usw.) einander sehr ähnlich geworden sind.

1. Synkope eines ursprünglichen י vor einer vokalischen Endung.
   Beispiel: 3. P. Pl. Perf. *Qal*: גָּלוּ (קָטְלוּ).
   NB: Ebenso Part. akt. *Qal* f.: גֹּלָה (קֹטְלָה).
2. Das ursprüngliche י am Schluß wird durch ה ersetzt, das aber nur eine *mater lectionis* (§ **11**,1) ist, die dazu dient, den Schlußvokal zu tragen. Dieser Vokal ist dann in allen Formen jeweils derselbe:

a im Perfekt (selbst des *Hifil*: הִגְלָה);
o im *Infinitivus absolutus*;
NB: im *Infinitivus constructus* וֹת (§ **68**, C, a);
e im Imperativ;
æ im Imperfekt (das ursprünglich *a* hatte);
ai = *æ*;
æ im Partizip (außer im Part. pass. *Qal*).

3. Aufrechterhaltung des ursprünglichen י vor einer Endung, die mit einem Konsonanten beginnt. In diesem Fall ist der Vokal
   - entweder *i* (vor allem in den Aktiv-Formen): 2. P. Sg. Perf. *Qal* גָּלִיתָ;
   - oder *e* (vor allem in den Passiv-Formen): 2. P. Sg. Perf. *Nifal* נִגְלֵיתָ, dies allerdings mit einer gewissen Unregelmäßigkeit.
4. Darüber hinaus ist zu beachten:
   - 3. P. f. des Perf. auf תָה.
     Beispiel: *Qal* גָּלְתָה (das ת vermeidet, daß die 3. P. f. der 3. P. m. ähnlich wird).
   - Es gibt **apokopierte Imperfekte**, die durch den Entfall des Schluß-ה und des zugehörigen Vokals gekennzeichnet sind (§ **81**).

76 **H. Verben פ"ן: נָגַשׁ** (= nahekommen) (**Paradigma 10**)

Sie werden ebenfalls zu den schwachen Verben gerechnet aufgrund der Besonderheiten des ן (§ **20**, 2 und 3).
Dies sind ihre Charakteristika:

1. Gewöhnlich Assimilation des nicht mit Vokal versehenen ן,
   außer
   - vor einem Guttural;
   - im *Infinitivus constructus*.

   Imperf. יִגַּשׁ.
2. Tendenz zur Aphärese des ן im *Infinitivus constructus* und im Imperativ nach Analogie der Verben פ"י (§ **71**,3).
   Imper. גַּשׁ;
   Inf. constr. גֶּשֶׁת (§ **68**, C, a; **71**,3).

NB:
1. Zum Verb לָקַח (= nehmen), dessen ל den gleichen Veränderungen unterliegt, vgl. T. § **6**,1.
2. Zum Verb נָתַן (= geben), das ganz besonders unregelmäßig ist, vgl. **T.** § **17**,9.

77 **I. Verben פי"צ**, d. h. פ"י, deren zweiter Wurzelkonsonant ein צ ist:

Es handelt sich um sechs ziemlich seltene Verben (NB: das Verb »יָצָא = herausgehen« gehört nicht dazu); sie verhalten sich, als würde sich das י, wenn ihm der Vokal fehlt, dem folgenden צ angleichen (also in Analogie zu den Verben פ"ן).
Beispiel: יָצַק (= gießen); Imperf. יִצֹּק.

20. Lektion: Verben ע״ע (*Verba geminata*)

סָבַב (= umringen) (**Paradigma 11**)

78 So nennt man die Verben, deren zweiter und dritter Radikal (Wurzelkonsonant) identisch sind.

A. DIE KONSONANTEN

Die zwei letzten Konsonanten haben eine gewisse Tendenz zur Verschmelzung, die ihnen aber nicht immer gelingt (§ **20**,5). Es gibt deshalb drei Möglichkeiten:

1. Die Konsonanten werden **auseinandergehalten** (selten); dies geschieht vor allem, wenn die beiden Konsonanten besonders charakteristisch sind oder notwendig sind, um Verwechslungen zu vermeiden.
   Part. akt. סֹבֵב;
   Part. pass. סָבוּב;
   Inf. abs. סָבוֹב;
   3. P. Sg. Perf. *Qal* (bei Handlungsverben) סָבַב.
2. Die Konsonanten **verschmelzen**: der 2. und 3. Konsonant werden zusammen nur einmal geschrieben, aber mit dem Zeichen für die Verdoppelung. Dieser Fall ist der häufigste und hat die Tendenz, sich sogar um den Preis der Einführung eines Verbindungsvokals aufrechtzuerhalten (Beispiele: § **79**).
3. **Verkürzte** Form, wenn mangels eines folgenden Vokals der verschmolzene Konsonant kein Verdoppelungszeichen erhalten kann.
   Imperf. יָסֹב.

   NB: Aber dann gibt es eine gewisse Tendenz zur Verlängerung (virtuelle Verdoppelung?). Dies erklärt, daß diesem Konsonanten nie ein ◌ִי vorangehen kann, nicht einmal im *Hifil*.

79 **B. DIE VOKALE**

Bei Verschmelzung oder Abkürzung ist der bewahrte Vokal gewöhnlich der auch sonst für die Form kennzeichnende:

a im Perfekt (ursprünglich offenes *a*, das aufgrund der zumindest virtuellen Verdoppelung des Konsonanten erhalten bleibt);
o im Imperfekt und im Imperativ;
e im *Hifil*.

C. VERBINDUNGSVOKALE

Sie werden verwandt, um die Verschmelzung vor einer konsonantischen Endung aufrechterhalten zu können.

Es handelt sich um
 ֵי im Imperfekt (nach Analogie der Verben ל״ה);
 וֹ im Perfekt.
  Beispiel: 2. P. Sg. Perf. *Qal* סַבּוֹתָ;
  2. P. f. Pl. Imperf. *Qal* תְּסֻבֶּינָה.

ZUSAMMENFASSUNG:
Es gibt die folgenden Formen:

Qal, Perf.	סָבַב	(Zustandsverb תַּם)	Imperf.	יָסֹב	
Nifal	נָסַב		Imperf.	יִסַּב	
Hifil	הֵסֵב		Imperf.	יָסֵב	
Hofal	הוּסַב		Imperf.	יוּסַב	(nach Analogie der פ״י)

Die Intensiv-Konjugation wird gewöhnlich wiedergegeben durch
- ein *Polel* סוֹבֵב, Imperf. יְסוֹבֵב;
- ein *Polal* סוֹבַב, Imperf. יְסוֹבַב;
- ein *Hitpolel* הִסְתּוֹבֵב (mit Umstellung, § **20**,4).

NB: Man findet im Imperfekt (*Qal*, *Hifil*, *Hofal*) sogenannte aramaisierende Formen mit Verdoppelung des ersten Radikals.
  Beispiel: יִסֹּב.

21. Lektion: Die Modi

80 *I. DER KONSEKUTIVE MODUS*

Neben dem normalen Gebrauch der Tempora, von dem in Lektion 14 die Rede war, wendet man häufig den »konsekutiven Modus« an, der dazu dient, eine Weiterführung zu unterstreichen (»und dann«). Aber manchmal - vor allem in den jüngeren Büchern - wird er so gebraucht, daß er einfach nur das vergangene Geschehen besagt.
Der konsekutive Modus ist durch die folgenden Besonderheiten gekennzeichnet:

81 **A. DIE FORMEN**

1. Im Perfekt:
   a) Die Konjunktion וְ wird immer mit dem Verb verbunden;
   b) Tendenz des Akzents, vorwärtszugehen:
      Beispiel: וְקָטַלְתִּ֫י statt וְקָטַ֫לְתִּי.
2. Im Imperfekt:
   a) Konjunktion ו mit starker Vokalisation (Vokal *a*; Verdoppelung des folgenden Konsonanten, außer יְ; vor א immer וָ): וַיִּקְטֹל;

b) Tendenz, eine kürzere Form als im normalen Imperfekt anzunehmen:
- sei es durch Apokope bei den Verben ל"ה (§ **75**,4);
  Beispiel: וַיִּגֶל (von גָּלָה);
- sei es durch Abkürzung des letzten Vokals,
  o statt des langen *u* im Imperfekt *Qal* der Verben ע"ו (Pausaform § **18**, NB1);
  e statt *î* im *Hifil* aller Verben (§ **51**,2);
  Beispiel וַיָּקֹם *Imperf. consecutivum* von קוּם (in Pausa).
  וַיַּקְטֵל *Imperf. consec. Hifil* קָטַל.

c) Tendenz des Akzents, zurückzugehen; insbesondere in den Verben ע"ו.
  Beispiel: וַיָּ֫קָם *Imperf. consec.* von קוּם.

NB: Viele dieser Besonderheiten sind Tendenzen, die nicht immer realisiert werden. Daher ist die Konsekutivform häufig nicht von der Indikativform verschieden; nur Konstruktion und Kontext erlauben dann, den Konsekutivmodus zu erkennen.

82 **B. DER SINN**

Bei »konsekutiven« Formen ist der Gebrauch der »Tempora« dem normalen Gebrauch entgegengesetzt (deshalb spricht man manchmal von einem »konversiven« oder »inversiven« ו, und von »umgekehrtem« Imperfekt oder Perfekt).
Nach einer Imperfektform oder einem Imperativ werden Handlungen oder Geschehnisse, die als darauf folgend ausgesagt werden sollen, durch das **»konsekutive Perfekt«** (Waw-Perfekt) ausgedrückt.

Beispiel: אָקוּם וְקָטַלְתִּ֫י (= ich werde aufstehen und werde [danach] töten).

Das manchmal sogenannte **»konsekutive Imperfekt«** (Waw-Imperfekt oder Narrativ) ist das Erzähltempus und kann in Verkettung auch mehrfach hintereinander gebraucht werden. Es antwortet auf die Frage: »Und was geschah dann?« Einer solchen Kette von Waw-Imperfekten geht am Anfang der Erzählung oft eine Beschreibung der Ausgangssituation mit Nominalsätzen oder Perfektformen voraus.

Beispiel: Gen 22,3: ... וַיַּשְׁכֵּם אַבְרָהָם בַּבֹּקֶר וַיַּחֲבֹשׁ אֶת־חֲמֹרוֹ וַיִּקַּח
Und Abraham stand am Morgen auf und sattelte seinen Esel und nahm ...

Will man Gleichzeitigkeit ausdrücken, dann muß man die ו-Formen vermeiden; man muß es dann so einrichten, daß man das Verb von der Konjunktion ו trennt und wieder in das Perfekt setzt; so auch, wenn das Verb verneint werden soll.

Beispiel: Gen 1,5: Und [danach] nannte Gott (וַיִּקְרָא אֱלֹהִים) das Licht »Tag«, und [gleichzeitig, andererseits] nannte er das Dunkel ... (וְלַחֹשֶׁךְ קָרָא).

22. Lektion: Die Modi (Fortsetzung)

83 *II. DIE WILLENSMODI*

So nennt man außer dem Imperativ (= »Volitiv« der 2. Person) zwei Formen, die den Imperativ bei den Personen ersetzen, wo man ihn nicht bilden kann. Es handelt sich um

A. den **Kohortativ** = Volitiv der 1. Person;
er ist durch die Hinzufügung eines »paragogischen« (= hinzugefügten) ָה mit Vokalwechsel wie bei der Hinzufügung einer Endung charakterisiert (§ **50**,2).
Beispiel: אֶקְטְלָה (= ich will töten, laß mich töten).

B. den **Jussiv** = Volitiv der 3. Person;
er ist charakterisiert durch die Tendenz zu einer kürzeren Imperfektform, die erreicht wird
- entweder durch Apokope (bei den Verben ל"ה) (§ **75**,4; **81**,2)
- oder durch Kürzung des letzten Vokals:
im Imperf. *Qal* der Verben ע"ו: יָקֹם statt יָקוּם;
im Imperf. *Hifil* der regelmäßigen Verben: Form mit *e* (יַקְטֵל) statt der Formen auf *î* (יַקְטִיל) (§ **51**,2; **81**,2).

NB: Es können jedoch nicht alle Verben und alle Formen die Kennzeichen des Kohortativ oder des Jussiv annehmen. In vielen Fällen wird das einfache Imperfekt verwandt mit dem Sinn des volitiven Modus.

84 Bemerkungen über die Modi:

1. Der *Modus consecutivus* drückt gewöhnlich eine einfache Folge in der Zeit aus. Das ו *coniunctivum* kann als beiordnende Konjunktion auch die Relation der Verbindung, des Gegensatzes, der Alternative, der Schlußfolgerung oder der Erläuterung ausdrücken, je nach dem Zusammenhang:
Beispiel: בָּא וַיַּרְא = er kam, und deshalb sah er (statt: er kam und sah).
2. Neben den direkten Volitiv gibt es nach Auffassung vieler Grammatiker auch einen indirekten Volitiv, der mit dem ו *coniunctivum* eingeführt wird, das den Umstand der Weise, der Zeit, der Ursache, des Ziels usw. ausdrücken kann. Die Konjunktion ist in diesem Fall nicht bei-, sondern unterordnend.
Beispiel: הָבִיאָה־לִּי וְאֹכֵלָה = bring mir, damit ich essen kann (statt: bring mir, und ich werde essen) Gen 27,4.

Man muß also zwischen unserer westlichen Weise, Aussagen durch bei- oder unterordnende Konjunktionen zu verbinden, und der semitischen unterscheiden, die beides durch die Konjunktion ו ausdrücken kann.

23. Lektion: Das Aufsuchen der Wurzel.

85 Die verschiedenen Formen, die sich bei der hebräischen Deklination oder Konjugation ergeben können, werden natürlich nicht jeweils unter einem neuen Wort in den Lexika aufgeführt[8]. Worte wie מַקְטִיל, תִּקְטֹל, הִתְקַטֵּל sind unter der Wurzel קטל aufzusuchen. Wie bereits erwähnt (§ **36**,3), bringen gute Wörterbücher nach jeder hebräischen Wurzel überhaupt alle davon abgeleiteten Wörter[9]. Deshalb ist es notwendig zu erlernen, wie man bei jeder beliebigen Nominal- oder Verbalform zügig die Wurzel findet. Dafür im folgenden einige Regeln zum Behalten:

1. Das betreffende **Wort** von jedem zufällig hinzukommenden Element lösen; also weglassen:
   - die Konjunktion ו (T. § **30**,1);
   - den Artikel ה (Gr. § **24ff**);
   - die Fragepartikel ה (T. § **37**,6); } als Präfixe
   - die Präpositionen ב, כ, ל (T. § **16**,15) und מ (T. § **22**,2);
   - das Relativpronomen שֶׁ;
   - die Nominal- und Verbalsuffixe (Gr. § **37ff**, **60ff**);
2. Um die **Wurzel** herauszubekommen (gewöhnlich drei Buchstaben), die Präformative weglassen und ebenso die hinzugefügten Endungen und *matres lectionis*. Die Präformative sind:
   - für die Verben:
     - im *Nifal* נ und ה; im *Hifil* und im *Hofal* ה; im *Hitpael* הת;
     - im Imperfekt: י, ת, א, נ;
     - bei den Partizipien: מ;
   - für die Nomina:
     die beiden häufigen Ableitungsbuchstaben ת und מ (selten א, ה,י).

   NB: Diese Buchstaben werden von den alten Grammatikern *litterae serviles* oder *hæʼæmantiv*-Konsonanten (von dem mnemotechnischen Wort הֶאֱמַנְתִּיו, das alle diese Konsonanten enthält) genannt.

---

8 Es gibt ein Lexikon, das alle in der Bibel bezeugten Formen eigens aufführt, sie analysiert und die Wurzel angibt: B. DAVIDSON, *The Analytical Hebrew and Chaldee Lexicon*, London o. J. (1876); aber so nützlich dieses Werk in einzelnen Fällen ist, ist es doch nicht einfachhin zu empfehlen, weil es zwischen gleichklingenden Worten, die von Wurzeln verschiedener Bedeutung abgeleitet sind, nicht unterscheidet. – Anmerkung des Übersetzers: Vgl. auch GERHARD LISOWSKI, Konkordanz zum Hebräischen Alten Testament, Stuttgart [2]1958.

9 Z.B. F. BROWN, S. R. DRIVER, C. A. BRIGGS, Hebrew and English Lexicon of the Old Testament, Oxford 1907 (corrected impression 1952) und auch das kleine Lexikon von LEOPOLD. Die Klassifizierung, die nur den Nachteil hat, häufig auf Hypothesen zu beruhen, nötigt den Anfänger zu einer Suchübung, die pädagogisch gesehen äußerst nützlich ist.

3. Aber wenn man dies getan hat, kommt es oft vor, daß nur noch eine verstümmelte, verformte und kaum erkennbare Wurzel übrig bleibt. Um die Wurzel doch zu finden, muß man die Buchstaben wiederherstellen, die verschwunden sind:
   a) am Anfang des Wortes:
      1) aufgrund von Assimilation (und Ersetzung durch Verdoppelungszeichen): נ und (vor einem צ) י.
         Beispiel: יִפֹּל kommt von נָפַל (= fallen);
         תִּצֹּק kommt von יָצַק.
      2) aufgrund von Aphärese: י und נ (sowie ל im Verb »לָקַח = nehmen« und ה im Verb »הָלַךְ = gehen«).
         Beispiel: גַּשׁ kommt von נָגַשׁ (= sich nähern);
         דַּע von יָדַע (= erkennen);
         לֵךְ von הָלַךְ (= gehen);
         קַח von לָקַח (= nehmen);
      3) aufgrund von Ersetzung: י statt ו.
         Beispiel: הוֹשִׁיב kommt von יָשַׁב (= sitzen) (nach Wegfall des Präformativs ה des *Hifil*).
   b) in der Mitte des Wortes: ו und י.
         Beispiel: קָם kommt von קוּם (= aufstehen).
   c) am Ende des Wortes:
      1) durch Apokope: ה.
         Beispiel: יִגֶל kommt von גָּלָה (= entblößen).
      2) durch Ersetzung: ה für י.
         Beispiel: גָּלִיתִי kommt von גָּלָה.
      3) durch Fusion des letzten Wurzelkonsonanten in den Verben ע"ע.
         Beispiel: יָסֹב kommt von סָבַב.

NB1:
Was die Sache verkompliziert, ist, daß ein und demselben Verb mehrere dieser Beeinträchtigungen zustoßen können, so daß nur noch ein einziger der drei Radikale erhalten bleibt. So lautet z. B. der *Inf. constr.* des Verbs נָתַן (= geben) תֵּת (T. § 17,9) und der Narrativ 3. P. m. Pl. *Hifil* von נכה (= schlagen) וַיַּכּוּ.

NB2:
Nicht die mögliche Umstellung vergessen: הִשְׁתַּמֵּר kommt von שָׁמַר, הִצְטַדֵּק von צָדַק.

NB3:
Die alten Grammatiker haben diese Regeln in einigen lateinischen Distichen, die sich leicht behalten lassen, zusammengefaßt:

Ábjice sérvilés,
et trés si fórte supérsint
Rádicém vocís nóveris ésse tuǽ.

Nimm die Hilfsbuchstaben weg, und sollten drei Buchstaben verbleiben, dann weißt du die Wurzel deines Wortes.

Sí tantúm remanére
duás conspéxeris, ádde
***nún* vel *jód* frontí, *jód* vel *wáw* medió;**

Siehst du aber nur zwei überbleiben, dann füge hinzu נ oder י vorn, י oder ו in der Mitte;

***hé* vel *aléf* postpóne,**
aut cónduplicáto secúndum:
Pródibít radíx génuína tibí.

ה oder א setze ans Ende, oder verdoppele den Laut in der Mitte, so geht dir die echte Wurzel hervor.

Único sí restát,
***nun* vél *jod* áddito frónti,**
***hé* finí: radíx índe petíta venít.**

Bleibt nur ein Konsonant, dann setze vorn נ oder י, ein ה am Ende: daraus entsteht die gesuchte Wurzel.

Übungen

Eine sehr nützliche Übung könnte es sein, aus einer deutschen Übersetzung der Bibel einfache Sätze der historischen Bücher ins Hebräische zurückzuübersetzen. Man kann sich dann selbst korrigieren, indem man das Ergebnis mit der hebräischen Bibel vergleicht und sich über eventuelle Differenzen Rechenschaft gibt. Aber für Anfänger sind solche Arbeiten etwas mühsam und setzen auch den Gebrauch eines deutsch-hebräischen Lexikons voraus (nur GESENIUS-BUHL enthält im Anhang auch einen deutsch-hebräischen Teil; ZORELL-SEMKOWSKI bietet einen lateinisch-hebräischen Teil). Eine andere Möglichkeit sind Übungen wie die beiden folgenden, die sich an Texte, wie sie im zweiten Teil des vorliegenden Lehrbuchs erläutert werden, anschließen.

Aufgabe im Anschluß an Jer 29,1–9

1. Der Prophet Jeremia wird Briefe an die Ältesten und die Propheten senden, die in der Gefangenschaft sind.
2. Die Königin-Mutter und die Fürsten von Juda sind nach Babylon deportiert worden.
3. Der König Jekonja hat Jerusalem verlassen.
4. JHWH der Heerscharen hat den König von Israel und die gesamte Gefangenschaft deportiert und hat ihnen gesagt: Ihr werdet Häuser bauen, ihr werdet euch einrichten, ihr werdet Gärten pflanzen und ihr werdet deren Früchte essen.

Aufgabe im Anschluß an 2 Sam 7,4ff

1. Der Prophet sprach in folgenden Worten zu JHWH: Ich habe deinem Knecht David gesagt: Du hast kein Haus gebaut, und JHWH hat nicht in seinem Haus gewohnt.
2. Er hat sein Volk aus Ägypten heraufziehen lassen und er hat in einem Zelt gewohnt.
3. Er hat kein Wort gegen einen der Stämme Israels gesagt.
4. Und jetzt hat JHWH David vom Schafstall weggenommen, und er ist Anführer geworden, und JHWH war mit ihm, um seine Feinde zu zerstören.

Korrektur der Übungen

6. Lektion

ÜBERSETZUNG
Die gute Stute. - Der Hengst der Stute (ist) gut. - Die Stuten (sind) gut. - Wie ein gutes Pferd.

AUFGABE

הַסּוּסִים טוֹבִים - סוּסוֹת הַסּוּסִים טוֹבוֹת -
לַסּוּסִים הַטּוֹבִים הַסּוּסוֹת הַטּוֹבוֹת -

---

7. Lektion

ÜBERSETZUNG
Das Wort (ist) gut. - Die gute Gerechtigkeit (ist) heilig. - Die Propheten (sind) gerade. - Die Worte des Friedens (sind) groß. - Die guten Gerechtigkeiten des Propheten (sind) gerade.

AUFGABE

הַדָּבָר גָּדוֹל - דִּבְרֵי הַנָּבִיא יְשָׁרִים - צִדְקַת הַנְּבִיאִים טוֹבָה -
הַנְּבִיאִים קְדוֹשִׁים - סוּסוֹת הַנָּבִיא הַגְּדוֹלוֹת טוֹבוֹת - הַדָּבָר הַיָּשָׁר כַּצְּדָקָה -

---

8. Lektion

ÜBERSETZUNG
Die Könige (sind) groß. - Die Könige des Friedens (sind) gerade. - Die Worte des Königs (sind) gut. - Die Königin der Gerechtigkeit (ist) groß.

AUFGABE

שָׁלוֹם הַמַּלְכָּה קָדוֹשׁ - סִפְרֵי הַמְּלָכִים גְּדוֹלִים -
דְּבַר הַמְּלָכִים הַטּוֹבִים יָשָׁר - סֵפֶר מֶלֶךְ דְּבַר שָׁלוֹם - מֶלֶךְ יָשָׁר כְּנָבִיא קָדוֹשׁ -

---

9. Lektion

ÜBERSETZUNG
Die Lippen der Weisen (sind) ein Haus von Gerechtigkeit. - Die Frauen der Könige (sind) gut. - Die weisen Königinnen (sind) in der großen Stadt.

AUFGABE

רַגְלֵי הַמֶּלֶךְ גְּדוֹלִים - הַנָּשִׁים הַקְּדוֹשׁוֹת טוֹבוֹת - בֵּית הַמְּלָכִים גָּדוֹל -
שִׂפְתֵי סוּסַת הַמַּלְכָּה טוֹבוֹת -

---

10. Lektion

ÜBERSETZUNG
Eure geraden Könige (sind) mit uns. - Unsere großen Pferde (sind) in ihrer Stadt. - Die Namen unserer Väter (sind) groß. - Der Prophet (ist) in dem Land seiner Väter.

AUFGABE

סוּסֵי גָּדוֹל - מַלְכָּתֵנוּ אִתָּנוּ - מֶלֶךְ צִדְקָתֵנוּ עֲלֵיכֶם -
לָכֶם הַשָּׁלוֹם לָנוּ הַצְּדָקָה - מַלְכֵיכֶם בָּעִיר -

---

11. Lektion

ÜBERSETZUNG
Er hat getötet. - Ihr habt umgebracht. - Sie hat töten lassen. - Wir sind getötet worden. - Man hat dich töten lassen (= Du bist töten lassen worden). - Ihr habt euch umgebracht. - Wir haben töten lassen. - Der Vater hat seine Stute getötet. - Der König hat den Propheten töten lassen.

AUFGABE

קִטֵּל - קֻטַּלְנוּ - הָקְטְלָה - קֻטַּלְנוּ - הִקְטִילוּ - נִקְטַלְתִּי -
קִטַּלְתָּ - קִטֵּל הַמֶּלֶךְ אֵת סוּסָתוֹ - קָטְלָה הָאִשָּׁה אֶת־סוּסָהּ -

---

12. Lektion

ÜBERSETZUNG
Er wird töten. - Wir werden umbringen. - Sie wird töten lassen. - Sie werden umgebracht werden. - Töten. - Umgebracht werden. - Ihr werdet eure Pferde töten.

AUFGABE

נִקָּטֵל - יַקְטִילוּ - הַמַּלְכָּה תַּקְטִיל אֶת־הַנְּבִיאִים הַקְּדוֹשִׁים -
יְקֻטְּלוּ הַמְּלָכִים - לְקַטֵּל - לְהִקָּטֵל -

---

13. Lektion

ÜBERSETZUNG
Tötet. - Bringt um. - Laßt töten. - Die getöteten Könige. - Werde getötet! - Er hat umgebracht. - Die Tötenden. - Er wird schwer sein. - Sie ist klein.

AUFGABE

הִקָּטְלוּ - הַקְּטֵל - קֹטֵל - הַנָּשִׁים הַקְּטוּלוֹת - כָּבְדוּ -
יִקָּטֵל - קְטַנְתֶּן -

---

15. Lektion

ÜBERSETZUNG
Er hat mich getötet. – Er wird ihn töten. – Wir werden sie umbringen. – Sie haben ihn umgebracht. – Sie haben sie (Pl.) umgebracht. – Sie werden uns töten lassen. – Sie hat ihn getötet.

AUFGABE

הִקְטַלְנוּם – יִקְטְלוּכֶם – תְּקַטְּלוּנוּ – קְטָלוּן – קְטָלָהּ –
יְקַטְּלֵנִי – יַקְטִילֵנִי –

Aufgabe im Anschluß an Jer 29,1–9 (S. 59)

1 יִשְׁלַח יִרְמְיָה הַנָּבִיא סְפָרִים אֶל־הַזְּקֵנִים וְאֶל־הַנְּבִיאִים אֲשֶׁר בַּגּוֹלָה׃
2 נִגְלוּ הַגְּבִירָה וְשָׂרֵי יְהוּדָה בָּבֶלָה׃
3 יָצָא יְכָנְיָה הַמֶּלֶךְ מִירוּשָׁלָםִ׃
4 גָּלָה יְהוָה צְבָאוֹת אֶת־מֶלֶךְ יִשְׂרָאֵל וְאֶת־כָּל־הַגּוֹלָה וַיֹּאמֶר לָהֶם תִּבְנוּ
בָתִּים וִישַׁבְתֶּם תִּטְעוּ גַנּוֹת וַאֲכַלְתֶּם אֶת־פִּרְיָן׃

Aufgabe im Anschluß an 2 Sam 7,4–9 (S. 59)

1 וַיְדַבֵּר הַנָּבִיא אֶל יְהוָה לֵאמֹר אָמַרְתִּי אֶל־דָּוִד עַבְדְּךָ כִּי לֹא בָנִיתָ בַּיִת
וַיהוָה לֹא יָשַׁב בְּבֵיתוֹ׃
2 הַעֲלֶה אֶת־עַמּוֹ מִמִּצְרַיִם וְהוּא יֹשֵׁב בְּאֹהֶל׃
3 לֹא אָמַר דָּבָר עַל־אַחַד שִׁבְטֵי יִשְׂרָאֵל׃
4 וְעַתָּה לָקַח יְהוָה אֵת דָּוִד מִן־הַנָּוֶה וַיְהִי נָגִיד וַיְהִי יְהוָה עִמּוֹ לְהַכְרִית
אֶת־אֹיְבָיו׃

PARADIGMEN

1. Das regelmäßige Verb:

קָטַל = töten

		Einfache Form	
		Qal	Nifal
		töten	*getötet werden*
Perfekt	3. P. m. Sg.	קָטַל	נִקְטַל
	3. P. f. Sg.	קָטְלָה	נִקְטְלָה
	2. P. m. Sg.	קָטַלְתָּ	נִקְטַלְתָּ
	2. P. f. Sg.	קָטַלְתְּ	נִקְטַלְתְּ
	1. P. c. Sg.	קָטַלְתִּי	נִקְטַלְתִּי
	3. P. c. Pl.	קָטְלוּ	נִקְטְלוּ
	2. P. m. Pl.	קְטַלְתֶּם	נִקְטַלְתֶּם
	2. P. f. Pl.	קְטַלְתֶּן	נִקְטַלְתֶּן
	1. P. c. Pl.	קְטַלְנוּ	נִקְטַלְנוּ
Infinitiv	abs.	קָטוֹל	נִקְטֹל
	constr.	קְטֹל	הִקָּטֵל
Imperativ	2. P. m. Sg.	קְטֹל	הִקָּטֵל
	2. P. f. Sg.	קִטְלִי	הִקָּטְלִי
	2. P. m. Pl.	קִטְלוּ	הִקָּטְלוּ
	2. P. f. Pl.	קְטֹלְנָה	הִקָּטַלְנָה
Imperfekt	3. P. m. Sg.	יִקְטֹל	יִקָּטֵל
	3. P. f. Sg.	תִּקְטֹל	תִּקָּטֵל
	2. P. m. Sg.	תִּקְטֹל	תִּקָּטֵל
	2. P. f. Sg.	תִּקְטְלִי	תִּקָּטְלִי
	1. P. c. Sg.	אֶקְטֹל	אֶקָּטֵל
	3. P. m. Pl.	יִקְטְלוּ	יִקָּטְלוּ
	3. P. f. Pl.	תִּקְטֹלְנָה	תִּקָּטַלְנָה
	2. P. m. Pl.	תִּקְטְלוּ	תִּקָּטְלוּ
	2. P. f. Pl.	תִּקְטֹלְנָה	תִּקָּטַלְנָה
	1. P. c. Pl.	נִקְטֹל	נִקָּטֵל
Partizip	aktiv	קֹטֵל	נִקְטָל
	passiv	קָטוּל	

Intensiv			Kausativ	
Piel	Pual	Hitpael	Hifil	Hofal
umbringen	*umgebracht werden*	*sich umbringen*	*töten lassen*	*töten gelassen werden*
קִטֵּל	קֻטַּל	הִתְקַטֵּל	הִקְטִיל	הָקְטַל
קִטְּלָה	קֻטְּלָה	הִתְקַטְּלָה	הִקְטִילָה	הָקְטְלָה
קִטַּלְתָּ	קֻטַּלְתָּ	הִתְקַטַּלְתָּ	הִקְטַלְתָּ	הָקְטַלְתָּ
קִטַּלְתְּ	קֻטַּלְתְּ	הִתְקַטַּלְתְּ	הִקְטַלְתְּ	הָקְטַלְתְּ
קִטַּלְתִּי	קֻטַּלְתִּי	הִתְקַטַּלְתִּי	הִקְטַלְתִּי	הָקְטַלְתִּי
קִטְּלוּ	קֻטְּלוּ	הִתְקַטְּלוּ	הִקְטִילוּ	הָקְטְלוּ
קִטַּלְתֶּם	קֻטַּלְתֶּם	הִתְקַטַּלְתֶּם	הִקְטַלְתֶּם	הָקְטַלְתֶּם
קִטַּלְתֶּן	קֻטַּלְתֶּן	הִתְקַטַּלְתֶּן	הִקְטַלְתֶּן	הָקְטַלְתֶּן
קִטַּלְנוּ	קֻטַּלְנוּ	הִתְקַטַּלְנוּ	הִקְטַלְנוּ	הָקְטַלְנוּ
קַטֹּל	קֻטֹּל		הַקְטֵל	הָקְטֵל
קַטֵּל	(קֻטַּל)	הִתְקַטֵּל	הַקְטִיל	(הָקְטַל)
קַטֵּל		הִתְקַטֵּל	הַקְטֵל	
קַטְּלִי		הִתְקַטְּלִי	הַקְטִילִי	
קַטְּלוּ		הִתְקַטְּלוּ	הַקְטִילוּ	
קַטֵּלְנָה		הִתְקַטֵּלְנָה	הַקְטֵלְנָה	
יְקַטֵּל	יְקֻטַּל	יִתְקַטֵּל	יַקְטִיל	יָקְטַל
תְּקַטֵּל	תְּקֻטַּל	תִּתְקַטֵּל	תַּקְטִיל	תָּקְטַל
תְּקַטֵּל	תְּקֻטַּל	תִּתְקַטֵּל	תַּקְטִיל	תָּקְטַל
תְּקַטְּלִי	תְּקֻטְּלִי	תִּתְקַטְּלִי	תַּקְטִילִי	תָּקְטְלִי
אֲקַטֵּל	אֲקֻטַּל	אֶתְקַטֵּל	אַקְטִיל	אָקְטַל
יְקַטְּלוּ	יְקֻטְּלוּ	יִתְקַטְּלוּ	יַקְטִילוּ	יָקְטְלוּ
תְּקַטֵּלְנָה	תְּקֻטַּלְנָה	תִּתְקַטֵּלְנָה	תַּקְטֵלְנָה	תָּקְטַלְנָה
תְּקַטְּלוּ	תְּקֻטְּלוּ	תִּתְקַטְּלוּ	תַּקְטִילוּ	תָּקְטְלוּ
תְּקַטֵּלְנָה	תְּקֻטַּלְנָה	תִּתְקַטֵּלְנָה	תַּקְטֵלְנָה	תָּקְטַלְנָה
נְקַטֵּל	נְקֻטַּל	נִתְקַטֵּל	נַקְטִיל	נָקְטַל
מְקַטֵּל		מִתְקַטֵּל	מַקְטִיל	
	מְקֻטָּל			מָקְטָל

2. פ-Gutturalverben (*verba primae gutturalis*):

עָמַד = stehen

		Einfache Form		Kausativ	
		Qal	Nifal	Hifil	Hofal
Perfekt	3. P. m. Sg.	עָמַד	נֶעֱמַד	הֶעֱמִיד	הָעֳמַד
	3. P. f. Sg.	עָמְדָה	נֶעֶמְדָה	הֶעֱמִידָה	הָעָמְדָה
	2. P. m. Sg.	עָמַדְתָּ	נֶעֱמַדְתָּ	הֶעֱמַדְתָּ	הָעֳמַדְתָּ
	2. P. f. Sg.	עָמַדְתְּ	נֶעֱמַדְתְּ	הֶעֱמַדְתְּ	הָעֳמַדְתְּ
	1. P. c. Sg.	עָמַדְתִּי	נֶעֱמַדְתִּי	הֶעֱמַדְתִּי	הָעֳמַדְתִּי
	3. P. c. Pl.	עָמְדוּ	נֶעֶמְדוּ	הֶעֱמִידוּ	הָעָמְדוּ
	2. P. m. Pl.	עֲמַדְתֶּם	נֶעֱמַדְתֶּם	הֶעֱמַדְתֶּם	הָעֳמַדְתֶּם
	2. P. f. Pl.	עֲמַדְתֶּן	נֶעֱמַדְתֶּן	הֶעֱמַדְתֶּן	הָעֳמַדְתֶּן
	1. P. c. Pl.	עָמַדְנוּ	נֶעֱמַדְנוּ	הֶעֱמַדְנוּ	הָעֳמַדְנוּ
Infinitiv	abs.	עָמוֹד	נַעֲמוֹד	הַעֲמֵד	הָעֳמֵד
	constr.	עֲמֹד	הֵעָמֵד	הַעֲמִיד	הָעֳמַד
Imperativ	2. P. m. Sg.	עֲמֹד	הֵעָמֵד	הַעֲמֵד	
	2. P. f. Sg.	עִמְדִי	הֵעָמְדִי	הַעֲמִידִי	
	2. P. m. Pl.	עִמְדוּ	הֵעָמְדוּ	הַעֲמִידוּ	
	2. P. f. Pl.	עֲמֹדְנָה	הֵעָמַדְנָה	הַעֲמֵדְנָה	
Imperfekt	3. P. m. Sg.	יַעֲמֹד	יֵעָמֵד	יַעֲמִיד	יָעֳמַד
	3. P. f. Sg.	תַּעֲמֹד	תֵּעָמֵד	תַּעֲמִיד	תָּעֳמַד
	2. P. m. Sg.	תַּעֲמֹד	תֵּעָמֵד	תַּעֲמִיד	תָּעֳמַד
	2. P. f. Sg.	תַּעַמְדִי	תֵּעָמְדִי	תַּעֲמִידִי	תָּעָמְדִי
	1. P. c. Sg.	אֶעֱמֹד	אֵעָמֵד	אַעֲמִיד	אָעֳמַד
	3. P. m. Pl.	יַעַמְדוּ	יֵעָמְדוּ	יַעֲמִידוּ	יָעָמְדוּ
	3. P. f. Pl.	תַּעֲמֹדְנָה	תֵּעָמַדְנָה	תַּעֲמֵדְנָה	תָּעֳמַדְנָה
	2. P. m. Pl.	תַּעַמְדוּ	תֵּעָמְדוּ	תַּעֲמִידוּ	תָּעָמְדוּ
	2. P. f. Pl.	תַּעֲמֹדְנָה	תֵּעָמַדְנָה	תַּעֲמֵדְנָה	תָּעֳמַדְנָה
	1. P. c. Pl.	נַעֲמֹד	נֵעָמֵד	נַעֲמִיד	נָעֳמַד
Partizip	aktiv	עֹמֵד	נֶעֱמָד	מַעֲמִיד	
	passiv	עָמוּד			מָעֳמָד

3. ע-Gutturalverben (*verba mediae gutturalis*):

זָעַק = schreien – בֵּרֵךְ *Piel* = segnen

		Einfache Form		Intensiv		
		Qal	Nifal	Piel	Pual	Hitpael
Per-fekt	3.P.m.Sg.	זָעַק	נִזְעַק	בֵּרֵךְ	בֹּרַךְ	הִתְבָּרֵךְ
	3.P.f.Sg.	זָעֲקָה	נִזְעֲקָה	בֵּרְכָה	בֹּרְכָה	הִתְבָּרְכָה
	2.P.m.Sg.	זָעַקְתָּ	נִזְעַקְתָּ	בֵּרַכְתָּ	בֹּרַכְתָּ	הִתְבָּרַכְתָּ
	2.P.f.Sg.	זָעַקְתְּ	נִזְעַקְתְּ	בֵּרַכְתְּ	בֹּרַכְתְּ	הִתְבָּרַכְתְּ
	1.P.c.Sg.	זָעַקְתִּי	נִזְעַקְתִּי	בֵּרַכְתִּי	בֹּרַכְתִּי	הִתְבָּרַכְתִּי
	3.P.c.Pl.	זָעֲקוּ	נִזְעֲקוּ	בֵּרְכוּ	בֹּרְכוּ	הִתְבָּרְכוּ
	2.P.m.Pl.	זְעַקְתֶּם	נִזְעַקְתֶּם	בֵּרַכְתֶּם	בֹּרַכְתֶּם	הִתְבָּרַכְתֶּם
	2.P.f.Pl.	זְעַקְתֶּן	נִזְעַקְתֶּן	בֵּרַכְתֶּן	בֹּרַכְתֶּן	הִתְבָּרַכְתֶּן
	1.P.c.Pl.	זָעַקְנוּ	נִזְעַקְנוּ	בֵּרַכְנוּ	בֹּרַכְנוּ	הִתְבָּרַכְנוּ
Infini-tiv	abs.	זָעוֹק	נִזְעוֹק	בָּרוֹךְ		
	constr.	זְעֹק	הִזָּעֵק	בָּרֵךְ	בֹּרַךְ	הִתְבָּרֵךְ
Impe-rativ	2.P.m.Sg.	זְעַק	הִזָּעֵק	בָּרֵךְ		הִתְבָּרֵךְ
	2.P.f.Sg.	זַעֲקִי	הִזָּעֲקִי	בָּרֲכִי		הִתְבָּרֲכִי
	2.P.m.Pl.	זַעֲקוּ	הִזָּעֲקוּ	בָּרֲכוּ		הִתְבָּרֲכוּ
	2.P.f.Pl.	זְעַקְנָה	הִזָּעַקְנָה	בָּרֵכְנָה		הִתְבָּרֵכְנָה
Im-per-fekt	3.P.m.Sg.	יִזְעַק	יִזָּעֵק	יְבָרֵךְ	יְבֹרַךְ	יִתְבָּרֵךְ
	3.P.f.Sg.	תִּזְעַק	תִּזָּעֵק	תְּבָרֵךְ	תְּבֹרַךְ	תִּתְבָּרֵךְ
	2.P.m.Sg.	תִּזְעַק	תִּזָּעֵק	תְּבָרֵךְ	תְּבֹרַךְ	תִּתְבָּרֵךְ
	2.P.f.Sg.	תִּזְעֲקִי	תִּזָּעֲקִי	תְּבָרֲכִי	תְּבֹרְכִי	תִּתְבָּרֲכִי
	1.P.c.Sg.	אֶזְעַק	אֶזָּעֵק	אֲבָרֵךְ	אֲבֹרַךְ	אֶתְבָּרֵךְ
	3.P.m.Pl.	יִזְעֲקוּ	יִזָּעֲקוּ	יְבָרְכוּ	יְבֹרְכוּ	יִתְבָּרֲכוּ
	3.P.f.Pl.	תִּזְעַקְנָה	תִּזָּעַקְנָה	תְּבָרֵכְנָה	תְּבֹרַכְנָה	תִּתְבָּרֵכְנָה
	2.P.m.Pl.	תִּזְעֲקוּ	תִּזָּעֲקוּ	תְּבָרֲכוּ	תְּבֹרְכוּ	תִּתְבָּרֲכוּ
	2.P.f.Pl.	תִּזְעַקְנָה	תִּזָּעַקְנָה	תְּבָרֵכְנָה	תְּבֹרַכְנָה	תִּתְבָּרֵכְנָה
	1.P.c.Pl.	נִזְעַק	נִזָּעֵק	נְבָרֵךְ	נְבֹרַךְ	נִתְבָּרֵךְ
Par-tizip	aktiv	זֹעֵק	נִזְעָק	מְבָרֵךְ		מִתְבָּרֵךְ
	passiv	זָעוּק			מְבֹרָךְ	

4. ל-Gutturalverben (*verba tertiae gutturalis*):

שָׁלַח = schicken

		Einfache Form		Intensiv			Kausativ	
		Qal	Nifal	Piel	Pual	Hitpael	Hifil	Hofal
Perfekt	3.P.m.Sg.	שָׁלַח	נִשְׁלַח	שִׁלַּח	שֻׁלַּח	הִשְׁתַּלַּח	הִשְׁלִיחַ	הָשְׁלַח
	3.P.f.Sg.	שָׁלְחָה	נִשְׁלְחָה	שִׁלְּחָה	שֻׁלְּחָה	הִשְׁתַּלְּחָה	הִשְׁלִיחָה	הָשְׁלְחָה
	2.P.m.Sg.	שָׁלַחְתָּ	נִשְׁלַחְתָּ	שִׁלַּחְתָּ	שֻׁלַּחְתָּ	הִשְׁתַּלַּחְתָּ	הִשְׁלַחְתָּ	הָשְׁלַחְתָּ
	2.P.f.Sg.	שָׁלַחַתְּ	נִשְׁלַחַתְּ	שִׁלַּחַתְּ	שֻׁלַּחַתְּ	הִשְׁתַּלַּחַתְּ	הִשְׁלַחַתְּ	הָשְׁלַחַתְּ
	1.P.c.Sg.	שָׁלַחְתִּי	נִשְׁלַחְתִּי	שִׁלַּחְתִּי	שֻׁלַּחְתִּי	הִשְׁתַּלַּחְתִּי	הִשְׁלַחְתִּי	הָשְׁלַחְתִּי
	3.P.c.Pl.	שָׁלְחוּ	נִשְׁלְחוּ	שִׁלְּחוּ	שֻׁלְּחוּ	הִשְׁתַּלְּחוּ	הִשְׁלִיחוּ	הָשְׁלְחוּ
	2.P.m.Pl.	שְׁלַחְתֶּם	נִשְׁלַחְתֶּם	שִׁלַּחְתֶּם	שֻׁלַּחְתֶּם	הִשְׁתַּלַּחְתֶּם	הִשְׁלַחְתֶּם	הָשְׁלַחְתֶּם
	2.P.f.Pl.	שְׁלַחְתֶּן	נִשְׁלַחְתֶּן	שִׁלַּחְתֶּן	שֻׁלַּחְתֶּן	הִשְׁתַּלַּחְתֶּן	הִשְׁלַחְתֶּן	הָשְׁלַחְתֶּן
	1.P.c.Pl.	שָׁלַחְנוּ	נִשְׁלַחְנוּ	שִׁלַּחְנוּ	שֻׁלַּחְנוּ	הִשְׁתַּלַּחְנוּ	הִשְׁלַחְנוּ	הָשְׁלַחְנוּ
Infinitiv	abs.	שָׁלוֹחַ	נִשְׁלֹחַ	שַׁלֵּחַ			הַשְׁלֵחַ	
	constr.	שְׁלֹחַ	הִשָּׁלַח	שַׁלַּח	שֻׁלַּח	הִשְׁתַּלַּח	הַשְׁלִיחַ	הָשְׁלַח
Imperativ	2.P.m.Sg.	שְׁלַח	הִשָּׁלַח	שַׁלַּח		הִשְׁתַּלַּח	הַשְׁלַח	
	2.P.f.Sg.	שִׁלְחִי	הִשָּׁלְחִי	שַׁלְּחִי		הִשְׁתַּלְּחִי	הַשְׁלִיחִי	
	2.P.m.Pl.	שִׁלְחוּ	הִשָּׁלְחוּ	שַׁלְּחוּ		הִשְׁתַּלְּחוּ	הַשְׁלִיחוּ	
	2.P.f.Pl.	שְׁלַחְנָה	הִשָּׁלַחְנָה	שַׁלַּחְנָה		הִשְׁתַּלַּחְנָה	הַשְׁלַחְנָה	
Imperfekt	3.P.m.Sg.	יִשְׁלַח	יִשָּׁלַח	יְשַׁלַּח	יְשֻׁלַּח	יִשְׁתַּלַּח	יַשְׁלִיחַ	יָשְׁלַח
	3.P.f.Sg.	תִּשְׁלַח	תִּשָּׁלַח	תְּשַׁלַּח	תְּשֻׁלַּח	תִּשְׁתַּלַּח	תַּשְׁלִיחַ	תָּשְׁלַח
	2.P.m.Sg.	תִּשְׁלַח	תִּשָּׁלַח	תְּשַׁלַּח	תְּשֻׁלַּח	תִּשְׁתַּלַּח	תַּשְׁלִיחַ	תָּשְׁלַח
	2.P.f.Sg.	תִּשְׁלְחִי	תִּשָּׁלְחִי	תְּשַׁלְּחִי	תְּשֻׁלְּחִי	תִּשְׁתַּלְּחִי	תַּשְׁלִיחִי	תָּשְׁלְחִי
	1.P.c.Sg.	אֶשְׁלַח	אֶשָּׁלַח	אֲשַׁלַּח	אֲשֻׁלַּח	אֶשְׁתַּלַּח	אַשְׁלִיחַ	אָשְׁלַח
	3.P.m.Pl.	יִשְׁלְחוּ	יִשָּׁלְחוּ	יְשַׁלְּחוּ	יְשֻׁלְּחוּ	יִשְׁתַּלְּחוּ	יַשְׁלִיחוּ	יָשְׁלְחוּ
	3.P.f.Pl.	תִּשְׁלַחְנָה	תִּשָּׁלַחְנָה	תְּשַׁלַּחְנָה	תְּשֻׁלַּחְנָה	תִּשְׁתַּלַּחְנָה	תַּשְׁלַחְנָה	תָּשְׁלַחְנָה
	2.P.m.Pl.	תִּשְׁלְחוּ	תִּשָּׁלְחוּ	תְּשַׁלְּחוּ	תְּשֻׁלְּחוּ	תִּשְׁתַּלְּחוּ	תַּשְׁלִיחוּ	תָּשְׁלְחוּ
	2.P.f.Pl.	תִּשְׁלַחְנָה	תִּשָּׁלַחְנָה	תְּשַׁלַּחְנָה	תְּשֻׁלַּחְנָה	תִּשְׁתַּלַּחְנָה	תַּשְׁלַחְנָה	תָּשְׁלַחְנָה
	1.P.c.Pl.	נִשְׁלַח	נִשָּׁלַח	נְשַׁלַּח	נְשֻׁלַּח	נִשְׁתַּלַּח	נַשְׁלִיחַ	נָשְׁלַח
Partizip	aktiv	שֹׁלֵחַ	נִשְׁלָח	מְשַׁלֵּחַ		מִשְׁתַּלֵּחַ	מַשְׁלִיחַ	
	passiv	שָׁלוּחַ			מְשֻׁלָּח			מָשְׁלָח

5. Verb פ״י (ursprünglich פ״ו):

יָשַׁב = sitzen

		Einfache Form		Kausativ	
		Qal	Nifal	Hifil	Hofal
Per-fekt	3. P. m. Sg.	יָשַׁב	נוֹשַׁב	הוֹשִׁיב	הוּשַׁב
	3. P. f. Sg.	יָֽשְׁבָה	נוֹשְׁבָה	הוֹשִׁיבָה	הוּשְׁבָה
	2. P. m. Sg.	יָשַׁבְתָּ	נוֹשַׁבְתָּ	הוֹשַׁבְתָּ	הוּשַׁבְתָּ
	2. P. f. Sg.	יָשַׁבְתְּ	נוֹשַׁבְתְּ	הוֹשַׁבְתְּ	הוּשַׁבְתְּ
	1. P. c. Sg.	יָשַׁבְתִּי	נוֹשַׁבְתִּי	הוֹשַׁבְתִּי	הוּשַׁבְתִּי
	3. P. c. Pl.	יָֽשְׁבוּ	נוֹשְׁבוּ	הוֹשִׁיבוּ	הוּשְׁבוּ
	2. P. m. Pl.	יְשַׁבְתֶּם	נוֹשַׁבְתֶּם	הוֹשַׁבְתֶּם	הוּשַׁבְתֶּם
	2. P. f. Pl.	יְשַׁבְתֶּן	נוֹשַׁבְתֶּן	הוֹשַׁבְתֶּן	הוּשַׁבְתֶּן
	1. P. c. Pl.	יָשַׁבְנוּ	נוֹשַׁבְנוּ	הוֹשַׁבְנוּ	הוּשַׁבְנוּ
Infini-tiv	abs.	יָשׁוֹב		הוֹשֵׁב	
	constr.	שֶׁבֶת	הִוָּשֵׁב	הוֹשִׁיב	הוּשַׁב
Impe-rativ	2. P. m. Sg.	שֵׁב	הִוָּשֵׁב	הוֹשֵׁב	
	2. P. f. Sg.	שְׁבִי	הִוָּֽשְׁבִי	הוֹשִׁיבִי	
	2. P. m. Pl.	שְׁבוּ	הִוָּֽשְׁבוּ	הוֹשִׁיבוּ	
	2. P. f. Pl.	שֵׁבְנָה	הִוָּשַׁבְנָה	הוֹשֵׁבְנָה	
Im-per-fekt	3. P. m. Sg.	יֵשֵׁב	יִוָּשֵׁב	יוֹשִׁיב	יוּשַׁב
	3. P. f. Sg.	תֵּשֵׁב	תִּוָּשֵׁב	תּוֹשִׁיב	תּוּשַׁב
	2. P. m. Sg.	תֵּשֵׁב	תִּוָּשֵׁב	תּוֹשִׁיב	תּוּשַׁב
	2. P. f. Sg.	תֵּשְׁבִי	תִּוָּֽשְׁבִי	תּוֹשִׁיבִי	תּוּשְׁבִי
	1. P. c. Sg.	אֵשֵׁב	אִוָּשֵׁב	אוֹשִׁיב	אוּשַׁב
	3. P. m. Pl.	יֵשְׁבוּ	יִוָּֽשְׁבוּ	יוֹשִׁיבוּ	יוּשְׁבוּ
	3. P. f. Pl.	תֵּשַׁבְנָה	תִּוָּשַׁבְנָה	תּוֹשֵׁבְנָה	תּוּשַׁבְנָה
	2. P. m. Pl.	תֵּשְׁבוּ	תִּוָּֽשְׁבוּ	תּוֹשִׁיבוּ	תּוּשְׁבוּ
	2. P. f. Pl.	תֵּשַׁבְנָה	תִּוָּשַׁבְנָה	תּוֹשֵׁבְנָה	תּוּשַׁבְנָה
	1. P. c. Pl.	נֵשֵׁב	נִוָּשֵׁב	נוֹשִׁיב	נוּשַׁב
	Imperf. cons.	וַיֵּשֶׁב		וַיּוֹשֶׁב	
Par-tizip	aktiv	יוֹשֵׁב	נוֹשָׁב	מוֹשִׁיב	
	passiv	יָשׁוּב			מוּשָׁב

6. Verb urspr. פ״י

יָטַב = gut sein

Qal	Hifil
יָטַב	הֵיטִיב
	הֵיטִיבָה
	הֵיטַבְתָּ
	הֵיטַבְתְּ
	הֵיטַבְתִּי
	הֵיטִיבוּ
	הֵיטַבְתֶּם
	הֵיטַבְתֶּן
	הֵיטַבְנוּ
	הֵיטֵב
	הֵיטִיב
	הֵיטֵב
	הֵיטִיבִי
	הֵיטִיבוּ
	הֵיטֵבְנָה
יִיטַב	יֵיטִיב
תִּיטַב	תֵּיטִיב
תִּיטַב	תֵּיטִיב
תִּיטְבִי	תֵּיטִיבִי
אִיטַב	אֵיטִיב
יִיטְבוּ	יֵיטִיבוּ
תִּיטַבְנָה	תֵּיטֵבְנָה
תִּיטְבוּ	תֵּיטִיבוּ
תִּיטַבְנָה	תֵּיטֵבְנָה
נִיטַב	נֵיטִיב
	וַיֵּיטֶב
	מֵיטִיב

7. Verb ע״ו (»mittelvokalige« oder »hohle Wurzeln«):

קוּם = aufstehen

		Einfache Form		Intensiv		Kausativ	
		Qal	Nifal	Polel	Polal[1]	Hifil	Hofal
Perfekt	3. P. m. Sg.	קָם	נָקוֹם	קוֹמֵם	קוֹמַם	הֵקִים	הוּקַם
	3. P. f. Sg.	קָמָה	נָקוֹמָה	קוֹמֲמָה	קוֹמֲמָה	הֵקִימָה	הוּקְמָה
	2. P. m. Sg.	קַמְתָּ	נְקוּמוֹתָ	קוֹמַמְתָּ	קוֹמַמְתָּ	הֲקִימוֹתָ	הוּקַמְתָּ
	2. P. f. Sg.	קַמְתְּ	נְקוּמוֹת	קוֹמַמְתְּ	קוֹמַמְתְּ	הֲקִימוֹת	הוּקַמְתְּ
	1. P. c. Sg.	קַמְתִּי	נְקוּמוֹתִי	קוֹמַמְתִּי	קוֹמַמְתִּי	הֲקִימוֹתִי	הוּקַמְתִּי
	3. P. c. Pl.	קָמוּ	נָקוֹמוּ	קוֹמֲמוּ	קוֹמֲמוּ	הֵקִימוּ	הוּקְמוּ
	2. P. m. Pl.	קַמְתֶּם	נְקוּמוֹתֶם	קוֹמַמְתֶּם	קוֹמַמְתֶּם	הֲקִימוֹתֶם	הוּקַמְתֶּם
	2. P. f. Pl.	קַמְתֶּן	נְקוּמוֹתֶן	קוֹמַמְתֶּן	קוֹמַמְתֶּן	הֲקִימוֹתֶן	הוּקַמְתֶּן
	1. P. c. Pl.	קַמְנוּ	נְקוּמוֹנוּ	קוֹמַמְנוּ	קוֹמַמְנוּ	הֲקִימוֹנוּ	הוּקַמְנוּ
Infinitiv	abs.	קוֹם	נָקוֹם			הָקֵם	
	constr.	קוּם	הִקּוֹם	קוֹמֵם	קוֹמַם	הָקִים	הוּקַם
Imperativ	2. P. m. Sg.	קוּם	הִקּוֹם	קוֹמֵם		הָקֵם	
	2. P. f. Sg.	קוּמִי	הִקּוֹמִי	קוֹמֲמִי		הָקִימִי	
	2. P. m. Pl.	קוּמוּ	הִקּוֹמוּ	קוֹמֲמוּ		הָקִימוּ	
	2. P. f. Pl.	קֹמְנָה	הִקֹּמְנָה	קוֹמֵמְנָה		הָקֵמְנָה	
Imperfekt	3. P. m. Sg.	יָקוּם	יִקּוֹם	יְקוֹמֵם	יְקוֹמַם	יָקִים	יוּקַם
	3. P. f. Sg.	תָּקוּם	תִּקּוֹם	תְּקוֹמֵם	תְּקוֹמַם	תָּקִים	תּוּקַם
	2. P. m. Sg.	תָּקוּם	תִּקּוֹם	תְּקוֹמֵם	תְּקוֹמַם	תָּקִים	תּוּקַם
	2. P. f. Sg.	תָּקוּמִי	תִּקּוֹמִי	תְּקוֹמֲמִי	תְּקוֹמֲמִי	תָּקִימִי	תּוּקְמִי
	1. P. c. Sg.	אָקוּם	אֶקּוֹם	אֲקוֹמֵם	אֲקוֹמַם	אָקִים	אוּקַם
	3. P. m. Pl.	יָקוּמוּ	יִקּוֹמוּ	יְקוֹמֲמוּ	יְקוֹמֲמוּ	יָקִימוּ	יוּקְמוּ
	3. P. f. Pl.	תְּקוּמֶינָה	תִּקּוֹמְנָה	תְּקוֹמֵמְנָה	תְּקוֹמַמְנָה	תְּקִימֶינָה	תּוּקַמְנָה
	2. P. m. Pl.	תָּקוּמוּ	תִּקּוֹמוּ	תְּקוֹמֲמוּ	תְּקוֹמֲמוּ	תָּקִימוּ	תּוּקְמוּ
	2. P. f. Pl.	תְּקוּמֶינָה	תִּקּוֹמְנָה	תְּקוֹמֵמְנָה	תְּקוֹמַמְנָה	תְּקִימֶינָה	תּוּקַמְנָה
	1. P. c. Pl.	נָקוּם	נִקּוֹם	נְקוֹמֵם	נְקוֹמַם	נָקִים	נוּקַם
	Jussiv	יָקֹם				יָקֵם	
	Imperf. cons.	וַיָּ֫קָם				וַיָּקֶם	
Partizip	aktiv	קָם	נָקוֹם	מְקוֹמֵם		מֵקִים	
	passiv	קוּם			מְקוֹמָם		מוּקָם

1 Rückbezüglich הִתְקוֹמֵם abgeleitet von קוֹמֵם; vgl. auch הִתְבֹּשֵׁשׁ *Hitpolel* (= sich voreinander schämen [nicht reflexive, sondern reziproke Bedeutung]) von (בּוֹשׁ = sich schämen).

8. Verb ל״א:

מָצָא = finden

		Einfache Form		Intensiv			Kausativ	
		Qal	Nifal	Piel	Pual	Hitpael	Hifil	Hofal
	3.P.m.Sg.	מָצָא	נִמְצָא	מִצֵּא	מֻצָּא	הִתְמַצֵּא	הִמְצִיא	הָמְצָא
	3.P.f.Sg.	מָֽצְאָה	נִמְצְאָה	מִצְּאָה	מֻצְּאָה	הִתְמַצְּאָה	הִמְצִ֫יאָה	הָמְצְאָה
	2.P.m.Sg.	מָצָ֫אתָ	נִמְצֵ֫אתָ	מִצֵּ֫אתָ	מֻצֵּ֫אתָ	הִתְמַצֵּ֫אתָ	הִמְצֵ֫אתָ	הָמְצֵ֫אתָ
	2.P.f.Sg.	מָצָאת	נִמְצֵאת	מִצֵּאת	מֻצֵּאת	הִתְמַצֵּאת	הִמְצֵאת	הָמְצֵאת
Per-	1.P.c.Sg.	מָצָ֫אתִי	נִמְצֵ֫אתִי	מִצֵּ֫אתִי	מֻצֵּ֫אתִי	הִתְמַצֵּ֫אתִי	הִמְצֵ֫אתִי	הָמְצֵ֫אתִי
fekt	3.P.c.Pl.	מָֽצְאוּ	נִמְצְאוּ	מִצְּאוּ	מֻצְּאוּ	הִתְמַצְּאוּ	הִמְצִ֫יאוּ	הָמְצְאוּ
	2.P.m.Pl.	מְצָאתֶם	נִמְצֵאתֶם	מִצֵּאתֶם	מֻצֵּאתֶם	הִתְמַצֵּאתֶם	הִמְצֵאתֶם	הָמְצֵאתֶם
	2.P.f.Pl.	מְצָאתֶן	נִמְצֵאתֶן	מִצֵּאתֶן	מֻצֵּאתֶן	הִתְמַצֵּאתֶן	הִמְצֵאתֶן	הָמְצֵאתֶן
	1.P.c.Pl.	מָצָ֫אנוּ	נִמְצֵ֫אנוּ	מִצֵּ֫אנוּ	מֻצֵּ֫אנוּ	הִתְמַצֵּ֫אנוּ	הִמְצֵ֫אנוּ	הָמְצֵ֫אנוּ
Infi-	abs.	מָצוֹא	נִמְצֹא	מַצֹּא			הַמְצֵא	
nitiv	constr.	מְצֹא	הִמָּצֵא	מַצֵּא	מֻצָּא	הִתְמַצֵּא	הַמְצִיא	הָמְצָא
	2.P.m.Sg.	מְצָא	הִמָּצֵא	מַצֵּא		הִתְמַצֵּא	הַמְצֵא	
Impe-	2.P.f.Sg.	מִצְאִי	הִמָּֽצְאִי	מַצְּאִי		הִתְמַצְּאִי	הַמְצִ֫יאִי	
rativ	2.P.m.Pl.	מִצְאוּ	הִמָּֽצְאוּ	מַצְּאוּ		הִתְמַצְּאוּ	הַמְצִ֫יאוּ	
	2.P.f.Pl.	מְצֶ֫אנָה	הִמָּצֶ֫אנָה	מַצֶּ֫אנָה		הִתְמַצֶּ֫אנָה	הַמְצֶ֫אנָה	
	3.P.m.Sg.	יִמְצָא	יִמָּצֵא	יְמַצֵּא	יְמֻצָּא	יִתְמַצֵּא	יַמְצִיא	יָמְצָא
	3.P.f.Sg.	תִּמְצָא	תִּמָּצֵא	תְּמַצֵּא	תְּמֻצָּא	תִּתְמַצֵּא	תַּמְצִיא	תָּמְצָא
	2.P.m.Sg.	תִּמְצָא	תִּמָּצֵא	תְּמַצֵּא	תְּמֻצָּא	תִּתְמַצֵּא	תַּמְצִיא	תָּמְצָא
	2.P.f.Sg.	תִּמְצְאִי	תִּמָּֽצְאִי	תְּמַצְּאִי	תְּמֻצְּאִי	תִּתְמַצְּאִי	תַּמְצִ֫יאִי	תָּמְצְאִי
Im-	1.P.c.Sg.	אֶמְצָא	אֶמָּצֵא	אֲמַצֵּא	אֲמֻצָּא	אֶתְמַצֵּא	אַמְצִיא	אָמְצָא
per-	3.P.m.Pl.	יִמְצְאוּ	יִמָּֽצְאוּ	יְמַצְּאוּ	יְמֻצְּאוּ	יִתְמַצְּאוּ	יַמְצִ֫יאוּ	יָמְצְאוּ
fekt	3.P.f.Pl.	תִּמְצֶ֫אנָה	תִּמָּצֶ֫אנָה	תְּמַצֶּ֫אנָה	תְּמֻצֶּ֫אנָה	תִּתְמַצֶּ֫אנָה	תַּמְצֶ֫אנָה	תָּמְצֶ֫אנָה
	2.P.m.Pl.	תִּמְצְאוּ	תִּמָּֽצְאוּ	תְּמַצְּאוּ	תְּמֻצְּאוּ	תִּתְמַצְּאוּ	תַּמְצִ֫יאוּ	תָּמְצְאוּ
	2.P.f.Pl.	תִּמְצֶ֫אנָה	תִּמָּצֶ֫אנָה	תְּמַצֶּ֫אנָה	תְּמֻצֶּ֫אנָה	תִּתְמַצֶּ֫אנָה	תַּמְצֶ֫אנָה	תָּמְצֶ֫אנָה
	1.P.c.Pl.	נִמְצָא	נִמָּצֵא	נְמַצֵּא	נְמֻצָּא	נִתְמַצֵּא	נַמְצִיא	נָמְצָא
Par-	aktiv	מֹצֵא	נִמְצָא	מְמַצֵּא		מִתְמַצֵּא	מַמְצִיא	
tizip	passiv	מָצוּא			מְמֻצָּא			מָמְצָא

9. Verb ל"ה:

גָּלָה = aufdecken

		Einfache Form		Intensiv			Kausativ	
		Qal	Nifal	Piel	Pual	Hitpael	Hifil	Hofal
Per-fekt	3.P.m.Sg.	גָּלָה	נִגְלָה	גִּלָּה	גֻּלָּה	הִתְגַּלָּה	הִגְלָה	הָגְלָה
	3.P.f.Sg.	גָּלְתָה	נִגְלְתָה	גִּלְּתָה	גֻּלְּתָה	הִתְגַּלְּתָה	הִגְלְתָה	הָגְלְתָה
	2.P.m.Sg.	גָּלִיתָ	נִגְלֵיתָ	גִּלֵּיתָ	גֻּלֵּיתָ	הִתְגַּלִּיתָ	הִגְלִיתָ	הָגְלֵיתָ
	2.P.f.Sg.	גָּלִית	נִגְלֵית	גִּלֵּית	גֻּלֵּית	הִתְגַּלִּית	הִגְלִית	הָגְלֵית
	1.P.c.Sg.	גָּלִיתִי	נִגְלֵיתִי	גִּלֵּיתִי	גֻּלֵּיתִי	הִתְגַּלִּיתִי	הִגְלִיתִי	הָגְלֵיתִי
	3.P.c.Pl.	גָּלוּ	נִגְלוּ	גִּלּוּ	גֻּלּוּ	הִתְגַּלּוּ	הִגְלוּ	הָגְלוּ
	2.P.m.Pl.	גְּלִיתֶם	נִגְלֵיתֶם	גִּלֵּיתֶם	גֻּלֵּיתֶם	הִתְגַּלִּיתֶם	הִגְלִיתֶם	הָגְלֵיתֶם
	2.P.f.Pl.	גְּלִיתֶן	נִגְלֵיתֶן	גִּלֵּיתֶן	גֻּלֵּיתֶן	הִתְגַּלִּיתֶן	הִגְלִיתֶן	הָגְלֵיתֶן
	1.P.c.Pl.	גָּלִינוּ	נִגְלֵינוּ	גִּלֵּינוּ	גֻּלֵּינוּ	הִתְגַּלִּינוּ	הִגְלִינוּ	הָגְלֵינוּ
Infi-nitiv	abs.	גָּלֹה	נִגְלֹה	גַּלֵּה	גֻּלֹּה		הַגְלֵה	הָגְלֵה
	constr.	גְּלוֹת	הִגָּלוֹת	גַּלּוֹת	גֻּלּוֹת	הִתְגַּלּוֹת	הַגְלוֹת	
Impe-rativ	2.P.m.Sg.	גְּלֵה	הִגָּלֵה	גַּלֵּה		הִתְגַּלֵּה	הַגְלֵה	
	2.P.f.Sg.	גְּלִי	הִגָּלִי	גַּלִּי		הִתְגַּלִּי	הַגְלִי	
	2.P.m.Pl.	גְּלוּ	הִגָּלוּ	גַּלּוּ		הִתְגַּלּוּ	הַגְלוּ	
	2.P.f.Pl.	גְּלֶינָה	הִגָּלֶינָה	גַּלֶּינָה		הִתְגַּלֶּינָה	הַגְלֶינָה	
Im-per-fekt	3.P.m.Sg.	יִגְלֶה	יִגָּלֶה	יְגַלֶּה	יְגֻלֶּה	יִתְגַּלֶּה	יַגְלֶה	יָגְלֶה
	3.P.f.Sg.	תִּגְלֶה	תִּגָּלֶה	תְּגַלֶּה	תְּגֻלֶּה	תִּתְגַּלֶּה	תַּגְלֶה	תָּגְלֶה
	2.P.m.Sg.	תִּגְלֶה	תִּגָּלֶה	תְּגַלֶּה	תְּגֻלֶּה	תִּתְגַּלֶּה	תַּגְלֶה	תָּגְלֶה
	2.P.f.Sg.	תִּגְלִי	תִּגָּלִי	תְּגַלִּי	תְּגֻלִּי	תִּתְגַּלִּי	תַּגְלִי	תָּגְלִי
	1.P.c.Sg.	אֶגְלֶה	אֶגָּלֶה	אֲגַלֶּה	אֲגֻלֶּה	אֶתְגַּלֶּה	אַגְלֶה	אָגְלֶה
	3.P.m.Pl.	יִגְלוּ	יִגָּלוּ	יְגַלּוּ	יְגֻלּוּ	יִתְגַּלּוּ	יַגְלוּ	יָגְלוּ
	3.P.f.Pl.	תִּגְלֶינָה	תִּגָּלֶינָה	תְּגַלֶּינָה	תְּגֻלֶּינָה	תִּתְגַּלֶּינָה	תַּגְלֶינָה	תָּגְלֶינָה
	2.P.m.Pl.	תִּגְלוּ	תִּגָּלוּ	תְּגַלּוּ	תְּגֻלּוּ	תִּתְגַּלּוּ	תַּגְלוּ	תָּגְלוּ
	2.P.f.Pl.	תִּגְלֶינָה	תִּגָּלֶינָה	תְּגַלֶּינָה	תְּגֻלֶּינָה	תִּתְגַּלֶּינָה	תַּגְלֶינָה	תָּגְלֶינָה
	1.P.c.Pl.	נִגְלֶה	נִגָּלֶה	נְגַלֶּה	נְגֻלֶּה	נִתְגַּלֶּה	נַגְלֶה	נָגְלֶה
	Imperf. cons.	יִגֶל	יִגָּל	יְגַל		יִתְגַּל	יֶגֶל	
Par-tizip	aktiv	גֹּלֶה	נִגְלֶה	מְגַלֶּה		מִתְגַּלֶּה	מַגְלֶה	
	passiv	גָּלוּי			מְגֻלֶּה			מָגְלֶה

10. Verb פ"ן:

נָגַשׁ = nahen

		Einfache Form		Kausativ	
		Qal	Nifal	Hifil	Hofal
Per-fekt	3. P. m. Sg.	נָגַשׁ	נִגַּשׁ	הִגִּישׁ	הֻגַּשׁ
	3. P. f. Sg.	נָֽגְשָׁה	נִגְּשָׁה	הִגִּישָׁה	הֻגְּשָׁה
	2. P. m. Sg.	נָגַשְׁתָּ	נִגַּשְׁתָּ	הִגַּשְׁתָּ	הֻגַּשְׁתָּ
	2. P. f. Sg.	נָגַשְׁתְּ	נִגַּשְׁתְּ	הִגַּשְׁתְּ	הֻגַּשְׁתְּ
	1. P. c. Sg.	נָגַשְׁתִּי	נִגַּשְׁתִּי	הִגַּשְׁתִּי	הֻגַּשְׁתִּי
	3. P. c. Pl.	נָֽגְשׁוּ	נִגְּשׁוּ	הִגִּישׁוּ	הֻגְּשׁוּ
	2. P. m. Pl.	נְגַשְׁתֶּם	נִגַּשְׁתֶּם	הִגַּשְׁתֶּם	הֻגַּשְׁתֶּם
	2. P. f. Pl.	נְגַשְׁתֶּן	נִגַּשְׁתֶּן	הִגַּשְׁתֶּן	הֻגַּשְׁתֶּן
	1. P. c. Pl.	נָגַשְׁנוּ	נִגַּשְׁנוּ	הִגַּשְׁנוּ	הֻגַּשְׁנוּ
Infini-tiv	abs.	נָגוֹשׁ	נִגּוֹשׁ	הַגֵּשׁ	
	constr.	גֶּשֶׁת	הִנָּגֵשׁ	הַגִּישׁ	הֻגַּשׁ
Impe-rativ	2. P. m. Sg.	גַּשׁ	הִנָּגֵשׁ	הַגֵּשׁ	
	2. P. f. Sg.	גְּשִׁי	הִנָּֽגְשִׁי	הַגִּישִׁי	
	2. P. m. Pl.	גְּשׁוּ	הִנָּֽגְשׁוּ	הַגִּישׁוּ	
	2. P. f. Pl.	גַּשְׁנָה	הִנָּגַשְׁנָה	הַגֵּשְׁנָה	
Im-per-fekt	3. P. m. Sg.	יִגַּשׁ	יִנָּגֵשׁ	יַגִּישׁ	יֻגַּשׁ
	3. P. f. Sg.	תִּגַּשׁ	תִּנָּגֵשׁ	תַּגִּישׁ	תֻּגַּשׁ
	2. P. m. Sg.	תִּגַּשׁ	תִּנָּגֵשׁ	תַּגִּישׁ	תֻּגַּשׁ
	2. P. f. Sg.	תִּגְּשִׁי	תִּנָּֽגְשִׁי	תַּגִּישִׁי	תֻּגְּשִׁי
	1. P. c. Sg.	אֶגַּשׁ	אֶנָּגֵשׁ	אַגִּישׁ	אֻגַּשׁ
	3. P. m. Pl.	יִגְּשׁוּ	יִנָּֽגְשׁוּ	יַגִּישׁוּ	יֻגְּשׁוּ
	3. P. f. Pl.	תִּגַּשְׁנָה	תִּנָּגַשְׁנָה	תַּגֵּשְׁנָה	תֻּגַּשְׁנָה
	2. P. m. Pl.	תִּגְּשׁוּ	תִּנָּֽגְשׁוּ	תַּגִּישׁוּ	תֻּגְּשׁוּ
	2. P. f. Pl.	תִּגַּשְׁנָה	תִּנָּגַשְׁנָה	תַּגֵּשְׁנָה	תֻּגַּשְׁנָה
	1. P. c. Pl.	נִגַּשׁ	נִנָּגֵשׁ	נַגִּישׁ	נֻגַּשׁ
Par-tizip	aktiv	נֹגֵשׁ	נִגָּשׁ	מַגִּישׁ	
	passiv	נָגוּשׁ			מֻגָּשׁ

11. Verb ע"ע:

סָבַב = umgeben

		Einfache Form		Kausativ	
		Qal	Nifal	Hifil	Hofal
Perfekt	3. P. m. Sg.	סָבַב (קַל)	נָסַב	הֵסֵב	הוּסַב
	3. P. f. Sg.	סָבֲבָה	נָסַבָּה	הֵסֵבָּה	הוּסַבָּה
	2. P. m. Sg.	סַבּוֹתָ	נְסַבּוֹתָ	הֲסִבּוֹתָ	הוּסַבּוֹתָ
	2. P. f. Sg.	סַבּוֹת	נְסַבּוֹת	הֲסִבּוֹת	הוּסַבּוֹת
	1. P. c. Sg.	סַבּוֹתִי	נְסַבּוֹתִי	הֲסִבּוֹתִי	הוּסַבּוֹתִי
	3. P. c. Pl.	סָבֲבוּ (קַלּוּ)	נָסַבּוּ	הֵסֵבּוּ	הוּסַבּוּ
	2. P. m. Pl.	סַבּוֹתֶם	נְסַבּוֹתֶם	הֲסִבּוֹתֶם	הוּסַבּוֹתֶם
	2. P. f. Pl.	סַבּוֹתֶן	נְסַבּוֹתֶן	הֲסִבּוֹתֶן	הוּסַבּוֹתֶן
	1. P. c. Pl.	סַבּוֹנוּ	נְסַבּוֹנוּ	הֲסִבּוֹנוּ	הוּסַבּוֹנוּ
Infinitiv	abs.	סָבוֹב	הִסּוֹב		
	constr.	סֹב	הִסֵּב	הָסֵב	הוּסַב
Imperativ	2. P. m. Sg.	סֹב	הִסַּב	הָסֵב	
	2. P. f. Sg.	סֹבִּי	הִסַּבִּי	הָסֵבִּי	
	2. P. m. Pl.	סֹבּוּ	הִסַּבּוּ	הָסֵבּוּ	
	2. P. f. Pl.	סְבֶּינָה	הִסַּבֶּינָה	הֲסִבֶּינָה	
Imperfekt	3. P. m. Sg.	יִסֹּב יָסֹב	יִסַּב	יָסֵב	יוּסַב
	3. P. f. Sg.	תִּסֹּב תָּסֹב	תִּסַּב	תָּסֵב	תּוּסַב
	2. P. m. Sg.	תִּסֹּב תָּסֹב	תִּסַּב	תָּסֵב	תּוּסַב
	2. P. f. Sg.	תִּסְּבִי תָּסֹבִּי	תִּסַּבִּי	תָּסֵבִּי	תּוּסַבִּי
	1. P. c. Sg.	אֶסֹּב אָסֹב	אֶסַּב	אָסֵב	אוּסַב
	3. P. m. Pl.	יִסְּבוּ יָסֹבּוּ	יִסַּבּוּ	יָסֵבּוּ	יוּסַבּוּ
	3. P. f. Pl.	תִּסֹּבְנָה תְּסֻבֶּינָה	תִּסַּבֶּינָה	תְּסִבֶּינָה	תּוּסַבֶּינָה
	2. P. m. Pl.	תִּסְּבוּ תָּסֹבּוּ	תִּסַּבּוּ	תָּסֵבּוּ	תּוּסַבּוּ
	2. P. f. Pl.	תִּסֹּבְנָה תְּסֻבֶּינָה	תִּסַּבֶּינָה	תְּסִבֶּינָה	תּוּסַבֶּינָה
	1. P. c. Pl.	נִסֹּב נָסֹב	נִסַּב	נָסֵב	נוּסַב
Partizip	aktiv	סוֹבֵב	נָסָב	מֵסֵב	
	passiv	סָבוּב			מוּסָב

12. Regelmäßiges Verb mit Suffixen:

a) Singularsuffixe

		Suffixe Sg.				
		1.P.c.	2.P.m.	2.P.f.	3.P.m.	3.P.f.
Perf. *Qal*	3.P.m.Sg.	קְטָלַ֫נִי	קְטָלְךָ	קְטָלֵךְ	קְטָלָ֫הוּ קְטָלוֹ	קְטָלָהּ
	3.P.f.Sg.	קְטָלַ֫תְנִי	קְטָלַ֫תְךָ	קְטָלָ֫תֶךְ	קְטָלַ֫תְהוּ קְטָלַ֫תּוּ	קְטָלַ֫תָּה
	2.P.m.Sg.	קְטַלְתַּנִי			קְטַלְתָּהוּ קְטַלְתּוֹ	קְטַלְתָּהּ
	2.P.f.Sg.	קְטַלְתִּינִי			קְטַלְתִּיהוּ	קְטַלְתִּיהָ
	1.P.c.Sg.		קְטַלְתִּיךָ	קְטַלְתִּיךְ	קְטַלְתִּיהוּ קְטַלְתִּיו	קְטַלְתִּיהָ
	3.P.c.Pl.	קְטָלוּ֫נִי	קְטָלוּךָ	קְטָלוּךְ	קְטָלוּ֫הוּ	קְטָלוּ֫הָ
	2.P.m.Pl.	קְטַלְתוּ֫נִי		קְטַלְנוּךְ	קְטַלְתוּ֫הוּ	קְטַלְתוּ֫הָ
	1.P.c.Pl.		קְטַלְנוּ֫ךָ		קְטַלְנוּ֫הוּ	קְטַלְנוּ֫הָ
Inf. *Qal*		קָטְלֵ֫נִי	קָטָלְךָ	קָטְלֵךְ	קָטְלוֹ	קָטְלָהּ
Imper. *Qal*	2.P.m.Sg.	קָטְלֵ֫נִי			קָטְלֵ֫הוּ	קָטְלֶ֫הָ קָטְלָהּ
Imperf. *Qal*	3.P.m.Sg.	יִקְטְלֵ֫נִי יִקְטְלֶ֫נִּי	יִקְטָלְךָ יִקְטְלֶ֫ךָּ	יִקְטְלֵךְ	יִקְטְלֵ֫הוּ יִקְטְלֶ֫נּוּ	יִקְטְלֶ֫הָ יִקְטְלָהּ יִקְטְלֶ֫נָּה
	3.P.m.Pl.	יִקְטְלוּ֫נִי	יִקְטְלוּ֫ךָ	יִקְטְלוּךְ	יִקְטְלוּ֫הוּ	יִקְטְלוּ֫הָ
Perf. *Piel*	3.P.m.Sg.	קִטְּלַנִי	קִטֶּלְךָ	קִטְּלֵךְ	קִטְּלוֹ	קִטְּלָהּ

12. Regelmäßiges Verb mit Suffixen:

b) Pluralsuffixe

		Suffixe Pl.		
		1.P.c.	2.P.m.	3.P.m.
Perf. *Qal*	3.P.m.Sg.	קְטָלָ֫נוּ	קְטַלְכֶם	קְטָלָם
	3.P.f.Sg.	קְטָלַ֫תְנוּ	קְטָלַתְכֶם	קְטָלָ֫תַם
	2.P.m.Sg.	קְטַלְתָּנוּ		קְטַלְתָּם
	2.P.f.Sg.	קְטַלְתִּינוּ		קְטַלְתִּים
	1.P.c.Sg.		קְטַלְתִּיכֶם	קְטַלְתִּים
	3.P.c.Pl.	קְטָלוּ֫נוּ	קְטָלוּכֶם	קְטָלוּם
	2.P.m.Pl.	קְטַלְתוּ֫נוּ		קְטָלְתוּם
	1.P.c.Pl.		קְטַלְנוּכֶם	קְטַלְנוּם
Inf. *Qal*		קָטְלֵנוּ	קָטְלְכֶם	קָטְלָם
Imper. *Qal*	2.P.m.Sg.	קָטְלֵ֫נוּ		קָטְלֵם
Imperf. *Qal*	3.P.m.Sg.	יִקְטְלֵ֫נוּ יִקְטְלֶ֫נּוּ	יִקְטָלְכֶם	יִקְטְלֵם
	3.P.m.Pl.	יִקְטְלוּ֫נוּ	יִקְטְלוּכֶם	יִקְטְלוּם
Perf. *Piel*	3.P.m.Sg.	קִטְּלָנוּ	קִטֶּלְכֶם	קִטְּלָם

ZWEITER TEIL

ERLÄUTERTE TEXTE

Transkriptionsübung *Jer 29,1–4*

BEMERKUNGEN:

1. Es existieren verschiedene Transkriptionssysteme. Wir versuchen hier, jeden hebräischen Konsonanten durch einen deutschen Konsonanten wiederzugeben und zu komplizierte Buchstabenkombinationen zu vermeiden. Jedoch:
   a) Die Aussprache von *Begadkefat* als Reibelaut wird dadurch wiedergegeben, daß der Buchstabe unterstrichen wird (andere ziehen es vor, ihm ein hochgestelltes kleines ^{h} folgen zu lassen).
   b) Die als *matres lectionis* (Gr. § **11**) verwandten Konsonanten werden gewöhnlich nicht transkribiert, aber die dazugehörigen Vokale werden als lang wiedergegeben; denn eine *mater lectionis* läßt vermuten, daß der Vokal lang gesprochen werden soll (Gr. **12**; **14** b)[1]. Es empfiehlt sich jedoch, die stumm gewordenen Wurzelkonsonanten zu schreiben (לֵאמֹר: *lēʾmōr*).
2. Die Vokalisation und Aussprache des Wortes JHWH und der letzten Silben der Wörter *mîrûšālaim* und *wîrûšālaim* wird später (T. § **4**,3) erklärt.

1 וְאֵלֶּה דִּבְרֵי הַסֵּפֶר אֲשֶׁר שָׁלַח יִרְמְיָה הַנָּבִיא מִירוּשָׁלַםִ אֶל־יֶתֶר זִקְנֵי הַגּוֹלָה וְאֶל־הַכֹּהֲנִים
וְאֶל־הַנְּבִיאִים וְאֶל־כָּל־הָעָם אֲשֶׁר הֶגְלָה נְבוּכַדְנֶאצַּר מִירוּשָׁלַםִ בָּבֶלָה׃

1 *w^{e}ʾēllæ diḇrê hassēfær ʾ^{a}šær šālaḥ jirm^{e}jâ hannāḇîʾ mîrûšālaim ʾæl–jæṯær ziqnê haggôlâ w^{e}ʾæl–hakkōh^{a}nîm w^{e}ʾæl–hann^{e}ḇîʾîm w^{e}ʾæl–kol–hāʿām ʾ^{a}šær hæglâ n^{e}ḇûḵadnæʾṣṣar mîrûšālaim bāḇælâ.*

2 אַחֲרֵי צֵאת יְכָנְיָה־הַמֶּלֶךְ וְהַגְּבִירָה וְהַסָּרִיסִים שָׂרֵי יְהוּדָה וִירוּשָׁלַםִ וְהֶחָרָשׁ וְהַמַּסְגֵּר
מִירוּשָׁלָםִ׃

2 *ʾaḥ^{a}rê ṣēʾt j^{e}ḵonjâ–hammælæḵ w^{e}hagg^{e}ḇîrâ w^{e}hassārîsîm śārê j^{e}hûḏâ wîrûšālaim w^{e}hæḥārāš w^{e}hammasgēr mîrûšālaim.*

3 בְּיַד אֶלְעָשָׂה בֶן־שָׁפָן וּגְמַרְיָה בֶּן־חִלְקִיָּה אֲשֶׁר שָׁלַח צִדְקִיָּה מֶלֶךְ־יְהוּדָה אֶל־נְבוּכַדְנֶאצַּר
מֶלֶךְ בָּבֶל בָּבֶלָה לֵאמֹר׃

3 *b^{e}jad ʾælʿāśâ ḇæn–šāfān ug̱^{e}marjâ bæn-ḥilqîjjâ ʾ^{a}šer šālaḥ ṣidqîjjâ mælæḵ–j^{e}hûḏâ ʾæl–n^{e}ḇûḵadnæʾṣṣar mælæḵ bāḇæl bāḇælâ lēʾmōr.*

4 כֹּה אָמַר יְהוָה צְבָאוֹת אֱלֹהֵי יִשְׂרָאֵל לְכָל־הַגּוֹלָה אֲשֶׁר־הִגְלֵיתִי מִירוּשָׁלַםִ בָּבֶלָה׃

4 *kō ʾāmar ʾ^{a}ḏōnāj ṣ^{e}ḇāʾôṯ ʾ^{æ}lōhê jiśrāʾēl l^{e}ḵol haggôlâ ʾ^{a}šer–higlêṯî mîrûšālaim bāḇælâ.*

---

1 Allerdings läßt sich diese Vermutung, vor allem in bezug auf das Schluß-ה, diskutieren; aber dies ist eine Frage fortgeschrittener Philologie.

BEMERKUNGEN:

Einige Besonderheiten beim Gebrauch des *Dageš*:

1. Das Schluß-ה ist immer stumm, es sei denn, es trägt das *Mappiq* (Gr. § **17**,2). Eine auf ה ohne *Mappiq* endende Silbe ist also immer eine offene Silbe; ein ohne Pause darauf folgender *Begadkefat*-Konsonant ist deshalb als Reibelaut zu sprechen.
2. In v. 1 liest man דִּבְרֵי mit dem Verschlußlaut דּ, weil das Wort von dem vorausgehenden Wort durch eine kurze Pause (einen disjunktiven Akzent) getrennt ist.
3. In v. 3 wird das Wort בֶּן in sonst genau gleichem Kontext einmal mit *Dageš* und einmal ohne *Dageš* geschrieben. Dies liegt daran, daß es im ersten Fall mit dem vorangehenden Wort durch einen konjunktiven Akzent verbunden ist, während es im zweiten Fall durch einen disjunktiven Akzent getrennt ist (vermutlich um des Rhythmus willen). Gemäß der masoretischen Tradition müßte dieser Vers also so eingeteilt werden: *b^{e}jad 'æl'āśâ b̲æn-šāfān / ug̲^{e}marjâ / bæn ḥilqîjjâ // ^{a}šer šālaḥ / ṣidqîjjâ mælæk̲-j^{e}hûdâ / 'æl-n^{e}b̲ûk̲adnæ'ṣṣar / mælæk̲ bāb̲æl / bāb̲ælâ lē'mōr.*

ERSTER TEXT

Der Brief des Jeremia an die Verbannten (Jer 29,1–32)

> Anfänger werden vielleicht den Eindruck haben, daß die folgenden Erläuterungen zu knapp gehalten sind. Praktische Gründe verbieten zu lange Ausführungen. Wenn man keinen Lehrer hat, wird man sich als Anfänger darauf einstellen müssen, zu Beginn nur langsam voranzugehen, alle Textverweise zu beachten und immer, zumindest kursorisch, auch die zusätzlichen Erläuterungen auf der rechten Seite zu lesen und grundsätzlich sich nie mit nur vagem Wissen zu begnügen.

§ 1 Jer 29,1			
1	וְאֵלֶּה	Und diese (sind)	וְ = Konjunktion »und«; אֵלֶּה, Pl. des Demonstrativpronomens זֶה.
2	דִּבְרֵי	die Worte von	St. constr. Pl. von דָּבָר, S. m. des Typs *Qaṭal* (Gr. § **31**); von der √ דִּבֵּר *Piel* = sprechen.
3	הַסֵּפֶר	dem Brief,	הַ Artikel (Gr. § **24**); סֵפֶר, S. m. des Typs *Qiṭl* (Gr. § **32**) = Buch, Brief; von der √ סָפַר = zählen; *Piel* = erzählen.
4	אֲשֶׁר	den	Relativpronomen; eine einzige Form für beide Geschlechter und für Singular, Dual, Plural.
5	שָׁלַח	geschickt hat	3. P. m. Sg. Perf. *Qal* von שָׁלַח (Gr. § **66**).
6	יִרְמְיָה	Jeremia	Eigenname. Die vollständige Form יִרְמְיָהוּ ist viel häufiger. Die abgekürzte Form vor allem in Kap. 28 (auch 27,1 und 29,1).

1,1	**Demonstrative Pronomina und Adjektive:** m. Sg. זֶה; f. זֹאת; m. Pl. und f. אֵלֶּה. Sie nehmen auch den Artikel an: הַזֶּה (häufig), הָאֵלֶּה (Pl., selten; Gr. § **25**,2). Man verwendet auch häufig als Demonstrativadjektiv das Personalpronomen 3. P. mit Artikel (m. הַהוּא, f. הַהִיא).
1-3	Dieser erste Satz ist ein reiner **Nominalsatz**: ohne Verb, aber gemeint als werde die Kopula »sein« gebraucht. Diese Konstruktion ist im Hebräischen sehr häufig (vgl. § **8**,7-8; **8**,13-15; **9**,1-5; **11**,5-7 usw.). Sie dient dazu, das Vorhandensein einer Größe auszusagen oder sie durch ein Prädikat zu klassifizieren oder zwei Größen zu identifizieren.
2	דבר, Verb, das im *Qal* fast ungebräuchlich ist (kommt nur im Partizip vor), aber sehr häufig im *Piel* und *Nifal* gebraucht wird. דָּבָר, S. m., bedeutet nicht nur »Wort«, sondern auch »Sache, Ereignis«. Man erinnere sich an Hebraismen wie Lk 2,15: *Videamus verbum* (gr. ῥῆμα), *quod datum est nobis*; Lk 1,37: *Non est impossibile apud Deum omne verbum*; vgl. Gen 18,14. Es gibt wenige Wörter derselben √; denn von ihr können die folgenden, wenngleich homophonen Wörter nicht abgeleitet sein: דֶּבֶר, S. m. = Pest; מִדְבָּר, S. m. = Wüste usw. Aber »דְּבוֹרָה, S. f. = Biene« kommt vielleicht von dieser √ im Sinn von »summen, surren«.
3	Beachten, daß der Artikel vor סֵפֶר nicht nur dieses Wort determiniert, sondern auch den St. constr., der ihm vorangeht: »die Worte des Briefs« (Gr. § **35**,2; vgl. T. § **34**,9).
5	Zum Sinn von שָׁלַח vgl. Joh 9,7: *Siloe* (שִׁלוֹחַ *šīlôḥ*, vgl. Gr. § **21**,4) *quod interpretatur missus*. Von derselben √: שֶׁלַח, S. m. = »Wurfgeschoß«, und einige seltene Worte. NB: »שָׁלַח = schicken« nicht verwechseln mit »שלךְ (הִשְׁלִיךְ) = werfen«, das aber nur im *Hifil* und im *Hofal* vorkommt.
2-6	Man beachte die **Reihenfolge der Wörter**: »der Brief, den gesandt hat Jeremija«, also: Relativpronomen - Verb - Subjekt. Dies ist die normale Reihenfolge nicht nur beim Relativpronomen אֲשֶׁר, sondern bei jeder adverbialen oder unterordnenden Partikel; vgl. noch § **1**,20-22; **3**,6-8; **4**,1-3 usw.

7	הַנָּבִיא	der Prophet	הַ Artikel (Gr. § **24**); נָבִיא, S. m. des Typs *Qaṭîl* (vgl. Gr. § **30**); √ unsicher. Das Verb נָבָא (gebräuchlich im *Nifal* und *Hitpael*) ist ein »Denominativ«, ein von einem Nomen abgeleitetes Verb (wie »wassern« von »Wasser«).
8	מִירוּשָׁלָם	aus Jerusalem	מִן, Präp.: von (lat. *ex*, *ab*); יְרוּשָׁלָם, Eigenname (Pausaform).
9	אֶל־	an	Präp., der fast immer der Bindestrich (*Maqqef*) folgt.
10	יֶתֶר	den Rest von	St. constr. von יֶתֶר, S. m., *Nomen segolatum* des Typs *Qiṭl* (Gr. § **32**), √ יָתַר (ursprünglich וָתַר*, Gr. § **71**) = verbleiben.
11	זִקְנֵי	den Alten	St. constr. m. Pl. des Adj. זָקֵן = alt. Vom Typ *Qāṭil* (der dem Typ *Qāṭāl* ziemlich ähnlich ist [יָשָׁר], Gr. § **31**). √ זָקֵן = alt sein.
12	הַגּוֹלָה	der Deportation	הַ Artikel; גּוֹלָה, S. f. = (Land-)Entblößung, Deportation, die Deportierten, Diaspora, √ גָּלָה = entblößen, wegnehmen, aufbrechen (im *Hifil* = deportieren, § **1**,21).
13	וְאֶל־	und an	§ **1**,1 und **1**,9.
14	הַכֹּהֲנִים	die Priester	הַ Artikel; כֹּהֲנִים, Pl. abs. von כֹּהֵן, S. m. Typ *Qāṭil*, unsichere √ (§ **25**,15). Pl. כֹּהֲנִים und nicht כֹּהְנִים* wegen des Gutturals ה (Gr. § **36**,2).
15	וְאֶל־	und an	
16	הַנְּבִיאִים	die Propheten	הַ Artikel; נְבִיאִים, Pl. abs. von נָבִיא, S. m., § **1**,7; **8**,6.
17	וְאֶל־	und an	
18	כָּל־	das ganze	כָּל־ ist eigentlich ein Substantiv im St. constr. = die Gesamtheit von.

8 Die Vokalisation und Aussprache von יְרוּשָׁלַם wird später im Zusammenhang von *Qerê* und *Ketîb*, § **4**,3 erklärt.
Die Präposition מִן gibt es sowohl getrennt (mit *Maqqef*; Gr. § **18**), vor allem vor dem Artikel, als auch mit dem folgenden Nomen verbunden; dabei wird das נ assimiliert, indem der erste Konsonant des Nomens verdoppelt wird (Beispiel: מִדָּבָר = aus einem Wort; § **1**,2). Hier geschieht vor einem יְ eine Kontraktion zu מִי: מִירוּשָׁלַם für מִיְּרוּשָׁלַם*.

11 St. constr. זְקַן (vgl. יְשַׁר, Gr. § **31**); Pl. abs. זְקֵנִים; Pl. constr. זִקְנֵי (vgl. יִשְׁרֵי)
Von derselben √ »זָקֵן = alt sein« stammen:
זָקֵן, Adj. = alt, vornehm;
זָקָן, S. m. und f. = Kinn, Bart;
זִקְנָה, S. f. und זְקֻנִים S. m. Pl. (selten oder archaisch) = Alter.[2]

12 גּוֹלָה, S. f. = Das Kollektiv der ins Exil Geführten.
גָּלוּת, S. f., bedeutet eher das Exil selbst. Aber im Gebrauch werden die beiden Formen miteinander verwechselt.
NB: Die Afformative (Endungen) ִית und וּת sind gewöhnlich Endungen für Abstrakta.

10–12 Der Text zeigt, daß **mehrere** ***Status constructi*** voneinander abhängig sein können (»Der Rest der Alten der Gefangenschaft«). Aber aus Abwechslungsgründen vermeidet man oft zu lange Kaskaden und ersetzt einen der *Status constructi* durch den St. abs., dem die Präposition לְ folgt.

18 Der St. abs. כֹּל kommt selten vor. Der St. constr. ist כֹּל oder, häufiger, mit *Maqqef*: כָּל־. √: כָּלַל = vollenden (selten); oder כּוּל = erfassen. Vgl. § **13**,6.

2 Die hier zu den jeweiligen Wurzeln (mehr oder weniger zufällig und nach Maßgabe des zur Verfügung stehenden Platzes) vorgeführten Wortfamilien stellen kein eigentliches Lernpensum dar. Man soll sie nur lesen und darüber nachdenken; vielleicht bleibt doch etwas hängen.

19	הָעָם	Volk,	הָ Artikel, vokalisiert mit ◌ָ vor ע (Gr. § **25**,2); עָם oder עַם, S. m. = Volk. Vgl. § **18**,10 B [dieser Buchstabe bei Verweisen auf die »erläuterten Texte« oder das »Vokabular« bezieht sich auf die jeweils rechte Seite].
20	אֲשֶׁר	welches	§ **1**,4.
21	הֶגְלָה	deportiert hatte	3. P. Sg. Perf. *Hifil*. (im Sinn des Plusquamperfekts, Gr. § **57**) von גָּלָה (§ **1**,12; Gr. § **75**). Beachte die unnormale Vokalisation: הֶגְלָה statt הִגְלָה; dafür gibt es mehrere Beispiele, vor allem bei den Verben ל"ה, ohne daß ein Grund deutlich wäre.
22	נְבוּכַדְנֶאצַּר	Nebukadnezzar	
23	מִירוּשָׁלַםִ	aus Jerusalem	§ **1**,8.
24	בָּבֶלָה׃	nach Babylon,	Eigenname. Das Suffix ◌ָה, das man als paragogisch (hinzugefügt) bezeichnet, bedeutet gewöhnlich die Bewegung in Richtung eines Ortes.
§ 2 Jer 29,2			
1	אַחֲרֵי	nach	Präp. (der Form nach ein Substantiv m. Pl. constr.); √ אָחַר = dahinter sein.
2	צֵאת	dem Weggehen von	Inf. constr. von יָצָא = herausgehen. Es handelt sich um ein Verb, das gleichzeitig ein ל"א und פ"י (ursprünglich פ"ו) ist (Gr. § **71**; es wird also nicht behandelt wie ein פ"יצ, vgl. Gr. § **77**). Der Inf. constr. ist regelmäßig gebildet (Gr. § **71**,3); aber das quieszente א hat zur Verschmelzung der beiden æ-Laute geführt (צֵאת statt צֵאֵת*, vgl. לֵאמֹר, § **3**,12).

19 Die √ עָמַם* erklärt zugleich die gewöhnliche Vokalisation des עַם mit einem offenen *a* (aufgrund der virtuellen Verdoppelung des abschließenden ם, vgl. § **18**,10) wie die seiner abgeleiteten Formen mit Verdoppelung: Pl. עַמִּים, Sg. mit Suffix 1. P. עַמִּי = mein Volk. Es ist ein Nomen mit der √ ע"ע, Gr. § **78**. Es gibt keine sonstigen abgeleiteten Wörter.

20–22 Eine solche Wendung ersetzt das **Passiv**. Im Hebräischen wie auch im Arabischen gibt es beim Passiv normalerweise keine Benennung des Handelnden. Man kann also sagen: »das nach Babylon deportierte Volk«; aber eine Formulierung wie »das von Nebukadnezzar deportierte Volk« wird umgesetzt in: »das Volk, das Nebukadnezzar deportiert hat« (vgl. § **1**,3–6: **3**,6–9 usw.). Allerdings ist diese Regel nicht absolut, denn vor allem nach einem *Nifal*, (das ja ursprünglich eine passive Form ist, Gr. § **44**,1) findet man manchmal einen Hinweis auf den Handelnden, der mit verschiedenen Sinn-Nuancen durch die Präpositionen מִן, לְ, בְּ (vgl. § **14**,2) eingeführt wird.

24 Das **paragogische** ־ָה ist wahrscheinlich ein alter Akkusativ, der als Richtungsakkusativ (oder Bewegungslokativ) erhalten geblieben ist. Er wird sowohl mit durch Artikel bestimmten Allgemeinnomina (»zum Meer«) wie mit Eigennamen verwandt. Da er keinen Akzent trägt, verändert er auch nicht oder kaum die Vokalisation des betreffenden Wortes.

2,1 Von derselben √ »אָחַר = danach kommen, spät sein« stammen einige sehr gebräuchliche Wörter:

אַחֵר, Adj. = anderer;

אַחַר, S. m., davon Adv. und Präp. (vor allem im Pl. constr.) »אַחֲרֵי = nach, hinter«;

אָחוֹר, S. m. = was danach ist (zeitlich oder räumlich); das Wort wird entweder (meist poetisch) absolut als adverbialer Akkusativ gebraucht oder aber mit der Präp. ל oder ב: בְּאָחוֹר (das Adv. »אֲחֹרַנִּית = rückwärts« ist prosaischer);

אַחֲרוֹן, Adj. = später (NB: הָאַחֲרֹנִים = die Nachkommen, die Westlichen [weil »vorn« = Sonnenaufgang, Osten; »hinten« = Westen; »rechts« = Süden; »links« = Norden]). Man erinnere sich: הַנְּבִיאִים הָאַחֲרֹנִים = die späteren Propheten (vgl. § **1**,8) (Einteilung innerhalb der hebräischen Bibel = unsere *Propheten* einfachhin).

אַחֲרִית, S. f. = Zukunft, Ende (manchmal im Sinn des »letzten Endes«).

2 Von יָצָא (וָצָא*) = herausgehen (hier natürlich: ins Exil aufbrechen; vgl. 2 Kön 24,15–16).

מוֹצָא, S. m. = Ausgang (Ort und Geschehen);

תּוֹצָאָה, S. f. = Ausweg, Ende;

ein durch Verdoppelung gebildetes Wort: צֶאֱצָא, S. m. = Sproß, Produkt (der Erde); dieses Wort wird nur im Plural gebraucht: צֶאֱצָאִים.

3	יְכָנְיָה־	Jekonja,	
4	הַמֶּלֶךְ	dem König,	הַ Artikel; מֶלֶךְ (Gr. § 32), ✓ מָלַךְ = herrschen.
5	וְהַגְּבִירָה	und der Königinmutter	וְ, § 1,1; הַ Artikel; גְּבִירָה, S. f. Typ *Qaṭil*, ursprünglich = Herrin; ✓ גָּבַר = stark sein.
6	וְהַסָּרִיסִים	und der Eunuchen,	ו = und; הַ Artikel; סָרִיסִים, Pl. von סָרִיס, S. m. = Eunuche (?); unbekannte ✓ (Fremdwort?).
7	שָׂרֵי	der Prinzen von	St. constr. m. Pl. von שַׂר = Haupt, Fürst.
8	יְהוּדָה	Juda	
9	וִירוּשָׁלַםִ	und Jerusalem	וְ (§ 1,1) vor יְ (Gr. § 21,5) ergibt die Zusammenziehung וִי (vgl. § 1,8).
10	וְהֶחָרָשׁ	und des Meißlers	וְ = und; ה Artikel, vokalisiert הֶ vor חָ (Gr. § 25,2); חָרָשׁ, S. m. (Kollektiv); ✓ חָרַשׁ = ziselieren, bearbeiten.
11	וְהַמַּסְגֵּר	und des Schmiedes	וְ = und; ה Artikel; מַסְגֵּר, S. m. (Kollektiv) = Schmied (oder vielleicht Erdarbeiter); ✓ סָגַר = schließen.
12	מִירוּשָׁלָםִ׃	von Jerusalem,	§ 1,8.
§ 3 Jer 29,3			
1	בְּיַד	durch die Hand von	בְּ = in (Gr. § 24), durch (instrumental); יַד, St. constr. von יָד, S. f. = Hand (unbekannte ✓); Pl. יָדוֹת (auch figürlich); dual יָדַיִם.
2	אֶלְעָשָׂה	Elasa,	

5 Von גָּבַר = stark sein:
גֶּבֶר, S. m. = Mann (meist poetisch; das normale Wort ist אִישׁ);
גְּבִיר, S. m. = Herr (1x);
גְּבִירָה, S. f. = Dame, Königin, Königin-Mutter.
גִּבּוֹר, Adj. = stark, tapfer, S. m. = Held (davon die גִּבּוֹרִים, die Elitetruppen Davids);
גְּבוּרָה, S. f. = Stärke.

---

7 Das Verb »שָׂרַר = herrschen« scheint ein davon abgeleitetes, »denominatives« Verb zu sein.
»שָׂרָה, S. f. = Prinzessin« hat der Frau Abrahams den Namen gegeben, vgl. Gen 17,15. Ihr ursprünglicher Name Saraï ist wohl eine archaische Form desselben Wortes.

3,1 Das Wort יָד, von dem es keine Ableitungen gibt (vgl. allerdings den Buchstaben *Jod*, der ursprünglich vielleicht die Form einer Hand hatte?), ist semantisch betrachtet sehr reich. Außer dem Sinn von »Hand« des Menschen (die ganze Hand im Gegensatz zu כַּף = Handfläche) hat es auch den übertragenen Sinn von »Macht, Aufgabe, Mittel, Seite (einer Straße, eines Tores)« sowie von »Denkmal« (vielleicht »Stele«), »Stütze«, »Stift«. Oft gehen ihm Präpositionen voraus: אֶל, עַל, תַּחַת (= unter) und vor allem בְּ; damit bildet es die zusammengesetzten instrumentalen Präpositionen: mittels, kraft usw.
NB: die Hebraismen: *In manu eius sunt omnes fines terrae* (Ps 95 [Vg 94],4); *Mors et vita in manu linguae* (Spr 18,21); und im NT: Καὶ οὐκ ἁρπάσει τις αὐτὰ ἐκ τῆς χειρός μου (Joh 10,28) usw.

3	בֶּן־שָׁפָן	Sohn Schafans,	בֶּן, St. constr. von בֵּן (der St. constr. ist בֶּן־ oder בֶּן), Pl. בָּנִים. Unbekannte √; es ist unwahrscheinlich, daß das Wort von בָּנָה = bauen kommt (§ **5**,1).
4	וּגְמַרְיָה	und Gemarja,	וּ = und; die normale Form וְ wird vor einem Konsonanten mit *Š^{e}wa* (außer bei יְ, § **2**,9) zu וּ zusammengezogen, um ein doppeltes Anfangs-*Š^{e}wa* zu vermeiden (Gr. § **21**,5).
5	בֶּן־הִלְקִיָּה	Sohn Hilkijas,	
6	אֲשֶׁר	die	§ **1**,4.
7	שָׁלַח	schickte	§ **1**,5.
8	צִדְקִיָּה	Zidkija,	
9	מֶלֶךְ־יְהוּדָה	König von Juda,	§ **2**,4; St. constr. (Gr. § **32**)
10	אֶל־	zu	§ **1**,9.
	נְבוּכַדְנֶאצַּר	Nebukadnezzar,	
11	מֶלֶךְ בָּבֶל בָּבֶלָה	König von Babylon, nach Babylon	§ **1**,24.
12	לֵאמֹר:	indem er sagte:	Zusammenziehung aus לֶאֱמֹר; das א ist zwischen zwei *æ*-Lauten quieszent geworden (§ **2**,2; Gr. § **68**, B 2; **69**), wobei die beiden *æ*-Laute miteinander zu einem *e* in offener Silbe verschmelzen (Gr. § **21**,2). Vgl. § **55**,18. ל = zu, Präp. (Gr. § **24**), vokalisiert ◌ֶ vor einem *Š^{e}wa compositum* (Gr. § **21**,5). אֱמֹר, Inf. constr. von אָמַר = sagen (Gr. § **64**, I, 2).

3 Von derselben √ »בֵּן, S. m. = Sohn« sind abgeleitet:
»בַּת, S. f. = Tochter« (ursprüngliche Form *bint*), Pl. בָּנוֹת; mit Suffix »בִּתִּי = meine Tochter«; und viele Eigennamen: Benjamin (= Sohn der Rechten), Benoni usw. »בְּנֵי יִשְׂרָאֵל, S. m. Pl. = die Söhne Israels«, also die Israeliten.

---

5 Diese Folge von Eigennamen erlaubt einen ersten Überblick über die Bildung dieser Namen im Hebräischen. Neben »profanen« Namen, die relativ selten sind (שָׁפָן = Klippdachs, ein in den Felsen lebendes Tier), findet man eine Mehrheit von »theophoren« Namen, sei es mit dem Wort »אֵל = Gott« (אֶלְעָשָׂה, 2) oder mit dem JHWHs, hier immer in der abgekürzten Form יָה (vgl. § **1**,6).
NB: Mit diesen Namen auf *ja* darf man nicht die sogenannten »hypochoristischen« (von ὑποχωρεῖν = zurückweichen) Namen verwechseln, die in der Weise abgekürzt sind, daß der Gottesname ganz ausfällt (vgl. V. § **2 B**,63).

---

12 Das לְ ist die am häufigsten gebrauchte Partikel vor dem **Infinitivus constructus**. Sie kann einen sehr abgeschwächten Sinn haben (wie im Französischen das *de*, im Deutschen *zu* und vor allem im Englischen *to*); aber sie bezeichnet die Finalität oder Folge und am häufigsten die Weise. Insbesondere der Inf. לֵאמֹר wird sehr häufig gebraucht und dient oft, wie an dieser Stelle, nur zur Einführung einer direkten Rede oder eines Zitats; er ist unserem Doppelpunkt oder einem »mit diesen Worten« gleichbedeutend.
Die √ »אָמַר = sagen« hat wenige Ableitungen:
אֹמֶר, S. m. = Wort (poetisch),
אִמְרָה, S. f. = Wort.
Vgl. das aramäische »*memra'* = Wort«, das wie »Gegenwart«, »Name«, »Herrlichkeit« im Frühjudentum den Gottesnamen ersetzt.

§ 4, Jer 29,4			
1	כֹּה	So	Adv., gleiche √ wie »כְּ = wie« (Gr. § **24**).
2	אָמַר	spricht	§ **3**,12; zum Gebrauch des Perf. vgl. Gr. § **58** B; **59**.
3	יְהוָה	JHWH	
4	צְבָאוֹת	der Heere,	Pl. von צָבָא, S. m. (vgl. Gr. § **36**,1); √ צָבָא = Krieg führen (Gr. § **74**)
5	אֱלֹהֵי	Gott von	St. constr. von אֱלֹהִים, S. m. (Pluralform) = Gott; § **21**,3.
6	יִשְׂרָאֵל	Israel	
7	לְכָל־	zur gesamten	לְ = zu (Gr. § **24**); כָּל־, § **1**,18.
8	הַגּוֹלָה	Deportation,	§ **1**,12.
9	אֲשֶׁר־	die	§ **1**,4.
10	הִגְלֵיתִי	ich deportiert habe	1. P. Sg. Perf. *Hifil* von גָּלָה, ursprünglich גָּלַי* (Gr. § **75**,3). Die Form entsteht durch Kontraktion von *ai* zu *e*: הִגְלֵיתִי statt הִגְלַיְתִּי* (הִקְטַלְתִּי).
11	מִירוּשָׁלַםִ	von Jerusalem	§ **1**,8.
12	בָּבֶלָה׃	nach Babylon:	§ **1**,24.
§ 5, Jer 29,5			
1	בְּנוּ	Baut	Imper. *Qal* 2. P. m. Pl. von בָּנָה (ursprünglich בָּנַי*; Gr. **75**,1).
2	בָּתִּים	Häuser	Pl. abs. von בַּיִת, S. m. (St. constr. בֵּית). Die Pluralform mit verdoppeltem ת ist unerklärt; ein durch Gewohnheit eingebürgerter Vokalisationsfehler? Denn man liest doch nicht *bottīm*, sondern *bātīm*.

4,3 Das Wort JHWH und das Geheimnis seiner Aussprache bietet uns die Gelegenheit, den für Nochnichteingeweihte so ungewohnten **Gebrauch des *Qerê* und des *Ketîb*** zu erläutern.

a) Der wesentliche Punkt ist, daß zu einer bestimmten Zeit, etwa mit dem Beginn des Christentums, der heilige Text als fixiert und in seinem Konsonantenbestand unveränderbar angesehen wurde und nicht die geringste Veränderung wie auch nur die Hinzufügung eines Vokals mehr zuließ (vgl. Gr. § **12**).

b) Die damals gebrauchten Bibeln waren aber nicht vollkommen zufriedenstellend; die Abschreibefehler, die sie enthielten, oder die Archaismen, die sie bewahrten, oder die Ausdrücke, die man aus dem einen oder anderen Grund (Ehrfurcht oder Prüderie) nicht aussprechen wollte, hätten eigentlich zu Korrekturen führen müssen.

c) Aber da man sich nicht für bevollmächtigt hielt, den Text zu verändern, gewöhnte man sich daran, etwas anderes vorzulesen, als was geschrieben stand. Anstelle der »geschriebenen« Lesart (*Ketîb*, ein aramäisches Wort) verwandte man die »gelesene« Lesart (*Qerê*, aramäisch, vgl. § **12**,1 B), welche die professionellen Schriftgelehrten in der Überlieferung weitergaben. So las man, immer wenn man geschrieben (*Ketîb*) יהוה fand, den »unaussprechlichen« Namen (Ex 20,7), statt dessen *ʾ^{a}dōnāj* (= Herr) oder, wenn dieses Wort unmittelbar davor schon gestanden hatte, *ʾ^{æ}lōhîm* (= Gott). Ebenso: Immer wenn man geschrieben (*Ketîb*) das Wort ירושלם (*j^{e}rûšālem*) fand, las man, als stünde (*Qerê*) יְרוּשָׁלַיִם (*j^{e}rûšālajim*, eine jüngere Form?). In Jes 36,12 las man statt des unflätigen Wortes חראיהם, das im Text steht (*Ketîb*), das »korrektere« *Qerê* צוֹאָתָם (= ihre Exkremente). In Jer 29,23 las man הַיּוֹדֵעַ statt des *Ketîb* הוידע, das auf einem einfachen Abschreibefehler beruht. Weiteres dazu § **7**,10.

5,1 Von »בָּנָה = bauen« sind abgeleitet: »תַּבְנִית, S. f. = Bau, Modell, Bild« und verschiedene Eigennamen (vgl. § **3**,1).

---

2 Von בַּיִת sind viele Eigennamen gebildet: Betlehem (= Haus des Brotes), Bet-Dagon (Haus [Tempel] von Dagon), usw.

3	וְשֵׁבוּ	und wohnt	וְ = und; שֵׁבוּ ist Pausaform für שְׁבוּ, Imper. *Qal*, 2. P. m. Pl. von יָשַׁב = wohnen, sitzen (ursprünglich וָשַׁב*, Gr. § **71**).
4	וְנִטְעוּ	und pflanzt	וְ = und; נִטְעוּ, Imper. *Qal*, 2. P. m. Pl. von נָטַע; diese Form nicht mit einem *Nifal* verwechseln.
5	גַּנּוֹת	Gärten	Pl. abs. von גַּנָּה, S. f. = Garten, Gehege; ✓ גָּנַן = schützen, verteidigen.
6	וְאִכְלוּ	und eßt	וְ = und; אִכְלוּ, Imper. *Qal*, 2. P. m. Pl. von אָכַל.
7	אֶת־פִּרְיָן	deren Früchte.	אֵת oder ־אֶת (mit *Maqqef*), Partikel zur Bezeichnung des bestimmten, d. h. mit Artikel oder Suffix versehenen Akkusativs (Gr. § **26**). Hinweis: Die Akkusativpartikel אֵת wurde nicht beim vorausgehenden Satzteil $^{4–5}$ (§ **5**,4–5) verwandt, weil גַּנּוֹת unbestimmt (»Gärten«, und nicht »die Gärten«) ist; hier dagegen handelt es sich um ein Wort, das durch das Suffix bestimmt ist (wie durch einen bestimmten Artikel). פִּרְיָן von dem Wort פְּרִי (✓ פָּרָה [פָּרַי*] = Frucht tragen), mit dem Suffix der 3. P. f. Pl. (Gr. § **38**). Das Wort פְּרִי ist ein (schwieriges) Wort Typ *Qaṭl* mit der Endung י. Der Vokal *i* in פִּרְיָן ist ein Hilfsvokal, der ein *Šᵉwa* in פְּרְיָן* ersetzt (Gr. § **21**,5). Dieses Kollektivwort hat wie das deutsche »Obst« keinen Plural.

3 Nicht die Formen des Verbs »יָשַׁב = sitzen« mit denen von »שׁוּב = zurückkehren« (§ **10**,15; Gr. § **72**) verwechseln! Die Aphärese des י bei יָשַׁב und die Präformative mit י im Imperfekt von שׁוּב führen zu einigen einander ähnlichen Formen, die leicht verwechselt werden können.
Von der √ יָשַׁב (*וָשַׁב) sind abgeleitet:
שֶׁבֶת, S. f. = Sitz (vgl. Inf. constr. von יָשַׁב, Gr. § **68**, C a; **71**,3).
מוֹשָׁב, S. m. = Sitz, Versammlung, Wohnung.
תּוֹשָׁב, S. m. = Gast, Besucher
und verschiedene Eigennamen.

6 Von der √ אָכַל = essen:
אֹכֶל, S. m., אָכְלָה, S. f. = Nahrung.
מַאֲכֶלֶת, S. m. = (Eßwerkzeug), Messer.
מַאֲכָל, S. m. = Nahrung.

7 Die Akkusativpartikel אֵת kommt von einer ursprünglichen Form *'*ăt*; so erklärt sich, daß mit Suffixen daraus אֹתִי, אֹתְךָ usw. wird (Gr. § **22**,2b: Umlautung von *ā* zu *ō*), außer bei den »schweren« Suffixen: אֶתְכֶם, Gr. § **40**.
In ihrer gegenwärtigen Form und wenn sie getrennt gebraucht wird, ist die Akkusativpartikel gleichlautend mit der Präp. »אֵת = mit« (Gr. § **42**). Aber diese, deren ursprüngliche Form *'*itt* war, unterscheidet sich durch die Verdoppelung und den Vokal, wenn sie ein Suffix hat: »אִתִּי = mit mir«, usw. Dennoch verwechselt der faktische Gebrauch manchmal die beiden Partikel, indem er der Präp. die Form der Akkusativpartikel gibt: »אֹתָם = mit ihnen«, vgl. 2 Kön 6,16.
Es gibt keine sonstigen Ableitungen der √ פָּרָה. Es ist nicht ausgeschlossen, daß פְּרִי (phönizisch: פר; syrisch: *pe'ra'*) eine √ ist, aus der das lateinische »*pirum* = Birne« entstanden ist (vgl. lateinisch »*pomum* = Frucht«, das im Französischen zu »*pomme* = Apfel« geworden ist).

§ 6, Jer 29,6			
1	קְחוּ	Nehmt	Imper. *Qal*, 2. P. m. Pl. von לָקַח = nehmen; bei diesem Verb, das wie ein Verb פ״ן behandelt wird (Gr. § **76**), entfällt das Anfangs-ל im Imper. und Inf. constr. *Qal*; im Imperf. wird das ל dem ק assimiliert.
2	נָשִׁים	Frauen	Pl. abs. von אִשָּׁה = Frau (Gr. § **36**,1c).
3	וְהוֹלִידוּ	und zeugt	וְ = und; הוֹלִידוּ, Imper. *Hifil*, 2. P. m. Pl. von יָלַד (וָלַד*, Gr. § **71**,1), das im *Qal* bedeutet: »ein Kind bekommen, zeugen«; im *Nifal* »geboren werden«; im *Hifil* »zeugen«.
4	בָּנִים	Söhne	§ **3**,3.
5	וּבָנוֹת	und Töchter	וּ (statt וְ): normale Vokalisierung vor einem Labiallaut (ב, מ, פ); בָּנוֹת, §**3**,3B.
6	וּקְחוּ	und nehmt	וּ, § **3**,4; קְחוּ, § **6**,1.
7	לִבְנֵיכֶם	für eure Söhne	לִ = an, für; Vokalisation ◌ִ, um am Anfang ein doppeltes *Š*^{e}*wa* zu vermeiden (Gr § **21**,5b); בְּנֵיכֶם, Pl. von בֵּן (Pl. בָּנִים, St. constr. בְּנֵי, § **3**,3), mit dem Nominalsuffix der 2. P. m. Pl. (Gr. §**39**).
8	נָשִׁים	Frauen	§ **6**,2.
9	וְאֶת־בְּנוֹתֵיכֶם	und eure Töchter	וְ = und; אֶת § **5**,7; בְּנוֹתֵיכֶם, Pl. von בַּת (§ **3**, 3 B), mit Suffix der 2. P. m. Pl. (Gr. § **41**,2).
10	תְּנוּ	gebt	Imper. *Qal* von נָתַן mit der bei den Verben פ״ן gewohnten Aphärese des נ (Gr. **76**,2).

6,2 In Entsprechung zu אִשָּׁה, S. f., dessen Plural נָשִׁים ist (Gr. § **36**,1), gibt es אִישׁ, S. m. = Mann (Plural אֲנָשִׁים); deshalb das Wortspiel in Gen 2,23: »לְזֹאת יִקָּרֵא אִשָּׁה כִּי מֵאִישׁ לֻקֳחָה־זֹּאת = Diese wird Männin genannt, weil vom Mann genommen ist diese.«
Trotz des im zitierten Text entstehenden Anscheins kommt אִשָּׁה wohl nicht von אִישׁ, sondern das gemeinsame Grundwort ist »אֱנוֹשׁ = Mensch«; vgl. אֱנוֹשׁ in Ps 8; aramäisch בַּר־נַשׁ, hebräisch בֶּן־אָדָם.

---

3 Viele Ableitungen von der √ »יָלַד = gebären« lassen den Mechanismus der Ableitung im Hebräischen verstehen:
יָלָד, S. m. = Sproß (1x);
יֶלֶד, S. m., יַלְדָּה, S. f. = Kind (Sohn, Tochter) (Typ *Qaṭl*);
יַלְדוּת, S. f. = Kindheit (Beispiel für ein abstraktes Wort);
יִלּוֹד und יָלִיד , S. m. (oder Adj.?) = Geborener, Sohn;
מוֹלֶדֶת, S. f. = Geburt, Elternschaft;
תּוֹלְדוֹת, S. f. Pl. = Generationen, Geschichte.

Bemerkung zur Syntax: Der Imper. »zeugt« kann entweder als **direkter Volitiv** (Gr. § **83**), der dem vorangehenden Imper. mit Hilfe der Konj. וְ beigeordnet ist, verstanden werden, oder aber als **indirekter Volitiv** (Gr. § **84**,2), der dem vorangehenden Imper. untergeordnet ist. Man kann also übersetzen: »nehmt und zeugt«, zwei gleichrangige Imperative, oder aber: »nehmt, so daß ihr zeugt«, wobei die Finalität und Folge betont würde. Dies hängt von dem Gewicht und der Nuance ab, die man der Konj. וְ im jeweiligen Kontext zuerkennt; denn in der Form unterscheiden sich die beiden Volitive nicht.

11	לַאֲנָשִׁים	Männern,	לַ, Präp., mit ◌ַ vokalisiert, um am Anfang ein doppeltes *Š^{e}wa* zu vermeiden (Gr § **21**,5a): dies darf man nicht mit dem Artikel verwechseln; אֲנָשִׁים, S. m. Pl., § **6**, 2 B.
12	וְתֵלַדְנָה	und sie sollen gebären	וְ mit schwacher Vokalisierung (es handelt sich also nicht um ein konsekutives ו, Gr. § **81**); תֵּלַדְנָה, 3. P. f. Pl. Imperf. *Qal* von יָלַד (*וָלַד). Es handelt sich um die gewöhnliche Form für die Verben פ"ו, פ"י (יָשַׁב, Imperf. יֵשֵׁב), Gr. § **71**.
12	בָּנִים	Söhne	§ **3**,3.
14	וּבָנוֹת	und Töchter,	§ **6**,5.
15	וּרְבוּ־שָׁם	und vermehrt euch dort	וְ = und, § **3**,4; רְבוּ, Imper. *Qal*, 2. P. m. Pl. von רָבָה (*רָבַי) = zahlreich sein, zahlreich werden (Gr. § **75**,1); שָׁם = dort (Ortsadverb).
16	וְאַל־	und nicht	Verneinung zur Kennzeichnung eines Verbots (lat. *ne*). Wird mit dem Jussiv (meist in der Form identisch mit Imperf.) und nicht mit dem Imper. gebraucht.
17	תִּמְעָטוּ׃	werdet weniger.	2. P. m. Pl. Imperf. *Qal* von מָעַט. Hier liegt eine Pausaform (Gr. § **18**, NB1) vor. Die normale Form würde lauten: תִּמְעֲטוּ (◌ֲ wegen des Gutturals, Gr. § **65**).
§ 7, Jer 29,7			
1	וְדִרְשׁוּ	Und sucht	Imper. *Qal*, 2. P. m. Pl. von דָּרַשׁ.
2	אֶת־שְׁלוֹם	den Frieden von	אֶת־, § **5**,7 (das folgende durch den Artikel determinierte Wort הָעִיר determiniert auch den St. constr. שְׁלוֹם, Gr. § **26**); שְׁלוֹם, St. constr. von שָׁלוֹם, S. m. = Friede (Gr. § **30**), ✓ שָׁלֵם = vollständig sein.

---

12 Obwohl die Form es nicht erkennen läßt (vgl. Gr. § **83**, NB), lädt uns der Kontext ein, das Verb תֵּלַדְנָה als einen **Volitiv** anzusehen, da es einem Imper. folgt. Deshalb übersetzen wir: »und sie sollen gebären«, statt »und sie werden gebären«. Man könnte darin sogar einen indirekten Volitiv sehen und übersetzen: »damit (oder: so daß) sie gebären«; vgl. § **6**,3 B.

---

15 Von derselben √ רָבָה (רָבַי*):
מַרְבֶּה, S. m. = Überfluß;
מַרְבִּית, S. f. = Überfluß, Zuwachs;
תַּרְבִּית, S. f. = Überfluß, Zuwachs, Zins;
Neben der √ רָבָה gibt es noch die √ רָבַב mit derselben Bedeutung, von der es zahlreiche Ableitungen gibt:
רַב, Adj. = zahlreich, groß;
רַב, S. m. = Haupt; von daher mit dem Suffix 1. P. Sg. »רַבִּי = mein Meister«; daher stammen auch die Worte »Rabbi« und »Rabbiner«;
רֹב, S. m. = Menge, Überfluß;
רְבָבָה, S. f. = Menge, Myriade (= 10.000);
רִבּוֹ, S. f. = Myriade (gegenüber dem vorangehenden ein späteres Wort).

7,2 Von derselben √ שָׁלֵם = vollständig sein (Zustandsverb, Gr. § **56**), *Piel* bezahlen, vergelten:
שָׁלוֹם, S. m. = Friede, Wohlsein, Heil;
es handelt sich um das Grußwort auch des modernen Hebräisch wie im Altertum; vgl. im Arabischen *salam alaik* (= Friede über dich) oder *salam aleikum* (= Friede über euch), was den hebräischen Worten שָׁלוֹם עָלֶיךָ oder שָׁלוֹם עֲלֵיכֶם (Gr. § **42**) entspricht;
שְׁלָמִים, S. m. Pl. = Friedensopfer (Sg.: שֶׁלֶם, Amos 5,22);
שָׁלֵם, Adj. = vollständig, friedlich;
und viele Eigennamen (Salomon, Sallum usw.).
NB: Außer dem Sinn »vollständig sein« wird das Verb שָׁלֵם auch im denominativen Sinn (§ **1**,7) gebraucht: »in Frieden sein, Frieden machen«. Es ist nicht notwendig, deshalb mit einigen Grammatikern anzunehmen, es handele sich dann um ein anderes Verb שָׁלֵם, das von dem zuvor genannten verschieden wäre.

3	הָעִיר	der Stadt,	הָ Artikel vor Guttural (§ **1**,19; Gr. § **25**,2). עִיר, S. f. (√ unbekannt), Pl. עָרִים (Gr. § **36**, b, c).
4	אֲשֶׁר	welche	§ **1**,4.
5	הִגְלֵיתִי	ich deportiert habe	§ **4**,10.
6	אֶתְכֶם	euch	אֶת, Partikel zur Bezeichnung des Akkusativs (vor einem Suffix, das gewichtig ist, § **5**, 7 B) mit Suffix 2. P. m. Pl.
7	שָׁמָּה	dorthin,	Ortsadverb. Eine Form des Adverbs שָׁם (§ **6**,15), die vorwiegend gebraucht wird, wenn es um Bewegung geht, und zwar dann mit dem nie tontragenden, paragogischen (hinzugefügten) ָה (§ **1**,24).
8	וְהִתְפַּלְלוּ	und fürbittet	Imper. *Hitpael*, 2. P. m. Pl. von פלל = beten.
9	בַּעֲדָהּ	für sie	בַּעַד = über, betreffs (Präp.), mit Suffix 3. P. f. Sg. ָהּ.
10	אֶל־יְהוָה	zu JHWH,	
11	כִּי	weil	Konj., die bezeichnet: 1) einfache Unterordnung (»daß«); führt indirekte Rede ein; 2) die Zeit (»als«); 3) den Grund (»weil«).
12	בִשְׁלוֹמָהּ	in ihrem Frieden	בְּ = in (Gr. § **24**). Zur Vokalisation § **6**,7.
13	יִהְיֶה	ist	3. P. m. Sg. Imperf. *Qal* von הָיָה (zum Gebrauch des Imperf. für ein andauerndes Präsens, Gr. § **58**; **59**). Das Verb הָיָה ist ziemlich unregelmäßig. Das Imperf. יִהְיֶה ist die normale Form der Verben ל״ה (יִגְלֶה), Gr. § **75**,2.

4-7 Man beachte die Wendung: »welche ich euch dorthin deportiert habe« für »wohin ich euch deportiert habe«. Im Hebräischen wird das Relativpron., vor allem bei einem indirekten Fall, mit אֲשֶׁר ohne Präp. wiedergegeben, und erst danach kommt ein Adv. oder ein Pron. im entsprechenden Fall. Andere Beispiele: »Die Stadt, in der ich bin« wird wiedergegeben: »Die Stadt, welche ich in ihr (bin)«; »der Mensch, dem ich gebe« wird übersetzt: »der Mensch, welcher ich gebe ihm«, vgl. § **14**,10–13; 18–21.

---

9 Man beachte das *Mappiq* (den Punkt im הּ, ähnlich dem *Dageš*, Gr. § **17** NB und § **38** sowie T., S. 78). Es besagt, daß das ה ein Konsonant ist und nicht eine *mater lectionis*. Es erlaubt so, das Suffix 3. P. f. Sing. (mit ה als Konsonant) und die Endung der Nomina im Femininum (mit ה als *mater lectionis*) zu unterscheiden.

---

10 Fortsetzung der Erläuterung des *Qerê* und des *Ketîb* (vgl. § **4**,3 B):

Während der ersten Jahrhunderte unserer Zeitrechnung wurden diese Lesevarianten (*Qerê*) mündlich überliefert, ohne in den Text selbst eingeführt zu werden.

d) Als man im VII. Jahrhundert begann, alle Vokale zu schreiben (Gr. § **12**), um die Aufgabe ungeübter Leser zu erleichtern, hütete man sich davor, zu den geschriebenen besonderen Lesarten (*Ketîb*) die ihnen zugehörigen Vokale zu schreiben (יַהְוֶה*, יְרוּשָׁלֵם, הֲרָאֶהֶם, usw.), denn diese Lesarten sollten ja nicht ausgesprochen werden. Man hätte sie also, was logisch gewesen wäre, ohne Vokale lassen können. Aber die sog. *Punktatoren* zogen eine andere Lösung vor: Um den Leser daran zu erinnern, daß er die geschriebene Lesart durch eine andere gesprochene ersetzen solle, schrieben sie unter das *Ketîb* die Vokale, die dem *Qerê* entsprachen, so daß ganz seltsame, für Nichteingeweihte unlesbare Wörter entstanden: יְהֹוָה[3], יְרוּשָׁלַםִ (mit zwei Vokalen für einen einzigen Konsonanten), הֹרָאיהָם (mit zwei Konsonanten ohne Vokale) usw.

e) Gleichzeitig oder wenig später machten sich die Masoreten, um das System zu vervollständigen, die Mühe, die *Ketîb*s mit einem Hinweiszeichen zu versehen (gewöhnlich einem kleinen Kreis oder einem Sternchen über dem Wort) und am Rand oder sogar nur am Schluß des Buchs die für das *Qerê* zu lesenden Konsonanten zu schreiben. So hatten die Leser, wenn auch voneinander getrennt, alle Elemente, die sie für eine korrekte Lektüre brauchten: die Konsonanten am Rand, und die dazugehörigen Vokale unter dem *Ketîb*. So ist es noch heute in unseren Bibeln. Man nennt dies *Qerê perpetuum*, wofür wir von vier oder fünf existierenden bereits zwei gesehen haben: יְהֹוָה und יְרוּשָׁלַםִ. (Fortsetzung: § **14**,14 B).

---

3 So im *textus receptus* der hebräischen Bibel (Wiedergabe des gedruckten Textes von BEN CHAJJIM, 1524–1525). Die *Biblia Hebraica* von R. KITTEL (die sich auf die Manuskripte von BEN ASCHER stützt) schreibt immer יְהוָה. Vgl. unten § **14**,14 B, Bemerkung 2.

14	לָכֶם	für euch	ל mit Suffix 2. P. m. Pl. (Gr. § **42**). Anstelle der schwachen Vokalisation (לְ) wird vor den Pluralsuffixen eine starke Vokalisation angewandt (לָ), wie zuweilen vor Einsilbern.
15	שָׁלוֹם׃	Frieden.	
§ 8 Jer 29,8			
1	כִּי כֹה אָמַר	Denn so spricht	§ **4**,1–6.
2	יְהוָה צְבָאוֹת	JHWH der Heerscharen,	Ebd.
3	אֱלֹהֵי יִשְׂרָאֵל	der Gott Israels,	Ebd.
4	אַל־יַשִּׁיאוּ	daß nicht täuschen	§ **6**,16; יַשִּׁיאוּ, 3. P. m. Pl. Jussiv (= hier formgleich mit Imperf.) *Hifil* von נָשָׁא = täuschen (nur belegt im *Nifal* und *Hifil*), nicht zu verwechseln mit נָשָׂא = aufheben (Gr. § **76**), mit Assimilation des נ (für יַנְשִׁיאוּ*, יַקְטִילוּ).
5	לָכֶם	euch	§ **7**,14. Das Verb נָשָׁא wird entweder mit dem Akkusativ oder mit ל konstruiert (vgl. § **8**,11).
6	נְבִיאֵיכֶם	eure Propheten,	Pl. von נָבִיא (§ **1**,7; **1**,16) (St. constr. נְבִיאֵי) mit Suffix 2. P. m. Pl.
7	אֲשֶׁר־	die	§ **1**,4; **1**,1–3 B.
8	בְּקִרְבְּכֶם	in eurer Mitte,	בְּ = in; קֶרֶב = Mitte, S. m. (Typ *Qitl*, Gr. § **32**), mit Suffix 2. P. m. Pl. (Gr. § **38**; **40**).
9	וְקֹסְמֵיכֶם	und eure Wahrsager,	וְ = und; קֹסְמִים, Pl. des Part. akt. קֹסֵם von קָסַם = wahrsagen, mit Suffix 2. P. m. Pl.
10	וְאַל־תִּשְׁמְעוּ	und hört nicht	אַל, Negation mit dem Jussiv (§ **6**,16); תִּשְׁמְעוּ, 2. P. m. Pl. Jussiv (hier formgleich mit Imperf. *Qal*) von שָׁמַע = hören, zuhören.

8,6	Von derselben ✓ wie »נָבִיא, S. m. = Prophet« und »נְבִיאָה, S. f. = Prophetin« gibt es: נִבָּא *Nifal* (*verbum denominativum*) = als Prophet auftreten; נְבוּאָה, S. f. = Prophezeiung. Das Wort נָבִיא (und seine Ableitungen) ist relativ jung. Das alte Wort war »Seher«: חֹזֶה (Part. von חָזָה) oder רֹאֶה (Part. von רָאָה, vgl. Sam 9,9). So wurde die Prophetie selbst »חָזוֹן, S. m. = Gesicht, Vision« genannt.
8	Gewöhnlich meint man, das Wort קֶרֶב komme von einer ungebräuchlichen ✓ (vgl. assyrisch *kirbu* = inmitten). Von einer ähnlichen ✓ kommen die folgenden Wörter: קָרֵב oder קָרַב = nahe kommen; davon gibt es viele Ableitungen wie: קָרֵב oder קָרוֹב, Adj. = nahe, sich nähernd; קְרָב, S. m. = Krieg, Kampf (»einander zu nahe kommen«?); קָרְבָּן, S. m. = Opfergabe (vgl. Mk 7,11: *Corban quod est donum*; und Mt 27,6: *mittere in corbonam*).

11	אֶל־	auf	Das Verb שָׁמַע wird entweder (meist) mit dem Akkusativ konstruiert, oder mit לְ oder אֶל.
12	חֲלֹמֹתֵיכֶם	eure Träume,	חֲלֹמוֹת, Pl. von חֲלוֹם , S. m. (Typ *Qeṭāl*?) (Gr. § **36**,1) mit Suffix 2. P. m. Pl. (Gr. § **41**,2).
13	אֲשֶׁר	die	
14	אַתֶּם	ihr	Personalpronomen 2. P. m. Pl. (§ **1**,1–3 B).
15	מַחְלְמִים׃	träumend seid.	M. Pl. abs. des Part. *Hifil* (מַחְלִים) von חָלַם = träumen. Man beachte jedoch: eigentlich würde man מַחֲלִימִים erwarten, und außerdem handelt es sich um das einzige Beispiel für das *Hifil* dieses Verbs. Deshalb ist bereits vorgeschlagen worden, den Text zu verbessern und חֹלְמִים zu lesen (Pl. des Part. akt. *Qal* חֹלֵם); dann würde das מ durch »Dittographie« (versehentliche Doppelschreibung) entstanden sein. Das Gegenteil wäre die »Haplographie«, bei der man versehentlich einen zweimal vorkommenden Buchstaben nur einmal geschrieben hätte.
§ 9 **Jer** **29,9**			
1	כִּי	Denn	§ **7**,11.
2	בְשֶׁקֶר	in Falschheit	בְּ = in, § **7**,12; שֶׁקֶר = S. m. (✓ שָׁקַר = täuschen).
3	הֵם	(sind) sie	Personalpron. 3. P. m. Pl. (§ **1**,1–3 B)
4	נִבְּאִים	prophezeiend	M. Pl. des Part. *Nifal* von נבא (§ **1**,7; Gr. § **76**); das Part. *Nifal* ist נִבָּא für *נִנְבָּא (נִקְטָל) unter Assimilation des נ.

11 Aber man beachte, daß die Konstruktion der Verben mit ihren Ergänzungen viel weniger starr ist als oft in unseren heutigen europäischen Sprachen. Auf viele transitive Verben können auch Präpositionen folgen, und nur ganz selten kommt für ein Verb bloß eine einzige Präp. in Frage. Die Bedeutungsnuancen sind für uns oft, wenn überhaupt, nur aus dem Kontext zu erschließen.

11–15 Man hat vorgeschlagen, den Text zu verbessern und die Pronomina und Suffixe der 3. P. statt der 2. zu lesen: אֶל־חֲלֹמֹתֵיהֶם אֲשֶׁר הֵם [מְ]חֹלְמִים = ihre Träume, die sie träumen. Aber diese Verbesserung ist nicht zwingend.

9,1–4 Es wurde bereits hingewiesen (§ **1**,1–3) auf den häufigen Gebrauch von **Nominalsätzen**, die eigentlich nicht Handlungen und Vorgänge, sondern Verhältnisse, Eigenschaften und Zustände aussagen. Zu den Nominalsätzen gehören auch Sätze mit dem Verb in der Form des Part., die benutzt werden, um eine andauernde oder wiederholte Handlung und damit im Grunde einen Zustand zu bezeichnen (Gr. § **59**). Ein solcher Satz ist eigentlich atemporal; er wird jedoch faktisch vor allem für das Präsens gebraucht, da das Hebräische es sonst sehr schwer hat, diese Zeit auszudrücken. Im modernen Hebräisch wird das Präsens (selbst wenn es nur einen Augenblick dauert) gewöhnlich in einem solchen Nominalsatz ausgedrückt: Um zu sagen »ich gehe in die Stadt«, sagt man »ich (bin) gehend in die Stadt«.

Sehr aufschlußreich zum Verständnis der unterschiedlichen Wortstellung in Nominalsätzen ist der Aufsatz von D. MICHEL, Probleme des Nominalsatzes im Biblischen Hebräisch, in: Zeitschrift für Althebraistik, 7 (1994) 215–224:

5	לָכֶם	für euch	§ **7**,40.
6	בִּשְׁמִי	in meinem Namen;	בְּ = in, § **6**,7; שֵׁם, S. m. = Name (unbekannte √), Pl. שֵׁמוֹת (Gr. § **36**,1) mit Suffix 1. P. Sg. (Gr. § **38**).
7	לֹא שְׁלַחְתִּים	ich habe sie nicht geschickt,	שָׁלַחְתִּי, 1. P. Sg. Perf. *Qal* von שָׁלַח, § **1**,5, mit Verbalsuffix 3. P. m. Pl. (Gr. § **60**,2; **61**,1).
8	נְאֻם־יְהוָה׃	Spruch JHWHs.	St. constr. von נְאֻם, S. m.; dieser Begriff bezeichnet eine Äußerung Gottes durch Propheten.
§ 10 Jer 29,10			
1	כִּי־כֹה	Denn so	כִּי, § **7**,11; כֹּה , § **4**,1.
2	אָמַר יְהוָה	spricht JHWH,	§ **4**,2–3.
3	כִּי	(daß)	§ **7**,11.
4	לְפִי	im Maß von	לְ = für, gemäß; פִּי, St. constr. von פֶּה, S. m. = Mund usw.
5	מְלֹאת	Erfülltsein	Inf. constr. *Qal* des Verbs מָלֵא (Gr. § **74**). Dieser Inf. constr. auf את bildet eine Ausnahme (in Analogie zu den Verben ל״ה, Gr. § **75**,2).
6	לְבָבֶל	für Babylon	
7	שִׁבְעִים	siebzig	Pluralform von שֶׁבַע (fem. שִׁבְעָה) = sieben. Die Namen der Zehner werden wie der Plural der entsprechenden Einer gebildet; Ausnahme עֶשְׂרִים = 20, der Plural (ursprünglich vielleicht Dual) von 10; vgl. V. § **14**.

7 Diese Form der 1. P. Sg. mit Suffix wohl beachten; ein noch nicht Geübter könnte versucht sein, dieses Wort für ein S. m. Pl. zu halten und würde das Wort im Wörterbuch vergeblich suchen.

---

8 Das Wort נְאֻם wird ausschließlich im St. constr. gebraucht und fast nur in dem Ausdruck נְאֻם־יְהוָה oder נְאֻם אֲדֹנָי יְהוִה (Vokalisation des יְהוִה von אֱלֹהִים); es steht sehr selten am Beginn eines Gotteswortes, oft in der Mitte, aber viel häufiger am Schluß. Es findet sich bei allen Propheten, außer Habakuk und Jona, und in vielen anderen Büchern.

10,4 Die verschiedenen Bedeutungen von פֶּה, S. m., sind:
1) Mund; (von daher:) Öffnung, Eingang;
2) Rand, Ufer (eines Flusses);
3) Teil, Portion (Bissen?), Entsprechung; diese letztere Bedeutung hat zusammen mit Präpositionen zu den Ausdrücken geführt: בְּפִי, לְפִי = im Maße von, in Entsprechung zu, wie.
NB: Vielleicht kann man von hier aus den häufigen Ausdruck לְפִי חֶרֶב verstehen, der traditionell übersetzt wird »mit des Schwertes Schneide«, aber dessen Sinn auch sein könnte: »nach Maßgabe des Schwertes«, d. h. ohne Schonung.

---

5 Vom selben Verb מָלֵא = voll sein (Zustandsverb; für den aktiven Sinn gebraucht man das *Piel* מִלֵּא = füllen):
מָלֵא, Adj. = voll;
מְלֹא, S. m. = Fülle, das Volle;
מִלּוּאִים, S. m. Pl. = Einsetzung (von מִלֵּא יָדַיִם = »Hände füllen« = als Priester einsetzen).
Der Ortsname מִלּוֹא (LXX: ἄκρα) für einen Ortsteil von Jerusalem, den Salomo eingerichtet hat (1 Kön 9,15.24; vgl. jedoch 2 Sam 5,9), bedeutet vielleicht etymologisch: »was aufgefüllt, aufgeschüttet worden ist«.

---

7 Von derselben √ שֶׁבַע = sieben:
שְׁבִיעִי, Adj. m., und שְׁבִיעִית, Adj. f. = siebenter;
שָׁבוּעַ, S. m. = Woche;
wahrscheinlich auch: שׁבע *Nifal* = schwören (wegen der Wichtigkeit der Zahl sieben, vgl. Gen 21,30);
שְׁבוּעָה, S. f. = Eid.
Man erinnere sich an die Etymologie von Beerscheba (בְּאֵר שֶׁבַע, *be'ēr šæḇāʿ*) = Eidbrunnen oder Siebenbrunnen (Gen 21,31; dort in Pausa בְּאֵר שָׁבַע).

8	שָׁנָה	Jahre,	S. f., wahrscheinlich von der √ שָׁנָה = wechseln. Zu beachten: Der Plural ist שָׁנִים (Gr. § **36**,1c); שְׁנוֹת ist spät und poetisch. - Das Nomen, das auf eine Zahl folgt, die höher ist als zehn, bleibt im Singular, wenn es sich um ein besonders gebräuchliches Wort handelt (vgl. »zwölf Mann«) (vgl. § **71**,1).
9	אֶפְקֹד	werde ich besuchen	1. P. Sg. Imperf. *Qal* von פָּקַד = besuchen.
10	אֶתְכֶם	euch,	§ **7**,6.
11	וַהֲקִמֹתִי	und ich werde aufstehen lassen	וַ (und nicht וְ) wegen des folgenden *Šᵉwa compositum* ◌ֲ (Gr. § **22**,5). Diese Vokalisation darf man nicht verwechseln mit der starken Vokalisation des konsekutiven ו, das nur vor dem Imperfekt verwandt wird und die Verdoppelung des darauf folgenden Konsonanten bewirkt (Gr. § **81**). הֲקִמֹתִי = 1. P. Sg. Perf. *Hifil* von קוּם = sich erheben, aufstehen (Gr.§ **72**). Hinzuweisen ist auf den Verbindungsvokal *ō*, der angewandt wird, um den charakteristischen Vokal *î*, der hier defektiv geschrieben ist, bewahren zu können (Gr. § **72**,2). Die konsekutive Form wird deutlich durch den Abstieg des Akzents: וַהֲקִמֹתִ֫י statt וַהֲקִמֹ֫תִי, Gr. § **81**,1. Es handelt sich also um ein konsekutives Perfekt mit imperfektivischem Sinn, das auf das Imperf. אֶפְקֹד folgt (Gr. § **82**).
12	עֲלֵיכֶם	über euch	Präp. (√ עָלָה = aufsteigen), mit Suffix 2. P. m. Pl. (schweres Suffix, deshalb die Vokalisation ◌ֵ; Gr. § **40**; **42**).

9 Das Verb פָּקַד bedeutet »besuchen«, sei es in günstigem Sinn, um zu unterstützen oder zu segnen (so hier), sei es in einem ungünstigen Sinn, um zu strafen (vgl. unten § **32**,4). In diesem letzteren Sinn wird es oft mit der Präp. »עַל = gegen« konstruiert. Vgl. die Hebraismen mit ἐπισκέπτομαι bei Lukas (nur bei ihm): Lk 1,68; 1,78; 7,16; Apg 7,23 (immer in günstigem Sinn).
Von der gleichen √:
פְּקֻדָּה, S. f. = Besuch, Inspektion, Amt;
פָּקִיד, S. m. = Gesandter, Aufseher, Vorsitzender (= ἐπίσκοπος) (vgl. unten § **26**,6);
פִּקּוּדִים, S. m. Pl. = Vorschriften.

11 Von der √ קוּם = sich erheben:
קָמָה, S. f. = stehende Ernte;
מָקוֹם, S. m. = Ort (Pl. מְקוֹמוֹת).
Man denke an Mk 5,41, *taliṯa qumi*, einen aramäischen Ausdruck; die Form (Imper. f. Sg. *Qal* von קוּם) ist die gleiche wie im Hebräischen.

13	אֶת־דְּבָרִי	mein Wort,	אֶת־, Partikel zur Bezeichnung des Akkusativs, § **5**,7. דָּבָר, S. m. = Wort (§ **1**,2) mit Suffix 1. P. Sg. (Gr. § **40**). Beachten, daß ein durch ein Suffix bestimmtes Wort keinen Artikel mehr haben kann (vgl. Gr. § **35**,1).
14	הַטּוֹב	das gute,	הַ, Artikel; טוֹב, Adjektiv (√ טוֹב = angenehm sein).
15	לְהָשִׁיב	um zurückzuführen	NB: Es ist nicht unmöglich, daß die Partikel לְ, anstatt »für« zu bedeuten, einfach die Einleitung eines Zitats ist (unser Doppelpunkt); הָשִׁיב, Inf. *Hifil* von שׁוּב = zurückkehren (Gr. § **72**.2); der erste Vokal ist in offener Silbe lang geworden (הַקְטִיל) (Gr. § **21**,2b).
16	אֶתְכֶם	euch	§ **7**,6.
17	אֶל־	zu	§ **1**,9.
18	הַמָּקוֹם הַזֶּה׃	diesem Ort.	הַ, Artikel; מָקוֹם, S. m. = Ort (√ קוּם, § **10**,11); הַזֶּה, Art. הַ und Demonstrativadjektiv זֶה (§ **1**,1).
§ 11 Jer 29,11			
1	כִּי	Denn	§ **7**,11.
2	אָנֹכִי	ich,	Personalpronomen 1. P. Sg. Wenn das Personalpronomen Subjekt ist und vor dem Verb in dessen personaler Form steht, hat es betonende Bedeutung (»ich bin es, der ...«).

14 Das **Adj.** ist im Hebräischen selten: Hier das erste Adj. in zehn Versen (und das nächste erst in V. 17). Sehr häufig zieht man auch einem vorhandenen Adj. eine Nominalergänzung vor. So entstehen Ausdrücke wie: זֶרַע הַמְּלוּכָה = das königliche Geschlecht (wörtlich: des Königtums; 2 Kön 25,25); בֵּית עוֹלָם = ein Ewigkeitshaus (= ein Grab, Koh 12,5). Man denke auch an »τὸ βδέλυγμα τῆς ἐρημώσεως = der Greuel der Verwüstung« (Mt 24,15), einen Semitismus, der an Dan 9,27; 11,31; 12,11 erinnert.
Auf einige Besonderheiten der Syntax achten:

1) Das Adj. steht immer nach dem Nomen (einzige Ausnahme: רַבִּים und רַבּוֹת, Pl. von רַב, § **6**,15 B).
2) Wiederholung des Artikels vor dem Adj. bei determiniertem Nomen.
3) Das Adj. entspricht in Genus und Numerus dem Nomen, nicht im Kasus, weil es im Hebräischen keine echten Kasus gibt.

Von der √ טוב = angenehm sein:
טוֹב, Adj. = gut, angenehm;
טוֹב, S. m., und טוֹבָה, S. f. = Wohltat, Glück;
und Eigennamen wie Tobit (טוֹבִיָּה, Kurzform טוֹבִי, Τωβίας, Τωβίϑ) usw.

15 Von der √ שׁוּב = zurückkehren:
שׁוֹבָב oder שׁוֹבֵב, Adj. = Rückkehrer, Apostat;
מְשׁוּבָה, S. f. = Rückkehr, Apostasie;
תְּשׁוּבָה, S. f. = Rückkehr, Antwort, Umkehr (μετάνοια).

Beachte als stilistische Besonderheit den Gebrauch von שׁוּב, einem anderen Verb mit adverbialem Sinn beigeordnet = »von neuem, wieder«.
Beispiel: Gen 2,18 וַיָּשָׁב וַיַּחְפֹּר = er grub von neuem (wörtlich: er kam zurück und grub).
Jes 6,13: וְשָׁבָה וְהָיְתָה = sie wird wieder sein (wörtlich: sie wird zurückkommen und sie wird sein).
Das Verb »יָסַף = hinzufügen« wird ähnlich gebraucht, mit dem adverbialen Sinn von »noch einmal«; aber häufiger wird dieses Verb einfach zusammen mit einem Inf. gebraucht.
Diese Hebraismen, die in der Vulgata oft wörtlich wiedergegeben werden, erlauben uns, einige sonst unverständliche Passagen der Vulg. zu erfassen:
Beispiel: 2 Kön 21,3: *Conversus est (Manasses) et aedificavit excelsa*, zu übersetzen: »Er baute die Kulthöhen wieder auf (וַיָּשָׁב וַיִּבֶן).«

18 Das Demonstrativadjektiv wird wie die sonstigen Adjektive verwandt, (§ **10**,14 B): Es steht nach dem Substantiv und empfängt, wenn dieses durch den Artikel determiniert ist, ebenfalls den Artikel.

3	יָדַעְתִּי	ich weiß	1. P. Sg. Perf. *Qal* von יָדַע = wissen. Das Verb יָדַע wird gewöhnlich wie ein Zustandsverb behandelt, was die präsentische Verwendung des Perf. am besten erklärt (Gr. § **57**, 2b, B). Vgl. οἶδα, lat. *novi*.
4	אֶת־הַמַּחֲשָׁבֹת	die Gedanken,	אֶת־, Akkusativ; הַ, Artikel; מַחֲשָׁבֹת, Pl. von מַחֲשָׁבָה, S. f. = Gedanke, Plan (junges und poetisches Wort) (√ חָשַׁב = denken).
5	אֲשֶׁר אָנֹכִי	die ich	§ **1**,4; **11**,2.
6	חֹשֵׁב	denkend bin	Part. akt. von חָשַׁב, § **11**,4; zum Partizipialsatz vgl. § **9**,1–4 B.
7	עֲלֵיכֶם	über euch,	§ **10**,12.
8	נְאֻם־יְהוָה	Spruch JHWHs,	§ **9**,8.
9	מַחְשְׁבוֹת	Gedanken von	St. constr. Pl. von מַחֲשָׁבָה, § **11**,4. Zu bemerken ist, daß in § **11**,4 die Endung des St. absol. defektiv geschrieben war, während sie jetzt im St. constr. voll ausgeschrieben ist.
10	שָׁלוֹם	Frieden	§ **7**,2.
11	וְלֹא	und nicht	
12	לְרָעָה	zu Bösem,	לְ mit genitivischem (oder intentionalem) Sinn; רָעָה, S. f. von der (ungebräuchlichen) √ רעע.
13	לָתֵת	um zu geben	לָ, mit starker Vokalisation, die vor betonten Einsilbern häufig ist (vgl. § **7**,14); תֵּת, Inf. constr. *Qal* von נָתַן, § **6**,10; **17**,9).
14	לָכֶם	euch	§ **7**,14.
15	אַחֲרִית	Zukunft	S. f. der √ אָחַר, § **2**,1.
16	וְתִקְוָה	und eine Hoffnung.	וְ = und; תִּקְוָה, S. f. der √ קוה, *Piel* קִוָּה = erwarten, hoffen.

11,3	Von der √ יָדַע = wissen: דֵּעַ, S. m. und דֵּעָה, S. f. = Kenntnis (spätes Wort); דַּעַת, S. f. = Kenntnis. Wahrscheinlich auch das Adv. »מַדּוּעַ = warum« (vielleicht von »מַה־יָּדוּעַ = welche bekannte Sache?«, vgl. griechisch: τί μαθών;).
12	Das Wort לְרָעָה, in Parallele mit dem Ausdruck des vorangehenden Satzes (מַחְשְׁבוֹת שָׁלוֹם), zeigt, daß das ל hier einen Sinn hat, der genau dem St. constr. entspricht (vgl. § **1**,10–12). Das Wort רָעָה findet sich hier getrennt von dem St. constr. מַחְשְׁבוֹת und kann deshalb mit ihm nicht zusammenkonstruiert werden; man hätte sonst das Wort im St. constr. wiederholen müssen: מַחְשְׁבוֹת שָׁלוֹם וְלֹא מַחְשְׁבוֹת רָעָה. Der Autor hat die Ausdrucksweise mit ל vorgezogen.
16	Von der √ קַו, S. m. = Meßschnur, Seil, Tau ist das Verb »קָוָה = warten«, »קִוָּה *Piel* = sich spannen, ausstrecken, hoffen« abgeleitet, und davon: תִּקְוָה, S. f. = Hoffnung (auch: Schnur, Jos 2,18.21); מִקְוֶה, S. m. = Hoffnung (homophon dazu מִקְוֶה, S. m. = Tauchbad, Bassin).

§ 12 Jer 29,12			
1	וּקְרָאתֶם	Und ihr werdet anrufen	וּ = und, § **3**,4; קְרָאתֶם, 2. P. m. Pl. Perf. consec. *Qal* von קָרָא = rufen, lesen (Gr. § **74**,1). Konsekutives Perfekt mit futurischem Sinn (Gr. § **82**).
2	אֹתִי	mich	§ **5**,7.
3	וַהֲלַכְתֶּם	und ihr werdet gehen	וַ § **10**,11; הֲלַכְתֶּם, 2. P. m. Pl. Perf. consec. *Qal* von הָלַךְ (Gr. § **64**,2).
4	וְהִתְפַּלַּלְתֶּם	und ihr werdet fürbitten	וְ = und; הִתְפַּלַּלְתֶּם, 2. P. m. Pl. Perf. consec. *Hitpael* von פלל, § **7**,8.
5	אֵלָי	gegenüber mir,	Pausaform für אֵלַי; § **1**,9, vgl. Gr. § **42**.
6	וְשָׁמַעְתִּי	und ich werde hören	וְ = und; שָׁמַעְתִּי, 1. P. Sg. Perf. consec. *Qal* von שָׁמַע, § **8**,10. Hinweis: Während die drei vorangehenden konsekutiven Perfekte nicht an ihrer Form zuerkennen sind (Gr. § **81**, NB; die 2. P. Pl. wird dabei immer am Schluß betont), ist dieses konsekutive Perf. gekennzeichnet durch eine Verschiebung des Akzents: וְשָׁמַעְתִּי statt וְשָׁמַ֫עְתִּי (Gr. § **81**,1); vgl. § **10**,11.
7	אֲלֵכֶם	gegenüber euch.	§ **8**,11; Gr. § **42**.
§ 13 Jer 29,13			
1	וּבִקַּשְׁתֶּם	Und ihr werdet suchen	וּ, vor einem Labial vokalisiert וּ (§ **6**,5); בִּקַּשְׁתֶּם, 2. P. m. Pl. Perf. consec. *Piel* von בקשׁ = suchen (nur in den intensiven Formen gebräuchlich).
2	אֹתִי	mich	§ **5**,7.

12,1 Von der √ קָרָא = schreien, anrufen, lesen (man las immer mit laut):
קָרִיא, Adj. = einberufen;
מִקְרָא, S. m. = Einberufung.
Von derselben √ im Arabischen: *Qur'ān* (Koran) = Lesung par excellence; im Aramäischen: *Qerê* (die gelesene Lesart, § **4**,3 B), Part. pass. des Verbs קְרָא.

3 Das Verb »הָלַךְ = gehen« ist das einzige Verb mit erstem Wurzelkonsonanten ה, bei dem dieses ה in einigen Formen wie ein schwacher Buchstabe behandelt wird (Gr. § **67**,1 NB). Seine Konjugation ist stark beeinflußt von derjenigen der Verben פ״י.
Imperf. יֵלֵךְ, Imper. לֵךְ, Inf. constr. לֶכֶת; Perf. *Hifil* הוֹלִיךְ (Gr. § **71**). Das regelmäßige Imperf. יַהֲלֹךְ (Gr. § **64**,2) existiert, aber es kommt selten vor.

4 Logisch ist die Verbform וְהִתְפַּלַּלְתֶּם dem vorangehenden Verb untergeordnet (ihr werdet beten gehen); dem Gedanken der Folge, der durch das Perf. consec. ausgedrückt ist, wird noch die Nuance der Finalität hinzugefügt (Gr. § **84**,1). Aber diese subtilen Nuancen werden nicht durch grammatische Formen ausgedrückt, sondern durch den Kontext (vgl. Gr. § **84**,3).

3	וּמְצָאתֶם	und ihr werdet finden,	וּ = und, § **3**,4, vgl. **13**,1; מְצָאתֶם, 2. P. m. Pl. Perf. consec. *Qal* von מָצָא (Gr. § **74**,1).
4	כִּי	weil	
5	תִּדְרְשֻׁנִי	ihr mich suchen werdet	תִּדְרְשׁוּ, 2. P. m. Pl. Imperf. *Qal* von דָּרַשׁ, § **7**,1, mit Verbalsuffix 1. P. Sg. NB: Die Ersetzung des וּ durch den Vokal ֻ, die eine Verkürzung des Vokals vor dem Suffix anzudeuten scheint, ist ungewöhnlich.
6	בְּכָל־	mit dem ganzen	בְּ, mit instrumentaler Bedeutung, § **3**,1; כָּל־, § **1**,18.
7	לְבַבְכֶם	Herzen von euch.	לֵבָב, S. m. = Herz; √: לבב (ungebräuchlich), mit Nominalsuffix 2. P. m. Pl. (Gr. § **38**).
§ 14 Jer 29,14			
1	וְנִמְצֵאתִי	Und ich werde gefunden werden	וְ = und; נִמְצֵאתִי, 1. P. Sg. Perf. consec. *Nifal* von מָצָא = finden, § **13**,3, Gr, § **74**,1–2; **82**. Keine Kennzeichen für den konsekutiven Modus; die Akzentverschiebungen sind bei den Verben ל"ה und ל"א selten und schwer vorauszusehen.
2	לָכֶם	von euch,	Zur Form: § **7**,14; zum (ungewöhnlichen) Gebrauch des ל bei einem passiven Verb vgl. § **1**,20–22 B.
3	נְאֻם־יְהוָה	Spruch JHWHs,	§ **9**,8.
4	וְשַׁבְתִּי	und ich werde zurückführen	וְ = und; 1. P. Sg. Perf. consec. *Qal* von שׁוּב, § **10**,15 (Gr. § **72**,2); vgl. § **12**,6.
5	אֶת־שְׁבוּתְכֶם	eure Gefangenschaft	אֶת, § **5**,7; שְׁבוּת, S. f. von der √ שָׁבָה = gefangennehmen, mit Suffix 2. P. m. Pl.[4]

4 Wir lesen gemäß dem *Qerê*. Das *Ketîb* lautet שְׁבִיתְכֶם, eine andere (seltenere) Form desselben Wortes.

13,5 Von der √ דָּרַשׁ kommt das Wort »מִדְרָשׁ, S. m = Studium, Darlegung«, das zwar in der Bibel selten vorkommt, aber ein bekanntes jüdisches *Genus litterarium* bezeichnet.

6 Vgl. § **1**,18; die √ »כָּלַל = vollenden« kommt selten vor.
Seltene Ableitungen:
כֹּל, S. m. = Ganzheit;
כָּלִיל, Adj. = ganz, vollständig; Totalität.
Es gibt jedoch eine andere √, die der Form und dem Sinn nach nahe verwandt ist:
כָּלָה = vollkommen sein (*Qal* und *Piel*);
כָּלָה, S. f. = Vollendung, totale Zerstörung;
כְּלִי, S. m. = Gegenstand, Gerät (Pl. כֵּלִים).

7 Von der √ לבב* leiten sich zwei parallele Formen ab:
לֵבָב, S. m.; St. constr. לְבַב; Pl. לְבָבוֹת; (kommt 251 mal vor);
לֵב, S. m.; St. constr. לֵב (־לֶב); Pl. לִבּוֹת; Sg. mit Suffix לִבִּי ; (599mal).
Der Sinn der beiden Worte scheint ganz derselbe zu sein (wobei לֵב vielleicht archaischer und damit poetischer ist). Sie bedeuten niemals genau das, was wir mit Herz bezeichnen (das Organ), sondern allgemein »das Innere«, »die Psychologie«, »die Denkweise« usw., dabei aber nur selten die Leidenschaften und Emotionen, die eher in den Nieren lokalisiert werden. Vgl. P. DHORME, *L'emploi métaphorique des noms de parties du corps en hébreu et en akkadien*, Revue Biblique 31 (1922) 489–517 (ferner: 29 [1920] 465–506; 30 [1921] 374-399. 517-540; 31 [1922] 215-233; 32 [1923] 185-212); als anastatischer Nachdruck auch erschienen Paris 1963.

14,4f Der Ausdruck שׁוּב שְׁבוּת ist zwar häufig, aber doch seltsam. Der Sinn von שְׁבוּת oder שְׁבִית, S. f., ist unbestritten, wenn auch die Ableitung von »שָׁבָה = gefangennehmen« nicht sicher ist (einige Autoren ziehen die √ שׁוּב, § **10**,15 vor); es gibt auch ein Wort שְׁבִי, S. m. (Kollektiv) = Gefangenschaft, Gefangene. Aber der Gebrauch von שׁוּב im *Qal* mit transitivem Sinn fände sich kaum sonst, und man würde eher ein *Hifil* erwarten (das tatsächlich zehnmal vorkommt). In drei anderen Fällen (Jes 33,26 usw.) ist das *Qal* des *Ketîb* durch das *Qerê* zu einem *Hifil* korrigiert worden (vgl. § **4**,3 B usw.); dies beweist zumindest, daß die Masoreten dieselbe Schwierigkeit empfanden wie wir. Aber das Vorkommen der Form *Qal* ist zu zahlreich, als daß man alle diese Fälle in ein *Hifil* korrigieren dürfte. Es ist besser, einen transitiven Gebrauch des *Qal* anzunehmen (die Grundbedeutung von שׁוּב wäre »wenden«, davon »die eigenen Schritte wenden = zurückkehren«; und entsprechend dann »Wende, Geschick, Gefangenschaft«) oder aber die Existenz eines anderen Verbs שׁוּב, das nur in diesem Ausdruck vorkommt.

6	וְקִבַּצְתִּי	und ich werde versammeln	וְ = und; 1. P. Sg. Perf. consec. *Piel* von קָבַץ, vgl. § **12**,6.
7	אֶתְכֶם	euch	§ **5**,7.
8	מִכָּל־הַגּוֹיִם	aus allen Nationen	מִן, § 1,8; כָּל § **1**,18; הַ, Artikel; גּוֹיִם, Pl. von גּוֹי, S. m.
9	וּמִכָּל־ הַמְּקוֹמוֹת	und von allen Orten,	וּ, § **6**,5; מִכָּל־, § **14**,8; הַ, Artikel; מְקוֹמוֹת, Pl. von מָקוֹם, S. m., § **10**,18.
10	אֲשֶׁר	welche	Zu dieser Formulierungsweise, vgl. § **7**,4–7 B.
11	הִדַּחְתִּי	ich zerstreut habe	1. P. Sg. Perf. *Hifil* von נָדַח, Gr. § **76**. Assimilation des נ: für הִנְדַחְתִּי* vgl. הִקְטַלְתִּי.
12	אֶתְכֶם	euch	§ **5**,7.
13	שָׁם	dorthin,	§ **7**,7.
14	נְאֻם־יְהוָה	Spruch JHWHs,	§ **9**,8.
15	וַהֲשִׁבֹתִי	und ich werde zurückführen	וַ,§ **10**,11; 1. P. Sg. Perf. consec. *Hifil* von שׁוּב, § **10**,15; **10**,11.
16	אֶתְכֶם	euch	§ **5**,7.
17	אֶל־הַמָּקוֹם	zu dem Ort,	§ **10**,17–18.
18	אֲשֶׁר־	welchen	Zu dieser Formulierungsweise, vgl. § **7**,4–7 B.
19	הִגְלֵיתִי	ich deportiert habe	§ **7**,5.
20	אֶתְכֶם	euch	§ **5**,7.
21	מִשָּׁם	von dort.	מִן, § **1**,8; שָׁם, § **7**,7.
§ 15 Jer 29,15			
1	כִּי	Denn	§ **7**,11.
2	אֲמַרְתֶּם	ihr habt gesagt:	2. P. m. Pl. Perf. *Qal* von אָמַר, § **3**,12; Gr. § **69** NB.
3	הֵקִים	es hat aufstehen lassen	3. P. m. Sg. Perf. *Hifil* von קוּם, § **10**,11; Gr § **72**,2.

---

8 Die Juden bezeichneten mit dem Namen גּוֹיִם alle diejenigen, die nicht Juden waren (griechisch: τὰ ἔθνη), also ab Ende I. Jhdt. n. Chr. auch die Christen. Die Christen ihrerseits bezeichneten als τὰ ἔθνη (»*gentes*« oder »*gentiles* = die Heiden«) die Nichtchristen außer den Juden. Es ist unsicher, ob die folgenden Worte zur selben √ (גוה?) gehören: גָּו oder גֵּו, S. m., גֵּוָה = Rükken; גְּוִיָּה, S. f. = Leib, Leichnam.

---

14 Fortsetzung der Erläuterung zu *Qerê* und *Ketîb* (vgl. § **4**,3 B: **7**,10 B):
Zusammenfassung: Das *Ketîb* ist die uns überlieferte Textfassung; das *Qerê* ist eine am Rand stehende Lesart, die von den Schriftgelehrten einer bestimmten Epoche vorgezogen wurde. Aber da die Vokalisation erst aus einer Epoche stammt, in der das *Qerê* für die Lektüre bereits definitiv das *Ketîb* verdrängt hatte, hat man nur die Vokale des *Qerê* geschrieben.
Bemerkungen:

1. Die Vokalisation der Partikeln לְ, מִן usw. vor dem *Ketîb* setzt die Lesart des *Qerê* voraus (denn diese Vokalisation entstand ja erst in einer Epoche, in der das *Ketîb* vollkommen außer Gebrauch geraten und durch das *Qerê* ersetzt worden war). So schreibt man: מֵיְהוָה und לַיְהוָה (und nicht: מִיהוה oder לִיהוה), denn man las: מֵאֲדֹנָי (§ **17**,15) und לַאֲדֹנָי (§ **6**,11).
2. Da das *Šᵉwa compositum* (◌ֲ, ◌ֱ, ◌ֳ) nur unter Gutturalen geschrieben wird und dort ein *Šᵉwa simplex* vertritt, schrieb man das Tetragramm יְהוָה (und nicht "יֲ). Hieß es im Text אדני יהוה, las man *ᵃdonaj ʾᵉlohîm* und schrieb אֲדֹנָי יְהֹוִה. Das *Ketîb* יְהוָה (z. B. im *Codex Leningradensis*) erklärt sich vielleicht daher, daß man bei der Lesung im Aramäischen statt des Gottesnamens »שְׁמָא = der Name« aussprach.
3. Man kann entweder die Lesart des *Ketîb* oder die des *Qerê* wählen; gewöhnlich sind beide Varianten annehmbar. Aber man hüte sich vor unmöglichen Formen, die durch die Vermischung beider Lesarten entstehen und in den obigen Ausführungen erklärt worden sind. So ist für das Tetragramm יהוה die Lesart *Jehovah*, die sich seit 1520 nicht ohne Proteste verbreitet hat, sicher falsch.
4. Man sollte jedoch am besten, wie es schon in neutestamentlicher Zeit üblich war, den G'ttesnamen überhaupt nicht aussprechen. Zur Zeit Jesu war die Ausrufung des Namens Privileg des Hohenpriesters am Großen Versöhnungstag. Im Gespräch mit Juden wäre die Verwendung des Namens indiskret und verletzend. Man verwende vielmehr die Form die von den Schriftgelehrten und den Übersetzungen angenommen wurde (LXX: Κύριος, Vulg.: *Dominus*, Einheitsübersetzung: der Herr).
5. Es empfiehlt sich, auch in der Transkription das unvokalisierte Tetragramm JHWH zu verwenden und dann die Umschreibung in der sonst gebrauchten Sprache zu lesen: *ᵃdonaj*, κύριος, *Dominus*, the Lord, der Herr.

4	לָנוּ	für uns	לְ = für, und Suffix 1. P. Pl., § **7**,14; Gr. § **38**.
5	יְהוָה	JHWH	
6	נְבִאִים	Propheten	§ **1**,16.
7	בָּבֶלָה	in Babylon.	§ **1**,24.
§ 16 Jer 29,16			
1	כִּי־כֹה אָמַר יְהוָה	Denn so spricht JHWH	§ **7**,11; § **4**,1–3
2	אֶל־הַמֶּלֶךְ	zum König,	§ **1**,9; § **2**,4.
3	הַיּוֹשֵׁב	dem sitzenden	הַ, Artikel; Part. akt. von יָשַׁב, § **5**,3; Gr. § **71**,2.
4	אֶל־	auf	Eine masoretische Anmerkung weist darauf hin, daß »andere Exemplare« die Variante עַל bieten, die sicher besser ist. Die Verwechslung von אל und על ist in manchen Manuskripten häufig anzutreffen.
5	כִּסֵּא	dem Thron von	St. constr. von כִּסֵּא, S. m., vielleicht ausländischer Herkunft.
6	דָוִד	David,	
7	וְאֶל־כָּל־הָעָם	und zum ganzen Volk,	§ **1**,17–19.
8	הַיּוֹשֵׁב	dem wohnenden	Vgl. § **16**,3. Die Sinn-Nuancen des Wortes beachten: »sitzen« (auf einem Thron), »wohnen« (in einer Stadt).
9	בָּעִיר	in der Stadt,	בְּ = in; Synkope mit dem Artikel, Vokalisation ◌ָ vor ע (Gr. § **24**; **25**,2); עִיר, § **7**,3.
10	הַזֹּאת	dieser,	Also: in dieser Stadt.
11	אֲחֵיכֶם	eure Brüder,	אַחִים, Pl. von אָח , S. m. mit Suffix 2. P. m. Pl.
12	אֲשֶׁר	die	§ **1**,4.

15,6 Man beachte die defektive (ohne *mater lectionis*) Schreibweise des Pl. נְבִאִים (2 mal, hier und in Vers 19) statt נְבִיאִים. Es gibt kaum eine andere Erklärung, als daß der Kopist von der benachbarten Form נִבְּאִים (vom Part. *Nifal*, Vers 9, vgl. 21) beeinflußt worden ist. Es ist sogar möglich, daß das נְבִאִים von Vers 19 auf einer falschen Interpretation der *Punctatores* beruht und daß man das Part. *Nifal* נִבְּאִים lesen müßte (der umgekehrte Irrtum liegt in 1 Chr 25,1 vor und wurde dort durch das *Qerê* verbessert). Aber hier ist die Lesart נִבְּאִים unwahrscheinlich; es ist wohl eher mit einem Abschreibfehler zu rechnen.

7 Das paragogische ה ist hier unerwartet; entweder hat es seine eigene Bedeutung verloren und hat keinen lokativen Sinn mehr, oder es handelt sich um eine sinngemäße Anpassung daran, daß der Autor daran dachte, daß JHWH die Propheten nach Babylon *geschickt hat*.

16,11 Das Wort אָח von unbekannter √ (אחה?) wird nie mit dem Artikel gebraucht. St. constr. אֲחִי, Pl. אַחִים.
Man kann damit in Verbindung bringen אָחוֹת, S. f. = Schwester, St. constr. אֲחוֹת, אֲחָיוֹת* und zahlreiche Eigennamen (*Aḥimælæk*, *Aḥab* usw.).
Das Wort אָח wird oft angewandt, um eine weniger enge Verwandtschaft auszudrücken: Halbbruder, Neffe, Vetter, manchmal sogar nur ein Glied derselben Familie oder desselben Stamms oder ein Verbündeter.
Man beachte den Ausdruck »אִישׁ אָחִיו = jeder seinen Bruder«, um Gegenseitigkeit auszudrücken: »einander«.

13	לֹא־יָצְאוּ	nicht weggezogen sind	3. P. Pl. Perf. *Qal* von יָצָא, § **2**,2.
14	אִתְּכֶם	mit euch	§ **5**,7 B: Gr. § **38**; **42**.
15	בַּגּוֹלָה	in die Gefangenschaft.	בַּ = in, mit synkopiertem Artikel (Gr. § **24**); § **1**,12.
§ 17 Jer 29,17			
1	כֹּה אָמַר	So spricht	§ **4**,1–4
2	יְהוָה צְבָאוֹת	JHWH der Heerscharen:	
3	הִנְנִי	siehe, ich (bin)	הִנֵּה mit Nominalsuffix 1. P. Sg. Beachten, daß bei *Š^{e}wa mobile* unter ל, מ, נ, ק, י kein *Dageš forte* in diesen Buchstaben stehen kann. Dieses entfällt deshalb, wenn ein Suffix hinzukommt (Gr. § **20**,5; vgl. **78**). Man findet aber auch הִנֵּנִי.
4	מְשַׁלֵּחַ	sendend	Part. *Piel* von שָׁלַח, § **66**. Der Nominalsatz mit הִנֵּה + Personalpron. + Part. hat die Bedeutung: »Ich werde senden«.
5	בָּם	gegen sie	בְּ mit Suffix 3. P. m. Pl.; beachte den Sinn von »gegen«.
6	אֶת־הַחֶרֶב	das Schwert,	§ **5**,7; Artikel mit virtueller Verdoppelung des ח, Gr. § **25**,2; חֶרֶב, S. m. von der ✓ חָרַב.
7	אֶת־הָרָעָב	den Hunger	§ **5**,7; Artikel vokalisiert mit ָ vor ר (Gr. § **25**,2); רָעָב, S. m. von der ✓ רָעֵב = hungern.
8	וְאֶת־הַדָּבֶר	und die Pest	וְ = und; אֶת־, § **5**,7; Artikel; דֶּבֶר, S. m. = Pest. Beachte die Pausaform דָּבֶר, § **6**,17, Gr. § **18**, NB 1.
9	וְנָתַתִּי	und ich werde machen	1. P. Sg. Perf. consec. *Qal* von נָתַן, Assimilation des zweiten נ, Verschiebung des Akzents wegen der Konsekutivform, § **10**,11; Gr. § **81**,**1**.

15

Wiederholung:	**Vokalisation der Partikel ל, כ, ב**
1. Schwache Vokalisation	בְּ, כְּ, לְ normal (§ **4**,7) בִ, כִ, לִ vor einem *Šewa simplex* (außer יְ) (§ **6**,7) בִּ, כִּ, לִ vor יְ (dessen *Šewa* entfällt, und es entsteht בִּי, כִּי, לִי) בַּ, כַּ, לַ / בֶּ, כֶּ, לֶ / בָּ, כָּ, לָ } vor ֲ, ֱ, ֳ (§ **3**,12; **6**,11)
2. Starke Vokalisation	בָּ, כָּ, לָ mit den Suffixen im Plur. (§ **7**,14) und mit einigen betonten Einsilbern (§ **11**,13).
3. Vor dem Artikel	übernehmen diese Partikel den Vokal des Artikels und werden mit dem ה synkopiert (§ **24**).
4. Einige Sonderfälle	Vor häufigen Worten, die mit א beginnen, das zum Quieszieren tendiert: אֱלֹהִים, אֲדֹנָי, אֱמֹר (§ 3,12): לֵאלֹהִים, לַאדֹנָי, לֵאמֹר.

17,3 Dem »הִנֵּה = siehe« kann man הֵן zuordnen, mit fast dem gleichen Sinn (es wird seltener, vor allem in Prosa verwandt); es scheint auch als hypothetische Partikel gebraucht zu werden: »angenommen daß«.

9 Das Verb »נָתַן = geben« ist aufgrund der zwei נ sehr unregelmäßig. Über die gewohnten Veränderungen hinaus (Assimilation oder Aphärese) ist noch die Vokalisation des Imperf. und des Inf. constr. *Qal* mit ֵ (ursprünglich *i*) zu beachten (vgl. Gr. § **48**,2). So entsteht:

Imperf. יִתֵּן (für יִנְתֵּן*),

Imper. תֵּן,

Inf. constr. תֵּת aus תֵּנְת*; im Schluß-ת wird die Verdoppelung nicht durch *Dageš forte* gekennzeichnet, aber dieses erscheint wieder, wenn ein Suffix hinzutritt: תִּתִּי.

Das Verb »נָתַן = geben« nimmt häufig abgeleitete Bedeutungen an: »ausliefern«, aber auch »machen zu, werden lassen«. Von derselben √:

מַתָּן, S. m., und מַתָּנָה , S. f. = Geschenk;

מַתַּת, S. f. = Geschenk;

und viele Eigennamen (Natan, Natanael, Mattatias).

10	אוֹתָם	sie	אֵת mit Suffix 3. P. m. Pl., § **5**,7. Die Form אֹתָם ist gebräuchlicher als die Form אֶתְהֶם, die man bei einem schweren Suffix erwarten würde.
11	כַּתְּאֵנִים	wie die Feigen,	כְּ = wie, mit Artikel (Gr. § **24**); Pl. abs. von תְּאֵנָה, S. f. = Feigenbaum, Feige (Gr. § **36**,1c).
12	הַשֹּׁעָרִים	die uneßbaren (?),	M. Pl. von שֹׁעָר, Adj. (*Hapax*[5]).
13	אֲשֶׁר לֹא־	die nicht	
14	תֵאָכַלְנָה	gegessen werden	3. P. f. Pl. des Imperf. *Nifal* von אָכַל (vgl. תִּקָּטַלְנָה); hier Dehnung des ersten Vokals zu ֵ infolge der Unmöglichkeit, das **א** zu verdoppeln, Gr. § **64**,1.
15	מֵרֹעַ	wegen Schlechtigkeit.	מִן (= von her, aus) mit kausaler Bedeutung, vokalisiert ֵ wegen der offenen Silbe (vor einem Buchstaben, der sich nicht verdoppeln läßt; § **1**,8; Gr. § **17**,2; **21**,2); רֹעַ, S. m. von der √ רעע.
§ 18 Jer 29,18			
1	וְרָדַפְתִּי	Und ich werde verfolgen	וְ = und; 1. P. Sg. Perf. consec. *Qal* von רָדַף (Gr. § **81**,1; **82**).
2	אַחֲרֵיהֶם	ihnen nach	אַחֲרֵי, § **2**,1, mit Suffix 3. P. m. Pl. (Gr. § **39**).
3	בַּחֶרֶב	mit dem Schwert,	§ **3**,1; Artikel mit virtueller Verdoppelung des ח (§ **25**,2); חֶרֶב, § **17**,6.
4	בָּרָעָב	mit dem Hunger	בְּ und Artikel (vor ר, Gr. § **25**,2); § **17**,7.
5	וּבַדָּבֶר	und mit der Pest	וּ, § **6**,5; בְּ und Artikel; § **17**,8.

5 Man nennt *Hapax* (griech.: ἅπαξ λεγόμενον) ein Wort, das nur *einmal* in der Bibel vorkommt.

12 Man beachte die Form m. Pl. des Adjektivs bei einem Substantiv f. Pl. Es gibt zwei Erklärungen, von denen die erste die wahrscheinlichere ist:

a) Die Form des Substantivs auf ◌ִים hat bewirkt, daß man eine ebenso endende Form des Adjektivs vorgezogen hat.
b) Der m. Pl. von שֵׂעָר ist der allein gebräuchliche und wird deshalb auch für das Femininum gebraucht.

---

15 Von der √ רעע*:
רֹעַ, S. m. = Bosheit, Schlechtigkeit;
רַע, Adj. = schlecht;
רַע, S. m., und רָעָה, S. f. (§ **11**,12) = Übel, Unglück;
רָעַע, *Verbum denominativum* (?) = schlecht sein.
Nicht mit den Wurzeln »רָעָה = 1. weiden, 2. verbinden« verwechseln; sie haben sehr ähnliche Ableitungen: z. B. רֵעַ, S. m. = Freund, Genosse.

18,3

Wiederholung: **Die Formen des Artikels**

Normalform: הַ mit dem Nomen verbunden, dessen Anlautkonsonant verdoppelt wird (*Dageš forte*),
Beispiel: הַדָּבָר.
NB: Aber wenn der Artikel vor יְ und מְ steht, stehen diese gewöhnlich ohne *Dageš* (§ **17**,3; Gr. § **25**,1).

Vor Gutturalen, die niemals ein *Dageš* bekommen:
vor ח steht הַ, T. § **17**,6.
vor א und ר steht הָ, T. § **17**,7: **18**,10.
vor ה steht eher הַ als הָ;
vor ע steht eher הַ als הָ, T. § **1**,19;
vor unbetontem הָ, עָ und manchmal vor חָ steht הֶ,
Beispiele: הֶהָרִים = die Berge; הֶעָרִים = die Städte.

6	וּנְתַתִּים	und ich werde sie ausliefern	§ **3**,4; § **17**,9 und Verbalsuffix 3. P. m. Pl., welches die Schwächung des ersten Vokals zu *Šᵉwa mobile* bewirkt (für נָתַתִּי, Gr. § **60**; **61**,1), vgl. § **9**,7 B.
7	לְזַוָעָה	zu Schrecken	ל ohne Artikel (§ **16**,15); S. f. der √ זוּעַ = zittern.
8	לְכֹל	für alle	§ **1**,18.
9	מַמְלְכוֹת	Reiche	St. constr. Pl. von מַמְלָכָה, S. f.
10	הָאָרֶץ	der Erde,	הָ, Artikel vor א; אֶרֶץ, S. f. (manchmal m.), unbekannte √. Man beachte die Veränderung des ersten Vokals unter dem Einfluß des Artikels: הָאָרֶץ statt אֶרֶץ.
11	לְאָלָה	zu Fluch	לְ; S. f. = Schwur, Fluch (√ אָלָה = schwören, fluchen).
12	וּלְשַׁמָּה	und Verwüstung	וּ, § **3**,4; S. f. (√ שָׁמֵם = verödet sein).
13	וְלִשְׁרֵקָה	und Pfeifen	וְ; לְ; שְׁרֵקָה oder שְׁרִיקָה, S. f. (√ שָׁרַק = pfeifen).
14	וּלְחֶרְפָּה	und Schmach	וּ; לְ; S. f. (√ חָרַף = schmähen)
15	בְּכָל־	unter allen	§ **1**,18.
16	הַגּוֹיִם	Nationen,	§ **14**,8.
17	אֲשֶׁר־	wohin	
18	הִדַּחְתִּים	ich sie zerstreut haben werde	§ **14**,11; und Verbalsuffix 3. P. m. Pl., § **9**,7 B.
19	שָׁם׃	dort.	§ **7**,7; **7**,4–7 B.

7 Das Wort זְוָעָה, die regelmäßige Ableitung aus der √ זוּעַ, ist unkorrigiert nur einmal bezeugt (Jes 28,19). Die Form mit der Umstellung der Konsonanten זַעֲוָה scheint in einer späteren Zeit vorgezogen worden zu sein. Man findet sie nicht nur zweimal, sondern in fünf weiteren Fällen ist die ursprüngliche Form זועה (das *Ketîb*) durch das *Qerê* זעוה verbessert worden. So kommt es, daß man in dem hier vorliegenden Text liest זְוָעָה, und als Anmerkung קרי זעוה; dies bedeutet: statt זועה (*Ketîb*) lies זעוה (*Qerê*), und zwar mit den Vokalen, die unter dem *Ketîb* stehen, also: זַעֲוָה. Vgl. § **4**,3 B; **7**,10 B; **14**,14 B.

9 Von der √ מָלַךְ = herrschen:
מֶלֶךְ, S. m. = König; מַלְכָּה, S. f. = Königin (Gr. § **32**);
man beachte auch die feminine Form מְלֶכֶת, die in dem Ausdruck »die Königin des Himmels« (*Ištar*) vorkommt und schwer zu erklären ist;
מְלוּכָה, S. f. = Königtum;
מַלְכוּת, S. f. = Königtum, Herrschaft, (später:) Reich;
מַמְלָכָה, S. f. = Königtum, Reich;
מַמְלָכוּת, S. f. = Königtum, Reich;
und viele Eigennamen: Molek (Vulg.: *Moloch*; vgl. V. § **26**,54 B), Melkisedek usw.
Vielleicht gibt es einen Zusammenhang zwischen dieser √ und dem Arabischen *Mameluk* (= Sklave), das ein Passivpart. des Verbs *malaka* sein könnte.

10 Es gibt vier Worte, die mit einem Guttural anfangen und ihren ersten Vokal unter dem Einfluß des Artikels verändern:
אֶרֶץ, S. f. = Erde, Land - הָאָרֶץ;
הַר, S. m. = Berg - הָהָר;
עַם, s. m = Volk - הָעָם (vgl. § **1**,19);
אֲרוֹן, S. m. = Arche - הָאָרוֹן.
Wohl aus dem gleichen Grund bildet man von חַג, S. m. = Fest: הֶחָג (§ **18**,3; Gr. § **25**,2) und von פַּר, S. m. = Stier: הַפָּר.

12 Die gleiche √ »שׁמם = verlassen sein« hat zwei gleichbedeutende Substantivformen entstehen lassen: שְׁמָמָה, S. f., und שַׁמָּה, S. f. = Verwüstung. Das letztere Wort wird besonders von Jeremia gebraucht.

§ 19 Jer 29,19			
1	תַּחַת אֲשֶׁר־	Deshalb, weil	Konj., die aus תַּחַת, Adverb und Präp. (= unter), und dem Relativpron. gebildet wird; »unter dem, daß«
2	לֹא־שָׁמְעוּ	sie nicht gehört haben	3. P. Pl. Perf. *Qal* von שָׁמַע, § **8**,10.
3	אֶל־	auf	§ **8**,11.
4	דְּבָרַי	meine Worte,	Plur. von דָּבָר (§ **2**,1), und Nominalsuffix 1. P. Sg. (Gr. § **39**).
5	נְאֻם־יְהוָה	Spruch JHWHs,	§ **9**,8.
6	אֲשֶׁר שָׁלַחְתִּי	die ich gesandt habe	1. P. Sg. Perf. *Qal* von שָׁלַח, § **1**,5.
7	אֲלֵיהֶם	zu ihnen	אֶל mit Nominalsuffix 3. P. m. Pl. (vgl. § **10**,12).
8	אֶת־	mit	אֶת (vor *Maqqef*) statt אֵת, Gr. § **18**,2, vgl. § **5**,7 B.
9	עֲבָדַי	meinen Dienern,	Plur. von עֶבֶד, S. m. (√ עָבַד = arbeiten), mit Nominalsuffix 1. P. Sg. (Gr. § **39**; **40**).
10	הַנְּבִאִים	den Propheten	§ **1**,16; **15**,6.
11	הַשְׁכֵּם	früh	Inf. abs. *Hifil* (adverbial gebraucht) von שָׁכַם = früh sein.
12	וְשָׁלֹחַ	(und zwar mehrmals),	Inf. absol. *Qal* von שָׁלַח, § **1**,5.
13	וְלֹא שְׁמַעְתֶּם	und ihr habt nicht gehört,	2. P. Pl. Perf. *Qal* von שָׁמַע, § **19**,2.
14	נְאֻם־יְהוָה	Spruch JHWHs.	§ **9**,8.
§ 20 Jer 29,20			
1	וְאַתֶּם	Und ihr,	§ **8**,14.
2	שִׁמְעוּ	höret	2. P. m. Pl. Imper. *Qal* von שָׁמַע, § **8**,10.

19,1 Die Präp. תַּחַת wird viel gebraucht, sowohl im eigentlichen Sinn (= »unter«) wie übertragen (= »anstelle von, im Austausch für«). Häufig wird sie mit einer anderen Präp. verbunden: אֶל־תַּחַת und vor allem מִתַּחַת (= »von unten«), und dem kann sogar noch eine andere Präp. folgen: מִתַּחַת ל (= »unterhalb von«).
Von derselben √:
תַּחְתּוֹן, Adj. = niedrig;
תַּחְתִּי, Adj. und S. = niedrig, was niedrig ist.

9 Von der √ עָבַד = arbeiten, dienen, Sklave sein:
עֶבֶד, S. m. = Sklave, Diener, Untergebener (NB: Vgl. die Lieder vom Gottesknecht, עֶבֶד יהוה, Jes 40–55);
עֲבֹדָה, S. f. = Arbeit, Dienst, Gottesverehrung, Kult;
und viele Eigennamen: Abdias (*ʿæbæd-jah*) usw.; ähnlich im Arabischen: Abdalla (= Diener Gottes), Abd-el-Kader usw.

11–12 Mit dem Inf. שָׁלֹחַ hat man ein typisches Beispiel für einen Inf. abs. als internen Akkusativ, der nach einer Personalform eines Verbs derselben √ steht, um dessen Sinn mit verschiedenen Nuancen (Nachdruck, Wiederholung usw.) zu verstärken, Gr.§ **48**,5. Hier geht, was eine Stileigentümlichkeit von Jeremia ist, dem Inf. ein anderer Inf. einer anderen √ voran, der adverbial gebraucht wird und einen Hinweis auf einen Umstand bietet (הַשְׁכֵּם = morgens früh).
Das Verb שָׁכַם, das nur im *Hifil* gebraucht wird, bedeutet ursprünglich »das Kamel beladen, schultern lassen« (von »שְׁכֶם = Schulter«, vgl. Sichem, Gen 48,16), was man morgens vor dem Aufbruch tat; von daher die abgeleiteten Bedeutungen: »etwas am frühen Morgen tun, früh aufbrechen«, und der adverbiale Sinn des Inf. absol.: »frühmorgens«.

3	דְּבַר־יְהוָה	das Wort JHWHs,	St. constr. von דָּבָר, § **1**,2; da JHWH ein determinierter Name ist, muß man das Ganze mit dem Artikel übersetzen: »das Wort JHWHs«; § **1**,3; Gr. § **35**,2.
4	כָּל־הַגּוֹלָה	die ganze Gefangenschaft,	§ **1**,18; **1**,12.
5	אֲשֶׁר־שִׁלַּחְתִּי	die ich weggeschickt habe	1. P. Sg. Perf. *Piel* von »שָׁלַח = senden, schicken«, vgl. § **19**,6. Das *Piel* verstärkt den Sinn des *Qal* und fügt ihm hier den Gedanken des Wegschickens, ja Verstoßens hinzu.
6	מִירוּשָׁלַםִ	von Jerusalem	§ **1**,8.
7	בָּבֶלָה	nach Babylon.	§ **1**,24.
§ 21 Jer 29,21			
1	כֹּה־אָמַר	So spricht	§ **4**,1–6.
2	יְהוָה צְבָאוֹת	JHWH der Heerscharen,	Ebd.
3	אֱלֹהֵי יִשְׂרָאֵל	der Gott Israels,	Ebd.
4	אֶל־אַחְאָב בֶּן־קוֹלָיָה	zu Achab, dem Sohn von Qolaja	
5	וְאֶל־צִדְקִיָּהוּ	und zu Sidqijjahu,	
6	בֶּן־מַעֲשֵׂיָה	dem Sohn von Maaseja,	
7	הַנִּבְּאִים	die prophezeienden	§ **9**,4.
8	לָכֶם	für euch	§ **7**,14.
9	בִּשְׁמִי	in meinem Namen	§ **9**,6.
10	שָׁקֶר	Falschheit;	Pausaform, adverbialer Akkusativ, derselbe Sinn wie mit בְּ, § **9**,2.
11	הִנְנִי	siehe, ich (bin)	§ **17**,3.
12	נֹתֵן אֹתָם	sie gebend	Part. akt. von נָתַן, § **17**,9; **17**,10.
13	בְּיַד	in die Hand von	§ **3**,1.

20,3	Diese Regel betreffs der Bestimmtheit eines Nomens im St. constr. durch die Bestimmtheit des ihm folgenden Namens ist nicht absolut: Es gibt Fälle, wo ein Ausdruck wie דְּבַר יְהוָה übersetzt werden muß mit »ein Wort JHWHs«. Will man ausdrücklich indeterminiert von »einem Wort JHWHs« sprechen, gibt es die Möglichkeit von Wendungen wie דָּבָר לַיְהוָה; vgl. »ein Sohn von Isai«: בֵּן לְיִשַׁי (1 Sam 16,18).
5	Der Sinn des *Piel* ist zuerst intensivierend, wie die Grammatiken lehren (Gr. § **43**), aber es gibt auch ein kausatives *Piel*: »לִמֵּד = lehren«, *Piel* von »לָמַד = lernen«. Es kommt vor, daß das *Piel* noch andere Nuancen bietet (deklaratives oder privatives *Piel*) oder auch überhaupt keine.
21,3	Das Wort אֱלֹהִים ist das am häufigsten für »Gott« gebrauchte. Trotz seiner Pluralform wird es fast immer wie ein Nomen im Sg. gebraucht (außer wenn es die Engel oder heidnische Gottheiten im Pl. meint). Gewöhnlich sieht man diese Form als einen Intensitäts- oder Majestätsplural von dem sehr viel selteneren אֱלֹהַּ, S. m., an; eine andere benachbarte Form, die häufig gebraucht wird, ist אֵל (vgl. assyr. *ilu*, arab. *Allah*).

14	נְבוּכַדְרֶאצַּר	Nebukadnezzar,	Eigentlich: Nebukadr'æṣṣar.
15	מֶלֶךְ־בָּבֶל	dem König von Babylon,	
16	וְהִכָּם	und er wird sie schlagen	3. P. m. Sg. Perf. consec. *Hifil* (הִכָּה) von נָכָה, Gr. § **75**; **76**,1, und Verbalsuffix 3. P. m. Pl. (das ה ist vor dem Suffix ausgefallen, wie es gewöhnlich bei den Verben ל"ה geschieht).
17	לְעֵינֵיכֶם	vor euren Augen.	Dual von עַיִן, S. f., mit Suffix 2. P. m. Pl.
§ 22 Jer 29,22			
1	וְלֻקַּח	Und es wird genommen werden	3. P. m. Sg. Perf. consec. *Pual* von לָקַח, § **6**,1.
2	מֵהֶם	von ihnen	מִן mit Suffix (das mit einem Guttural beginnt, § **17**,15).
3	קְלָלָה	ein Fluch	S. f. (✓ קָלַל = leicht sein; daher die Form »*Qal*«, Gr. § **44**).
4	לְכֹל גָּלוּת יְהוּדָה	für die ganze Gefangenschaft Judas,	§ **1**,18; **1**, 12. NB: St. constr. גָּלוּת, der dem St. abs. gleich ist (stabiles und wahrscheinlich langes *ā*).
5	אֲשֶׁר בְּבָבֶל	die in Babylon (ist),	
6	לֵאמֹר	sagend:	§ **3**,12.
7	יְשִׂמְךָ יְהוָה	Es setze dich JHWH	3. P. m. Sg. Jussiv (hier = Imperf.) *Qal* von שִׂים mit Verbalsuffix 2. P. m. Sg. (das zum Wegfall des ersten Vokals geführt hat, § **18**,6).
8	כְּצִדְקִיָּהוּ	wie Sidqijjahu	
9	וּכְאַחְאָב	und wie Achab,	NB: Der masoretische Text liest אֶחָב.
10	אֲשֶׁר־קָלָם	welche ließ sie rösten	3. P. Sg. Perf. *Qal* von קָלָה mit Verbalsuffix 3. P. m. Pl. (vgl. § **21**,10).
11	מֶלֶךְ־בָּבֶל	der König von Babylon	

14 Dies ist die gewöhnlich bei Jeremia vorkommende Form. Das Buch der Könige zieht hingegen נְבוּכַדְנֶאצַּר vor, das auch in Jer 29,1–3 bezeugt ist. Die erste Form ist dem babylonischen Namen näher: *Nabū-kudurri-uṣur* (= daß Nabu den Sohn schütze).

17 Die beiden Bedeutungen des Wortes עַיִן beachten (von derselben √? Nach einigen Autoren ist die beiden Worten zugrundeliegende Idee die des Wassers, das aus den Augen wie aus einer Quelle hervorgeht):
עַיִן, S. f. = Auge, St. constr. עֵין, Du. עֵינַיִם (es gibt keinen Pl.).
עַיִן, S. f. = Quelle, St. constr. עֵין, Pl. עֲיָנוֹת (man erinnere sich an viele geographische Namen: *Engaddi* usw., ebenso im Arabischen: *Ain-Sefra*).

22,1 Von der √ לָקַח = nehmen:
לֶקַח, S. m. = Unterricht (»was man empfängt«);
מַלְקוֹחַ, S. m. = 1. Beute, 2. Kinnbacken;
מֶלְקָחַיִם, S. m. Du. = Zange;
und einige andere, weniger gebräuchliche Worte.

2

Wiederholung: **Vokalisation der Präposition מִן**

1. Getrennt	מִן־ (mit oder ohne *Maqqef*: ־)		
2. Assimiliert	gewöhnlich	מִ	mit Verdoppelung des folgenden Konsonanten (§ **14**,8);
	vor יְ	מִ	(§ **1**,8) wird zu מִי;
	vor Guttural	מֵ	(**17**,15) fast nie virtuelle Verdoppelung.

NB: Mit den leichten Suffixen ergeben sich spezielle Formen, die unterschiedlich erklärt werden: מִמֶּנִּי, מִמְּךָ.

7 Das Verb שִׂים ist ein Verb ע״י trotz bestimmter Formen, die durch die ע״ו kontaminiert worden sind, insbesondere der Inf., der שִׂים oder שׂוּם lautet (Gr. § **73**).
Der Sinn eines Jussivs ist hier durch den Kontext gegeben, aber die Form läßt ihn nicht erscheinen; das ist eine Auswirkung des Suffixes (ohne Suffix hätte man den Jussiv יָשֵׂם statt des Imperfekts יָשִׂים), vgl. Gr. § **83**, NB.

12	בָּאֵשׁ	im Feuer.	בּ; Artikel (vor א); אֵשׁ, S. f. (manchmal m.).
§ 23 Jer 29,23			
1	יַעַן אֲשֶׁר	Deshalb, weil	Konj., zusammengesetzt aus יַעַן, Präp. = wegen (√ עָנָה, § **25**,5 B), und Relativpron. אֲשֶׁר = welches; vgl. § **19**,1.
2	עָשׂוּ	sie gemacht haben	3. P. Pl. Perf. *Qal* von עָשָׂה = machen, tun.
3	נְבָלָה	eine Torheit	S. f. (√ נָבַל = töricht sein).
4	בְּיִשְׂרָאֵל	in Israel	
5	וַיְנַאֲפוּ	und Ehebruch begangen haben	Konversives ו mit starker Vokalisation (aber der folgende Konsonant, ein י mit *Š*^{e}*wa*, wird nicht verdoppelt, Gr. § **81**,2); 3. P. m. Pl. Imperf. consec. *Piel* von נָאַף.
6	אֶת־נְשֵׁי	mit den Frauen von	אֶת־, Präp. = mit; vgl. § **5**,7 B; נְשֵׁי, St. constr. von נָשִׁים, Pl. von אִשָּׁה, § **6**,2.
7	רֵעֵיהֶם	ihren Gefährten	רֵעִים, Pl. von רֵעַ, S. m. = Freund, (manchmal nur:) Nächster; √ רָעָה = zusammenbringen (vgl. § **17**,15 B); Suffix 3. P. m. Pl.
8	וַיְדַבְּרוּ	und gesagt haben	וַ, vgl. § **23**,5; 3. P. m. Pl. Imperf. consec. *Piel* von דָּבַר, § **1**,2.
9	דָּבָר	ein Wort	§ **1**,2.
10	בִּשְׁמִי	in meinem Namen,	§ **9**,6.
11	שֶׁקֶר	Falschheit,	§ **21**,10.
12	אֲשֶׁר	das	

23,3 Von der √ נָבַל = töricht sein:
נְבָלָה, S. f. = Torheit;
נָבָל, Adj. = töricht.
Man erinnere sich an Nabal in 1 Sam 25 und das Wortspiel seiner Frau (25,25): »כִּשְׁמוֹ כֶּן־הוּא נָבָל שְׁמוֹ וּנְבָלָה עִמּוֹ = Wie sein Name, so ist er; Nabal (Tor) ist sein Name, und Torheit ist mit ihm.«

5 Bei der Form יְנַאֵפוּ fällt die (sehr seltene) virtuelle Verdoppelung des Gutturals **א** auf (man würde sonst יְנָאֵפוּ mit Verlängerung des Vokals *a* in offener Silbe erwarten, Gr. § **21**,2). Ebenso heißt es im Perf. *Piel* נִאֵף (Gr. § **65**). Dem Sinne nach ist dies ein Imperf. consec. (das nur durch die Vokalisation des ו erkennbar ist), welches auf ein Perf. folgt und die Vergangenheit bezeichnet.

13	לוֹא צִוִּיתִם	ich ihnen nicht befohlen hatte;	1. P. Sg. Perf. *Piel* von צָוָה und Verbalsuffix 3. P. m. Pl. (§ **9**,7), vgl. Gr. § **60**,2. Das ו ist ein Konsonant mit Verdoppelungs-*Dageš*. Auf die plusquamperfektische Bedeutung achten, Gr. § **57**,2.
14	וְאָנוֹכִי	und ich (bin)	§ **11**,2. Mit affirmativen וְ (»so wahr ...«).
15	הַיּוֹדֵעַ	der Kennende	Artikel und Part. akt. (mit *Pataḥ furtivum* wegen des Gutturals, Gr. § **66**) von יָדַע, § **11**,3.
16	וָעֵד	und Zeuge,	ו mit Vokalisation ◌ָ, die vor einem betonten Einsilber häufig ist (vgl. § 7,14). עֵד, S. m. (√ עוד = umwenden, wiederholen).
17	נְאֻם־יְהוָה	Spruch JHWHs.	
§ 24 Jer 29,24			
1	וְאֶל־שְׁמַעְיָהוּ	Und zu Schemajahu,	
2	הַנֶּחֱלָמִי	dem Nehelamiten	Unbekannter Ort.
3	תֹּאמַר	sollst du sagen	2. P. m. Sg. Imperf. *Qal* von אָמַר, § **3**,12; Gr. § **69**.
4	לֵאמֹר	sagend:	§ **3**,12.
§ 25 Jer 29,25			
1	כֹּה־אָמַר	So spricht	§ **4**,1–6.
2	יְהוָה צְבָאוֹת	JHWH der Heerscharen,	
3	אֱלֹהֵי יִשְׂרָאֵל	der Gott Israels,	
4	לֵאמֹר	sagend:	§ **3**,12.
5	יַעַן אֲשֶׁר	Deshalb, weil	§ **23**,1.
6	אַתָּה	du,	Personalpron. 2. P. m. Sg., vgl. § **11**,2.

13 Hier fällt die *scriptio plena* von לוֹא auf, die noch von einer masoretischen Anmerkung unterstrichen wird, und die »defektiv« geschriebene Endung von צִוִּיתֶם. Es handelt sich um Unregelmäßigkeiten, nach deren Begründung man vergebens sucht. Man könnte den Eindruck gewinnen, der Schreiber sei mit den Buchstaben ו und י durcheinandergekommen (vgl. § **23**,15).
Das Wort צָוָה ist eines der wenigen Verben mit ו als zweitem Konsonant, bei denen dieses nicht als schwacher Buchstabe behandelt wird (vgl. § **11**,16; Gr. § **67**,2 NB). Es handelt sich zugleich um ein Verb ל״ה, das nur in der Intensivform gebraucht wird. Gewöhnlich wird es transitiv gebraucht, manchmal auch mit לְ, אֶל, עַל (vgl. § **8**,11).

---

15 Korrektur und Übersetzung nach dem *Qerê* (§ **4**,3 B, usw.). Die Lesart des *Ketîb*, הוידע, ist falsch und unverständlich. Handelt es sich um einen einfachen Abschreibefehler, der durch den Eigennamen יְהוֹיָדָע von Vers 26 provoziert worden ist, oder muß man wiederherstellen הוּא יֹדֵעַ in zwei Worten (= er, der weiß)? Schwer zu entscheiden. Aber die Korrektur des *Qerê* ist nicht ganz zufriedenstellend, und der ursprüngliche Text ist unbekannt. Die LXX hat das schwierige Wort nicht übersetzt (Haplographie?).

---

16 Von der √ »עוד = zurückkehren, wiederholen« und *Hifil* »bezeugen« (denominativer Sinn):
עוֹד, Adv. = noch (Fortsetzung), noch einmal (Wiederholung);
עֵד, S. m. = Zeuge (der wiederholend, mit Nachdruck behauptet);
עֵדֹות, S. f. Pl. = (göttliche) Zeugnisse;
עֵדוּת, S. f. = Zeugnis.

25,5 Von der √ עָנָה = antworten (oder von einer anderen gleichlautenden √):
עֵת, S. f. (manchmal m.) = Zeit (mit Suffix עִתִּי; Pl. עִתִּים);
עַתָּה, Adv. = jetzt;
יַעַן, Präp. = wegen;
יַעַן אֲשֶׁר, Konj. = weil (meist mit dem Perf.);
לְמַעַן, Präp. = wegen;
לְמַעַן אֲשֶׁר, Konj. = damit (meist mit Imperf.).
NB: Nicht mit anderen Wurzeln עָנָה (= 1. bekümmert sein, 2. singen) verwechseln.

7	שָׁלַחְתָּ	du hast gesandt	2. P. m. Sg. Perf. *Qal* von שָׁלַח, § **1**,5.
8	בְשִׁמְכָה	in deinem Namen	§ **9**,6 (mit Suffix 2. P. m. Sg.).
9	סְפָרִים	Briefe	§ **1**,3; Gr. § **32**.
10	אֶל־כָּל־הָעָם	an das ganze Volk,	§ **1**,17–19.
11	אֲשֶׁר	das (ist)	
12	בִּירוּשָׁלַםִ	in Jerusalem,	
13	וְאֶל־צְפַנְיָה	und an Sefanja,	
14	בֶן־מַעֲשֵׂיָה	Sohn von Maaseja,	
15	הַכֹּהֵן	den Priester,	
16	וְאֶל כָּל־הַכֹּהֲנִים	und an alle Priester,	§ **1**,17–18; **1**,14.
17	לֵאמֹר	sagend:	§ **3**,12.
§ 26 Jer 29,26			
1	יְהוָה נְתָנְךָ	JHWH hat dich eingesetzt (gegeben):	3. P. m. Sg. Perf. *Qal* von נָתַן, § **17**,9; mit Verbalsuffix 2. P. m. Sg (Gr. § **60**).
2	כֹּהֵן	Priester	§ **1**,4.
3	תַּחַת יְהוֹיָדָע	anstelle von Jojada,	§ **19**,1.
4	הַכֹּהֵן	des Priesters,	
5	לִהְיוֹת	um zu sein	§ **16**,15 B; Inf. constr. *Qal* von הָיָה, § **7**,13; Gr. § **75**,2.
6	פְּקִדִים	Aufseher	Pl. von פָּקִיד, S. m., ✓ פָּקַד = besuchen, § **10**,9 (gewöhnlich konstruiert mit עַל = über). Gebrauch des Plurals, um ein unbestimmtes Individuum anzugeben.
7	בֵּית יְהוָה	(in) dem Haus JHWHs	§ **5**,2; **20**,3.
8	לְכָל־אִישׁ	für jeden Mann,	

8 Das Wort שֵׁם wird unterschiedlich vokalisiert, je nachdem, ob ihm ein Suffix folgt, das mit Vokal oder mit Konsonant beginnt: שֵׁם; Suffix 1. P.: שְׁמִי; Suffix 2. P.: שִׁמְךָ (aber in Pausa: שְׁמֶךָ).
Ebenso fällt auf, daß in unserem Text das Pronominalsuffix 2. P. ausnahmsweise mit *mater lectionis* כָה statt ךָ geschrieben wird; diese Anomalie wird durch eine masoretische Anmerkung (eine Art *Qerê*) korrigiert, welche lautet: יתיר ה = das ה ist zuviel (יַתִּיר, aram. Adj., vgl. § **1**,10).

---

13 Zu Sefanja, Sohn des Ma'aseja, vgl. Jer 21,1–7.

---

15 Das Wort כֹּהֵן, S. m. (Pl. כֹּהֲנִים, § **1**,14) ist ein Nomen des Typs *Qāṭil*, die dem aktiven Part. ähnlich gebildet ist. Diese Form ist vor allem für Berufe häufig: סֹפֵר = Schreiber, רֹפֵא = Arzt, usw.). Von derselben √:
כִּהֵן (denominativ) = als Priester tätig sein;
כְּהֻנָּה = Priestertum.

26,3 Es erscheint unwahrscheinlich, daß es sich um den aus 2 Kön 11–12 und 2 Chr 22–24 (Jojada zur Zeit von Atalja) bekannten Hohenpriester handelt, der zwei Jahrhunderte früher gelebt hat. Dennoch kennt man aus der Zeit des Jeremia niemand sonst mit diesem Namen; er wird hier ohne Vatersnamen genannt.
Mit diesem Eigennamen begegnet uns eine weitere Form von theophoren Namen, in welchen der Gottesname dem Verb **vorausgeht**. Auch hier ist wie in den bereits erwähnten Eigennamen (§ **3**,5) das Verbalelement im Perfekt. In anderen, weniger häufigen Fällen ist es im Imperfekt. Zum Beispiel: Jekonja (§ **2**,3), Jojakin (es handelt sich um dieselbe Person; in beiden Fällen ist der Gottesname mit der √ כון verbunden), Jojaqim usw.

6–7 Also: »um zu sein einer der Aufseher im Haus JHWHs«; mit vielen Manuskripten ist besser zu lesen בְּבֵית, da פְּקִידִים im St. abs. steht. Sonst sollte es פְּקִידֵי בֵּית (St. constr.) heißen.

9	מְשֻׁגָּע	töricht	Part. *Pual* von שָׁגַע = töricht sein (vgl. jiddisch »meschugge«).
10	וּמִתְנַבֵּא	und prophezeiend;	ו vor מ (§ **6**,5); Part. *Hitpael* von נָבָא, § **1**,7.
11	וְנָתַתָּה	und du wirst ausliefern (geben)	2. P. m. Sg. Perf. consec. *Qal* von נָתַן, § **17**,9.
12	אֹתוֹ	ihn	§ **12**,2 (Suffix 3. P. m. Sg.)
13	אֶל־הַמַּהְפֶּכֶת	der Folter	Artikel; S. f. (√ הָפַךְ = umdrehen, umwenden)
14	וְאֶל־הַצִּינֹק	und dem Pranger.	Hapax mit unbekannter √.
§ 27 Jer 29,27			
1	וְעַתָּה	Und jetzt,	§ **25**,5 B.
2	לָמָּה	warum	Frageadv., zusammengesetzt aus ל und מָה = »was?«
3	לֹא גָעַרְתָּ	hast du nicht gewütet	2. P. m. Sg. Perf. *Qal* von גָּעַר.
4	בְּיִרְמְיָהוּ	gegen Jeremija	ב der Feindschaft, § **17**,5.
5	הָעֲנְּתֹתִי	aus Anatot,	Geographisches Adj. mit Artikel (§ **1**,10).
6	הַמִּתְנַבֵּא	den Prophezeienden	§ **26**,10.
7	לָכֶם	für euch.	
§ 28 Jer 29,28			
1	כִּי	Denn	
2	עַל־כֵּן	dessentwegen	Konj., zusammengesetzt aus »עַל = über (weil)« und »כֵּן = so«.
3	שָׁלַח	hat er gesandt	§ **1**,5.
4	אֵלֵינוּ	zu uns	§ **1**,9, Gr. § **42**.
5	בָּבֶל	nach Babylon,	
6	לֵאמֹר	sagend:	§ **3**,12.
7	אֲרֻכָּה	lang (wird sein)	F. Sg. des Adjektivs אָרֹךְ.

10 Es ist kein Unterschied zu erkennen zwischen dem Gebrauch des *Hitpael* (hier) und des *Nifal* (§ **9**,4). Dennoch ist es wahrscheinlich, daß der Autor eine stilistische Nuance gewollt hat.

13 Das Verb הָפַךְ begegnet häufig, und sein Sinn (= wenden, umdrehen) ist sicher. Aber seine Ableitungen sind wenig bezeugt und unsicher. Das Wort מַהְפֶּכֶת, S. f., scheint ein Folterinstrument zu bedeuten, bei dem das Opfer »gedreht« werden mußte; aber es ist unklar, worum es sich genau handelt: Fesseln? Pranger? So scheint es im Griechischen an dieser Stelle verstanden worden zu sein (ἀπόκλεισμα, sonst: καταράκτη, φυλακή).

27,2 Das hebräische Interrogativpronomen hat nur zwei Formen: »מִי = wer?« für Personen und »מָה (oder מֶה, vgl. § **76**,1) = was?« für Sachen.
Das Adverb »לָמָּה (לָמָה vor einem Guttural oder in Pausa) = warum?« ist aus dem aramäischen Ausdruck *lama* (Mt: *lema*) *sabaktani* (Mk 15,34; Mt 27,46) bekannt.
Die Form ist schwer zu erklären. Man würde לַמָּה erwarten; vgl. בַּמָּה und בַּמֶּה, mit Verdoppelung des מ, um den Laut *a* beizubehalten. Der Übergang des *Pataḥ* ◌ַ in ein *Qameṣ* ◌ָ könnte auf die Analogie zu לָכֶם, לָחֵת usw. (§ **7**,14; **11**,13) zurückzuführen sein; aber warum wurde dann die Verdoppelung des מ beibehalten?

28,7 Das Adj. אָרֹךְ stellt eine Form *Qaṭul* dar, in der vor einer Endung das ursprüngliche *u* wiederkehrt, und zwar dank einer spontanen Verdoppelung des כ.

8	הִיא	dies;	Personalpron. 3. P. f. Sg. (mit der Bedeutung des Neutrum).
9	בְּנוּ בָתִּים	baut Häuser	§ **5**,1–7.
10	וְשֵׁבוּ	und wohnt	
11	וְנִטְעוּ גַנּוֹת	und pflanzt Gärten	
12	וְאִכְלוּ אֶת־פְּרִיהֶן׃	und eßt ihre Frucht.	
§ 29 Jer 29,29			
1	וַיִּקְרָא	Und es las	וַ = und, § **23**,5; 3. P. Sg. Imperf. consec. *Qal* von קָרָא, § **12**,1.
2	צְפַנְיָה הַכֹּהֵן	Sefanja, der Priester,	
3	אֶת־הַסֵּפֶר הַזֶּה	diesen Brief	§ **1**,3; **10**,18.
4	בְּאָזְנֵי יִרְמְיָהוּ	in die Ohren Jeremijas,	אָזְנֵי, St. constr. Dual von אֹזֶן, S. f. = Ohr.
5	הַנָּבִיא׃	des Propheten.	
§ 30 Jer 29,30			
1	וַיְהִי	Und es ward	וַ = und, § **23**,5; 3. P. m. Sg. Imperf. consec. (Apokope) *Qal* von הָיָה; § **7**,13; Gr. § **75**,4; **81**,2.
2	דְּבַר־יְהוָה	das Wort JHWHs	
3	אֶל־יִרְמְיָהוּ	für Jeremija,	
4	לֵאמֹר	sagend:	
§ 31 Jer 29,31			
1	שְׁלַח	Schicke	2. P. m. Sg. Imper. *Qal* von שָׁלַח; § **1**,5.
2	עַל־כָּל־הַגּוֹלָה	der ganzen Gefangenschaft	Zur Präp. vgl. § **16**,4.

8 Im Hebräischen wird das Neutrum gewöhnlich durch das Femininum wiedergegeben (hier könnte auch der Bezug auf »הַגּוֹלָה, S. f. = Exil« gemeint sein; aber das ist nicht notwendig so).

12 NB: Hier liegt die Form פְּרִיהֶן statt פִּרְיָן (§ **5**,7) vor; es handelt sich um eine seltenere Variante, die an den Sg. abs. פְּרִי anschließt.

29,3 Von derselben √ wie »סֵפֶר, S. m. = Brief, Schrift, Buch« (Typ *Qiṭl*, Gr. § **32**):
סָפַר (wahrscheinlich vom Nomen abgeleitetes Verb) *Qal* = zählen; *Piel* = erzählen;
סֹפֵר, S. m. = Sekretär, Schreiber (vgl. § **25**,15 B);
מִסְפָּר, S. m. = Zahl, Bericht.
Sich an das סֵפֶר כְּרִיתֻת *libellum repudii* von Dt 24,1 erinnern (vgl. Mt 5,31; 19,7; Mk 10,4).

4 Das Wort »אֹזֶן, S. f. = Ohr« (von ungebräuchlicher √) hat zu einem denominativen Verb Anlaß gegeben: אָזַן (nur im *Hifil*) = hinhören, anhören.
Einer anderen √ »אָזַן = abwiegen« entspricht:
מֹאזְנַיִם, S. m. Du. = Waage.

30,1

Wiederholung:	**Vokalisation der Konjunktion ו**
1. Schwache Vokalisation	וְ Normalfall, § **1**,1. וּ vor ◌ְ (außer יְ), § **3**,4. וִ vor יְ (und Wegfall des *Š^ewa*), § **2**,9. וּ vor בּ, פּ, מ, § **6**,5. וַ, וֶ, וָ vor ◌ֲ, ◌ֱ, ◌ֳ, § **10**,11.
2. Starke Vokalisation	וָ vor allem vor betonten Einsilbern, § **23**,26 und immer vor 1. P. Sg. Imperf. consec. וַ (mit Verdoppelung des folgenden Konsonanten), um sonst ein Imperf. consec. einzuführen, § **23**,5; **26**,1 (Gr. § **81**,2).

Das Imperf. von הָיָה ist יִהְיֶה (§ 7,13). Aber die von der konsekutiven Form nach Möglichkeit erforderte Apokope (Gr. § **81**,2; **75**,4) führt zu einer Veränderung der Vokalisation durch die Anziehung des Lautes *i* durch den Schlußkonsonanten י. So entsteht וַיְהִי statt וַיִּהְיְ* (?) oder וַיִּהֶי*.

3	לֵאמֹר	sagend:	
4	כֹּה אָמַר יְהוָה	So spricht JHWH	
5	אֶל־שְׁמַעְיָה	zu Schemaja	Die abgekürzte Form des Namens beachten, die verschieden von der in § **29**,24 ist: שְׁמַעְיָהוּ. § **1**,6; **3**,5 B.
6	הַנֶּחֱלָמִי	dem Nehelamiten,	
7	יַעַן אֲשֶׁר	deshalb weil	
8	נִבָּא	prophezeit hat	3. P. m. Sg. Perf. *Nifal* von נָבָא; § **9**,4.
9	לָכֶם	für euch	
10	שְׁמַעְיָה	Schemaja,	
11	וַאֲנִי	und ich,	(= während ich ...)
12	לֹא שְׁלַחְתִּיו	ich hatte ihn nicht gesandt,	§ **19**,6; Verbalsuffix 3. P. m. Sg. (deshalb Wegfall des ersten Vokals, Gr. § **61**).
13	וַיַּבְטַח	und er hat vertrauen lassen	§ **23**,5; 3. P. m. Sg. Imperf. consec. *Hifil* von בָּטַח.
14	אֶתְכֶם	euch	
15	עַל־שָׁקֶר׃	auf Falschheit.	§ **9**,2; **21**,10.

§ 32 Jer 29,32			
1	לָכֵן	Deshalb,	Konj., zusammengesetzt aus »לְ = für« (§ **16**,15) und »כֵּן = so«.
2	כֹּה אָמַר יְהוָה	so spricht JHWH:	
3	הִנְנִי	siehe, ich (bin)	§ **17**,3.
4	פֹּקֵד	heimsuchend	Part. akt. von פָּקַד, § **10**,9.
5	עַל־שְׁמַעְיָה	an Schemaja,	
6	הַנֶּחֱלָמִי	den Nehelamiten,	
7	וְעַל־זַרְעוֹ	und an seinem Samen;	זֶרַע, S. m. (*Segolatum*, Typ *Qatl*, mit Guttural, ✓ זָרַע = säen; und Suffix 3. P. m. Sg.).
8	לֹא־יִהְיֶה	es wird nicht sein	§ **17**,3.

31,11 Hier hat die Konj. ו nicht die Bedeutung bloßer Beiordnung, sondern enthält eine konzessive Nuance (= obwohl) oder eine adversative (= sondern). Im Hebräischen ist es durchaus möglich, was auch immer man dagegen behauptet, für die verschiedenen untergeordneten Umstandssätze ein Ausdrucksäquivalent zu finden. Man kann zum einen problemlos Sätze mit »weil« (כִּי), »damit« (לְמַעַן), »obwohl« (גַּם כִּי), »wenn auch« (אִם) bilden. Aber neben dieser starken und klaren Ausdrucksweise kann sich das Hebräische zum anderen auch mit einer vageren Ausdrucksweise durch die einfache Konjunktion ו begnügen, die so je nach dem Kontext unterschiedliche Nuancen ausdrückt. Natürlich wird dadurch die Aufgabe des Übersetzers nicht leichter.

---

13 Man beachte diese Form des Imperf. *Hifil* ohne das charakteristische *i*, wohl wegen des Gutturals (aber gewöhnlich begnügt man sich damit, ein *Patah furtivum* ◌ַ hinzuzufügen, das **vor** dem Guttural gesprochen wird, der eine Schlußsilbe beendet und deren Vokal von *a* verschieden ist, Gr. § **21**,4; **66**); das Perf. *Hifil* 2. P. m. lautet הִבְטַחְתָּ.
Von der √ בָּטַח = vertrauen, sich anvertrauen:
בֶּטַח, S. m. = Sicherheit;
מִבְטָח, S. m. = Vertrauen.

32,1 »כֵּן, Adv. = so« hängt mit der Partikel »כְּ = wie«, dem Adv. »כֹּה = so« (§ **4**,1) und der Konj. »כִּי = weil« zusammen.
Im heutigen Hebräisch ist »כֵּן = ja«.

---

7 Von der √ »זָרַע = säen« gibt es nur eine, aber sehr wichtige Ableitung:
זֶרַע, S. m. = Same, Schößling, Geschlecht, Nachkommenschaft.
Vgl. Gen 3,15: Die Nachkommenschaft der Frau, זַרְעָהּ, im Gegensatz zu derjenigen der Schlange, זַרְעֲךָ.
(»זְרוֹעַ, S. f. = Arm, Schulter« kommt von einer anderen √ זָרַע.)

9	לוֹ	für ihn	
10	אִישׁ יוֹשֵׁב	ein wohnender Mann	§ **16**,3.
11	בְּתוֹךְ־	inmitten von	Präp., zusammengesetzt aus בְּ und תּוֹךְ, St. constr. von »תָּוֶךְ, S. m. = Mitte«.
12	הָעָם הַזֶּה	diesem Volk,	§ **1**,10; **1**,1 B.
13	וְלֹא־יִרְאֶה	und er wird nicht sehen	3. P. m. Sg. Imperf. *Qal* von רָאָה = sehen.
14	בַטּוֹב	in das Gute,	בְּ (mit Artikel), eine mit »sehen« seltene Konstruktion (§ **8**,11 B); טוֹב, § **10**,14.
15	אֲשֶׁר־אֲנִי	das ich (bin)	
16	עֹשֶׂה־	machend	
17	לְעַמִּי	für mein Volk,	
18	נְאֻם־יְהוָה	Spruch JHWHs,	
19	כִּי־סָרָה	weil er Abfall	S. f. (√ סוּר = sich entfernen).
20	דִּבֶּר	gesagt hat	3. P. Sg. Perfekt *Piel* von דָּבַר; § **23**,8; **49**,5.
21	עַל־יְהוָה	gegen JHWH.	

13 Von רָאָה = sehen:
רֹאֶה, S. m. = Seher (§ **25**,15 B) (altes Wort für Prophet, § **8**,6: 1 Sam 9,9);
מַרְאָה, S. f. = 1. Vision, 2. Spiegel;
מַרְאֶה, S. m. = Sicht, Aussehen, Erscheinung, Vision.
Nicht die Formen des Verbs »רָאָה = sehen« mit denen der √ »יָרֵא = fürchten« verwechseln. Durch die Präformative entstehen trügerische Formen, bei denen man sehr vorsichtig sein muß (vgl. § **5**,3 B).

Um einen Gesamteindruck zu geben und die Möglichkeit zu bieten, die Tragweite einiger der bisherigen Bemerkungen zur Syntax und Stilistik deutlicher zu erfassen, im folgenden eine etwas literarischere Übersetzung des Textes, die im wesentlichen der deutschen Einheitsübersetzung entspricht, und auf der rechten Seite einige exegetische Bemerkungen.

Jer 29

1 Das ist der Wortlaut des Briefes, den der Prophet Jeremia aus Jerusalem an den Rest der Ältesten der Gemeinde der Verbannten sandte, an die Priester, Propheten und das ganze Volk, das Nebukadnezzar von Jerusalem nach Babel verschleppt hatte,
2 nachdem der König Jojachin, die Herrin, die Hofbeamten, die Großen von Juda und Jerusalem sowie die Schmiede und Schlosser aus Jerusalem fortgezogen waren;
3 er schickte den Brief durch Elasa, den Sohn Schafans, und Gemarja, den Sohn Hilkijas, die Zidkija, der König von Juda, nach Babel zu Nebukadnezzar, dem König von Babel, sandte:
4 So spricht der Herr der Heere, der Gott Israels, zur ganzen Gemeinde der Verbannten, die ich von Jerusalem nach Babel weggeführt habe:
5 Baut Häuser und wohnt darin, pflanzt Gärten, und eßt ihre Früchte!
6 Nehmt euch Frauen und zeugt Söhne und Töchter, nehmt für eure Söhne Frauen, und gebt eure Töchter Männern, damit sie Söhne und Töchter gebären. Ihr sollt euch dort vermehren und nicht vermindern.
7 Bemüht euch um das Wohl der Stadt, in die ich euch weggeführt habe, und betet für sie zum Herrn; denn in ihrem Wohl liegt euer Wohl.
8 Denn so spricht der Herr der Heere, der Gott Israels: Laßt euch nicht täuschen von den Propheten, die unter euch sind, und von euren Wahrsagern. Hört nicht auf die Träume, die sie träumen.
9 Denn Lüge ist das, was sie euch in meinem Namen weissagen; ich habe sie nicht gesandt - Spruch des Herrn.
10 Ja, so spricht der Herr: Wenn siebzig Jahre für Babel vorüber sind, dann werde ich nach euch sehen, mein Heilswort an euch erfüllen und euch an diesen Ort zurückführen.
11 Denn ich, ich kenne meine Pläne, die ich für euch habe - Spruch des Herrn -, Pläne des Heils und nicht des Unheils; denn ich will euch eine Zukunft und eine Hoffnung geben.
12 Wenn ihr mich ruft, wenn ihr kommt und zu mir betet, so erhöre ich euch.
13 Sucht ihr mich, so findet ihr mich. Wenn ihr von ganzem Herzen nach mir fragt,
14 lasse ich mich von euch finden - Spruch des Herrn. Ich wende euer Geschick und sammle euch aus allen Völkern und von allen Orten, wohin ich euch versprengt habe - Spruch des Herrn. Ich bringe euch an den Ort zurück, von dem ich euch weggeführt habe.

Kommentierende Hinweise

Kontext und Titel, offenbar von einem Redaktor hinzugefügt (vielleicht Baruch);
- gibt den *Absender* und den *Adressaten* an;
- dann das *Datum* (nach 597, dem Jahr der Deportation von Jekonja, und natürlich vor 586; vielleicht 593, also im vierten Jahr; vgl. Jer 51,59);
- schließlich die *Überbringer*, zwei Boten des Königs Zidkija an Nebukadnezzar, die vielleicht die Aufgabe hatten, ihm den Tribut zu bringen (Jer 51,59).

Der Text des Briefs:

A. *Wort an die Verbannten*. Es geht um die Ankündigung eines lange dauernden Exils. Die Botschaft wird als ein Prophetenspruch dargeboten: So spricht JHWH (hat gesprochen, im Perfekt, wie gewöhnlich in solchen Sprüchen. Es handelt sich um eine einzige Botschaft, die zu wiederholen der Prophet beauftragt ist, vgl. § **82**,4).

4a. Hinweis im Brief selbst auf die Adressaten

4b. Übergang von der 3. zur 1. Person (»die ich deportiert habe«).

5–6. Befehl, sich zu installieren, weil das Exil lange dauern werde; es wäre sinnlos, eine baldige Befreiung zu erwarten.

7. Darauf folgt noch eine andere, mehr befremdende Anordnung, die aber ganz der Denkweise des Jeremia entspricht: Sie sollen sich gegenüber dem Sieger loyal verhalten (vgl. Jer 27; 37; usw.). Die Begründung wird am Ende des Verses gegeben.

8–9. Kontrast: Warnung an die Exilierten vor den falschen Propheten. Deren Botschaft war vermutlich, daß Babel bald untergehen bzw. daß das Exil nicht lange dauern werde o. ä.

10. Es gibt unter den Exegeten die Meinung, die Weissagung der 70 Jahre sei zu streichen, weil sie wenig dem entspreche, was wir von Jeremia wissen (Jer 25,11–12), oder zumindest zum unmittelbaren Kontext in Widerspruch stehe. Aber die Texte, nicht nur Dan 9,2 und 2 Chr 36,21, sondern auch Sach 1,12 (vgl. 7,5), zeigen, daß diese Weissagung sehr bald bekannt war; und sie widerspricht auch nicht wirklich dem Kontext. Jeremia will nur, daß die Verbannten ihre Illusionen aufgeben; er will sie keineswegs völlig mutlos machen. Obwohl die Adressaten selber die Zeit nach Ablauf der 70 Jahre nicht mehr erleben werden, wird sie als Zeit der Gnade angekündigt. Ezechiel wird später sagen, daß Gott sein Volk aus reiner Güte und nicht aufgrund von dessen Verdiensten gerettet hat (Ez 20; 36; usw.).

15–20. Vers 15 nimmt wieder das Thema der falschen Propheten auf, das dann in 20ff fortgesetzt werden wird. Dagegen werden die Verse 16–19 oder 16–20 oft als Einfügung angesehen (sie fehlen in der LXX); es handelt sich vielleicht um einen Text von Jeremia, der aber aus einem anderen Zusammenhang stammt. Tat-

15 Zwar werdet ihr sagen: Auch in Babel hat der Herr für uns Propheten auftreten lassen.

16 Fürwahr, so spricht der Herr über den König, der auf dem Thron Davids sitzt, und über das ganze Volk, das in dieser Stadt wohnt, eure Brüder, die nicht mit euch in die Verbannung fortgezogen sind,

17 so spricht der Herr der Heere: Seht, ich schicke unter sie Schwert, Hunger und Pest, und ich behandle sie wie verdorbene Feigen, die so schlecht sind, daß sie ungenießbar sind.

18 Ich verfolge sie mit Schwert, Hunger und Pest und mache sie zu einem Bild des Schreckens für alle Reiche der Erde, zum Fluch und zum Entsetzen, zum Hohn und Gespött aller Völker, zu denen ich sie verstoße,

19 weil sie nicht auf meine Worte gehört haben - Spruch des Herrn -, obwohl ich immer wieder meine Knechte, die Propheten, zu ihnen gesandt habe; ihr aber habt nicht gehört - Spruch des Herrn.

20 Ihr jedoch, hört jetzt das Wort des Herrn, all ihr Verschleppten, die ich von Jerusalem nach Babel wegführen ließ.

21 So spricht der Herr der Heere, der Gott Israels, über Ahab, den Sohn Kolajas, und über Zidkija, den Sohn Maasejas, die euch in meinem Namen Lüge weissagen: Seht, ich liefere sie Nebukadnezzar, dem König von Babel, aus. Er wird sie vor euren Augen niederhauen lassen.

22 Dann wird man bei allen Verschleppten Judas, die in Babel sind, von ihnen das Fluchwort herleiten: Der Herr mache dich Zidkija und Ahab gleich, die der König von Babel im Feuer rösten ließ.

23 Sie haben nämlich Schändliches in Israel getrieben, mit den Frauen ihrer Nächsten Ehebruch begangen und in meinem Namen Worte verkündet, die ich ihnen nicht aufgetragen hatte. Ich bin der Wissende und der Zeuge - Spruch des Herrn.

24 Zu Schemaja aus Nehelam sollst du sagen:

25 So spricht der Herr der Heere, der Gott Israels: Du hast in deinem eigenen Namen einen Brief an das ganze Volk in Jerusalem und an den Priester Zefanja, den Sohn Maasejas, sowie an alle Priester geschickt mit diesem Inhalt:

26 Der Herr hat dich anstelle des Priesters Jojada zum Priester bestellt, damit du im Haus des Herrn achtgibst auf jeden verrückten Propheten und ihn in Block und Halseisen legst.

27 Warum bist du also nicht gegen Jeremia aus Anatot eingeschritten, der sich bei euch wie ein Prophet gebärdet?

28 Deshalb hat er auch an uns nach Babel die Botschaft geschickt: Es wird noch lange dauern; baut Häuser, und wohnt darin, pflanzt Gärten, und genießt ihre Früchte!

29 Der Priester Zefanja aber hatte diesen Brief dem Propheten Jeremia vorgelesen.

30 Da erging das Wort des Herrn an Jeremia:

31 Schick eine Botschaft an alle Verschleppten: So spricht der Herr über Schemaja aus Nehelam: Weil Schemaja euch geweissagt hat, obwohl ich ihn nicht gesandt hatte, und weil er euch dazu verführt hat, auf Lügen zu vertrauen,

sächlich ist die Beschreibung der nahen Strafen für Jerusalem hier eher unerwartet; wenn es dabei um Propheten geht, sind es wahre Propheten, die das Volk nicht hat hören wollen.

B. *Die Lügenpropheten.*

20–23. Jeremia kommt auf die falschen Propheten zurück, um namentlich zwei Betrüger in Babel anzugreifen, die (durch JHWH) an Nebukadnezzar ausgeliefert werden und von diesem bestraft werden sollen. Der Gedanke, daß Nebukadnezzar Werkzeug der göttlichen Gerechtigkeit sei, ist für Jeremia bezeichnend.

Weitere Entwicklung:

Mit Vers 23 ist der Brief Jeremias zuende, oder zumindest der uns erhaltene Teil. Es ergeht ein Wort JHWHs an Jeremia, das davon ausgeht, daß aus Babel Schemaja als Wortführer der Verbannten auf den Brief Jeremias mit einem Brief nach Jerusalem an das Volk und den Tempelaufseher Sefanja geantwortet hat. Der Inhalt dieses Briefs wird in den Versen 24–28 wiedergegeben. Schemajas Brief klagt bei Sefanja Maßnahmen gegen Jeremia ein (Verse 26–27) und begründet diese Forderung mit einem Zitat aus dem Brief Jeremias (Vers 28). Anstatt solche Maßnahmen zu ergreifen, hat Sefanja nur diesen Gegenbrief Jeremia vorgelesen (Vers 29).

Zweiter Brief:

Das Wort JHWHs fordert Jeremia zu einem weiteren Brief an die Verbannten auf. In ihm wird scharfer Form gegen Schemaja Stellung genommen. Aus diesem Brief bieten die Verse 31–32 zumindest einen Auszug.

Dies alles vervollständigt die Details, die uns in den Kapiteln 26ff und 34ff des Jeremiabuchs berichtet werden.

Es handelt sich in dem Brief um einen erneuten Fluch gegen einen Falschpropheten, und dieser Fluch ist noch härter als der des ersten Briefs, da die Vernichtung der ganzen Familie angekündigt wird. Dagegen wird nichts Genaues darüber gesagt, worin die Strafe im einzelnen besteht.

Aus diesem Fluch wollte man ein Argument gegen die Vorhersage der 70 Jahre machen. Aber es genügt, darauf hinzuweisen, daß der Fluch nicht nur gegen Schemaja persönlich geht, sondern auch gegen seine Nachkommen; es wird also auch hier nicht behauptet, es bestünde Aussicht auf eine baldige Rückkehr.

32 darum - so spricht der Herr: Seht, ich ziehe Schemaja aus Nehelam und seine Nachkommen zur Rechenschaft. Keiner von den Seinen soll unter diesem Volk wohnen bleiben und das Glück schauen, das ich meinem Volk bereite - Spruch des Herrn -; denn er hat Auflehnung gegen den Herrn gepredigt.

ZWEITER TEXT

David und der Tempelbau (2 Sam 7,1–29)

Von diesem Text gibt es in 1 Chr 17 eine Doublette; es ist zu empfehlen, auch sie anzuschauen, nicht nur um verschiedene Probleme der Textkritik zu beantworten, sondern auch um Beobachtungen zur Entwicklung der hebräischen Sprache und Stilistik zu machen und vielleicht sogar einige historische und theologische Schlußfolgerungen zu ziehen.

§ 33 **2 Sam** **7,1**			
1	וַיְהִי	Und es geschah,	§ **30**,1. (Mit disjunktivem Akzent!)
2	כִּי־יָשַׁב	als seßhaft geworden war	§ **7**,11; **5**,3.
3	הַמֶּלֶךְ	der König	§ **2**,4.
4	בְּבֵיתוֹ	in seinem Haus	§ **5**,2.
5	וַיהוָה	und JHWH	Zur Vokalisation וַ vgl. § **14**, 14B, Bemerkung 1.
6–7	הֵנִיחַ־לוֹ	ihm Ruhe verschafft hatte	3. P. Sg. Perf. *Hifil* von נוּחַ, Gr. § **72**,2; **66**.
8	מִסָּבִיב	ringsum	מִן, § **1**,8; סָבִיב, S. m., häufig als Adv.: ringsherum; √ סָבַב = umgeben.
9	מִכָּל־אֹיְבָיו׃	vor allen seinen Feinden:	Pl. von אֹיֵב, Part. akt. von »אָיַב = feindlich sein«, mit Nominalsuffix 3. P. m. Sg.
§ 34 **2 Sam** **7,2**			
1	וַיֹּאמֶר	Und es sagte	3. P. m. Sg. Imperf. consec. *Qal* von אָמַר, § **31**,1 B; Gr. § **69**.
2	הַמֶּלֶךְ	der König	

33,1 Sich hüten, וַיְהִי כִּי mit »und es geschah, daß« zu übersetzen. Die Konjunktion כִּי (häufiger: כַּאֲשֶׁר) leitet eine doppelte Zeitaussage ein mit zwei Verben im Perfekt: יָשַׁב und הֵנִיחַ. Sie verweist auf eine einmalige Handlung in der Vergangenheit (als wohnte, seßhaft geworden war; als Ruhe verschafft hatte). Das Verb וַיְהִי am Beginn des Kapitels, das genau dem Imperf. consec. וַיֹּאמֶר in Vers 2 entspricht (genau übersetzt: »und es geschah, als ..., daß der König sagte«) kann man als »expletiv« (ausfüllend) verstehen: Es dient zugleich dazu, dieses Kapitel an das vorangehende anzubinden und, vor einem Umstandssatz (oder manchmal nur einem einfachen Umstandswort) plaziert, das Hauptverb anzukündigen, das erst viel später folgt. Die besten Übersetzungen sagen einfach: »Als nun der König seßhaft geworden war ..., sagte der König zu Natan«.
Die gewöhnliche Wortstellung ist Verb - Subjekt. Wird sie invertiert, dann soll dadurch die Neueinführung einer Person, eines Sachverhalts oder eines Ereignisses oder aber die Gleichzeitigkeit zweier Vorgänge im Unterschied zu ihrer Aufeinanderfolge (Gr. § **82**) markiert werden.

---

5 Man beachte die Vokalisation וַיהוָה (statt וַיְהוָה), was die Leseweise וַאדֹנָי voraussetzt, auf die wir später zurückkommen werden (§ **56**,18).

---

6 Das Verb »נוּחַ = ausruhen« hat ein zweifaches *Hifil* mit zwei verschiedenen Bedeutungen:

1) das normale *Hifil* הֵנִיחַ, das hier vorliegt und die Bedeutung hat: »jemandem Ruhe verschaffen«;
2) ein (vielleicht zu Unrecht) aramaisierend genanntes *Hifil* (vgl. Gr. § **79**, NB); es ist gekennzeichnet durch eine Verdoppelung des ersten Radikals, was es erlaubt, den Vokal *i* beizubehalten: »הִנִּיחַ = setzen, lassen, niederlegen«.

Von derselben √:
נַחַת, S. f. = Ruhe;
נִיחֹחַ, S. m. = Besänftigung, Vergebung (Wirkung der Opfer);
מָנוֹחַ, S. m., מְנוּחָה, S. f. = Ruhe, Ruheort;
und viele Eigennamen wie Noach נֹחַ (gegen die volkstümliche Etymologie von Gen 5,29: נחם = trösten).

34,1 Die Form des Imperf. consec. וַיֹּאמֶר ist schwer zu erklären. Die alte Form des Imperfekts scheint יֹאמֵר gewesen zu sein, das noch manchmal als Pausalform bewahrt ist (vgl. 1 Kön 5,20; Spr 1,21). Gewöhnlich wird die Form abgekürzt zu יֹאמַר; aber im Imperf. consec., der viel gebraucht wird, hat die mittlere Form וַיֹּאמֶר die Oberhand gewonnen (Gr. § **69**). Mit diesem וַיֹּאמֶר setzt die Handlung innerhalb der Erzählung ein: »Damals nun ...«.

3–4	אֶל־נָתָן הַנָּבִיא	zu Natan, dem Profeten:	
5	רְאֵה נָא	Sieh doch,	Imper. 2. P. m. Sg. von רָאָה (§ **32**,13); נָא = Bittpartikel (»ich bitte dich«), die mit den volitiven Modi sehr häufig gebraucht wird (§ **83**).
6	אָנֹכִי יוֹשֵׁב	ich (bin) wohnend	
7	בְּבֵית	in einem Haus	
8	אֲרָזִים	von Zedern,	Pl. von אֶרֶז, S. m.
9	וַאֲרוֹן הָאֱלֹהִים	und die Arche Gottes	וַ vor einem *Š*^{e}*wa compositum* (§ **29**,); אֲרוֹן, S. m. = Kiste, Sarg usw., § **18**,10 B.
10	יֹשֵׁב	(ist) wohnend	
11	בְּתוֹךְ	inmitten	§ **32**,11.
12	הַיְרִיעָה׃	des Zeltes.	S. f. von der √ »יָרַע = zittern«?
§ 35 **2 Sam** **7,3**			
1	וַיֹּאמֶר נָתָן	Und es sagte Natan	§ **34**,1.
2	אֶל־הַמֶּלֶךְ	zum König:	
3	כֹּל אֲשֶׁר	Alles, was (ist)	
4	בִּלְבָבְךָ	in deinem Herzen,	§ **13**,7.
5	לֵךְ	geh hin,	Imper. 2. P. m. Sg. von הָלַךְ, § **12**.3; Gr. § **67**,1 NB.
6	עֲשֵׂה	tue;	Imper. 2. P. m. Sg. von עָשָׂה, § **23**,2: Gr. § **75**,2.
7	כִּי יְהוָה	denn JHWH	
8	עִמָּךְ׃	(ist) mit dir.	Präp. עִם und Nominalsuffix 2. P. m. Sg. Es handelt sich um eine Pausalform: עִמָּךְ statt עִמְּךָ.

9	Man beachte den Ausdruck אֲרוֹן הָאֱלֹהִים mit dem Artikel vor אֱלֹהִים (vgl. § **60**,4). Es wurde bereits darauf hingewiesen (§ **1**,3; **20**,3; Gr. § **35**,2), daß im Fall zweier Nomina im St. constr. das Ganze durch den Artikel des zweiten Nomens bestimmt wird. Man darf deshalb hier nicht übersetzen: »eine Arche Gottes«, sondern es muß heißen: »die Arche Gottes«. Um diesen Sprachgebrauch gut zu verstehen, vergleiche man einige typische Ausdrücke wie: כּוּר הַבַּרְזֶל = der Eisentiegel, חֲרֻצוֹת הַבַּרְזֶל = die Eisenschlitten. Das gleiche gilt von Eigennamen: בֵּית הַלַּחְמִי = der Betlehemite; בֶּן־הַיְמִינִי = der Benjaminite.
35,5	Der Imperativ לֵךְ (לְכוּ לְכִי) wird oft abgeschwächt im Sinn unserer Interjektion »auf!«, vor allem (wie hier) vor einem anderen Imper., der nicht durch ein ו angeschlossen ist (»asyndetische« Konstruktion).
8	Sinn und Gebrauch der Präp. עִם sind sehr ähnlich denen der Präp. אֵת (§ **5**,7 B).

§ 36 **2 Sam** **7,4**			
1	וַיְהִי	Und es geschah	§ **30**,1.
2	בַּלַּיְלָה	in der Nacht,	ב; Artikel; לַיְלָה, S. m.
3	הַהוּא	dieser,	Also: in dieser Nacht. הוּא, Personalpronomen 3. P. m. Sg.; wird häufig mit Artikel als Demonstrativpronomen verwandt (§ **1**,1).
4	וַיְהִי	und es geschah	
5	דְּבַר־יְהוָה	das Wort JHWHs	
6	אֶל־נָתָן	an Natan,	
7	לֵאמֹר׃	um zu sagen:	
§ 37 **2 Sam** **7,5**			
1	לֵךְ	Geh,	§ **35**,5.
2	וְאָמַרְתָּ	und du wirst sagen	2. P. m. Sg. Perf. consec. *Qal* von אָמַר.
3	אֶל־עַבְדִּי	zu meinem Diener,	§ **19**,9.
4	אֶל־דָּוִד	zu David:	
5	כֹּה אָמַר יְהוָה	So spricht JHWH:	
6	הַאַתָּה	Wirst etwa du	הֲ Fragepartikel.
7–8	תִּבְנֶה־לִּי	mir bauen	2. P. m. Sg. Imperf. *Qal* von בָּנָה, § **5**,1; ל mit »euphonischer« Verdoppelung, § **43**,13.
9	בַיִת	ein Haus	
10	לְשִׁבְתִּי׃	für mein Wohnen?	לְ = für (§ **16**,15); Inf. constr. *Qal* von יָשַׁב mit Suffix 1. P. Sg., Gr. § **71**,3 NB 1.

36,2 Zu beachten, daß das Wort לַ֫יְלָה maskulin ist. Neben der häufigsten Form לַיְלָה gibt es noch die Form לַיִל, S. m. Diesen beiden Formen entspricht ein einziger St. constr. לֵיל und ein einziger Plural לֵילוֹת (abs. und constr.). Die √ ist unbekannt. Die Endung ◌ָה ist kein Lokativ (§ **1**,24; **15**,7), sondern eher ein Überbleibsel eines alten Akkusativs (V. § **13**,45).

---

3 Der Vergleich von בַּלַּיְלָה הַהוּא und הַיּוֹם הַזֶּה (§ **38**,8) läßt den Unterschied zwischen diesen beiden Demonstrativpronomina erkennen: הַזֶּה ist ein eigentliches *Demonstrativ*pronomen: »der, den ich zeige, dieser«; הַהוּא bezeichnet eher die *Identität*: »in dieser selben Nacht, die Nacht, von der ich spreche«. אֵ֫לֶּה (Pl.), זֹאת (f. Sg.), זֶה (m. Sg.) bezeichnen Neues, Ersterwähntes, während הֵ֫נָּה (f. Pl.), הֵם / הֵ֫מָּה (m. Pl.), הִיא (f. Sg.), הוּא (m. Sg.) eher auf schon Genanntes verweisen.

37,2 Man kann natürlich frei übersetzen: »geh sagen« oder »geh, um zu sagen«. Aber ein finaler Sinn findet sich nicht im Text. Um ihn auszudrücken, gäbe es einen indirekten Volitiv (= einen Imperativ mit vorausgehendem וְ; vgl. § **6**,3 B; Gr. § **84**,2). Aber hier liegt nur ein Perf. consec. vor. Es verhielte sich anders, wenn das erste Verb im Imperfekt stünde (תֵּלֵךְ וְאָמַרְתָּ); dann könnte man übersetzen: »Du sollst gehen, um zu sagen« (vgl. § **12**,4 B; Gr. § **84**,1).

---

6 Das interrogative ה (das auch manchmal die Bedeutung eines Ausrufs hat) unterscheidet sich in folgendem vom Artikel:

1. Es bewirkt nicht die Verdoppelung des darauf folgenden Konsonanten (mit wenigen, vielleicht falsch geschriebenen Ausnahmen);
2. Seine Vokalisation ist gewöhnlich ◌ֲ ;
   Ausnahme vor einem einfachen oder zusammengesetzten *Šᵉwa* oder einem Guttural: dann entsteht ◌ַ .
   NB: Vor einem Gutturallaut, der mit ◌ָ vokalisiert ist, hat man הֶ (vielleicht aus einem Bedürfnis, Assimilation zu vermeiden).

§ 38 2 Sam 7,6			
1	כִּי לֹא יָשַׁבְתִּי	Denn ich habe nicht gewohnt	
2	בְּבַיִת	in einem Haus	
3	לְמִיּוֹם	seit dem Tag	Zusammengesetzte Präp. aus (auffüllendem) ל und מִן; יוֹם, S. m., im St. constr.
4	הַעֲלֹתִי	meines Heraufziehenslassens	Inf. constr. *Hifil* von עָלָה und Suffix 1. P. Sg.
5	אֶת־בְּנֵי יִשְׂרָאֵל	die Israeliten	
6	מִמִּצְרַיִם	aus Ägypten	
7–8	וְעַד הַיּוֹם הַזֶּה	(und) bis zu diesem Tag:	§ **50**,10.
9	וָאֶהְיֶה	(und) ich (war)	1. P. Sg. Imperf. consec. *Qal* von הָיָה.
10	מִתְהַלֵּךְ	umhergehend	Part. *Hitpael* von הָלַךְ.
11	בְּאֹהֶל	in einem Zelt	
12	וּבְמִשְׁכָּן׃	und in einer Wohnung.	§ **42**,6 B.
§ 39 2 Sam 7,7			
1	בְּכֹל אֲשֶׁר־	In allem, was	
2	הִתְהַלַּכְתִּי	ich umhergegangen bin	1. P. Sg. Perf. *Hitpael* von הָלַךְ.
3	בְּכָל־בְּנֵי יִשְׂרָאֵל	unter allen Söhnen Israels,	
4	הֲדָבָר	ein Wort etwa	§ **37**,6.
5	דִּבַּרְתִּי	habe ich gesagt	
6	אֶת־אַחַד	zu einem	St. constr. von אֶחָד.

38,4 הַעֲלֹתִי: ein Inf. constr. *Hifil* eines Verbs, das zugleich ein ל”ה und פ-Guttural ist. Die Endung וֹת ist die regelmäßige bei den ל”ה-Verben (Gr. § **75**,2). Das *Š*^{e}*wa* ist gefärbt wegen des Gutturals ע (Gr. § **64**,2). Wegen des Nominalsuffixes (Gr. § **61**,3) wird die Endung des Infinitivs »defektiv« (ohne וֹ) geschrieben.

---

9 Beachten:

1) Die Vokalisation ◌ָ des konsekutiven ו vor א (weil dieses nicht verdoppelt werden kann).
2) Die Form ist nicht apokopiert (abgekürzt), wie sonst beim Imperf. consec. und dem Jussiv der ל”ה-Verben. Diese Ausnahme ist häufig; sie betrifft vor allem die 1. Person.

39,6 Hier ist das Zahlwort אֶחָד (V. § **14**,1) praktisch zu einem unbestimmten Pronomen (»einer«) geworden und hat die zählende Bedeutung verloren. In anderen Fällen kann es so abgeschwächt werden, daß es unserem unbestimmten Artikel gleichkommt: אִישׁ אֶחָד = (irgend)ein Mensch.

7–8	שִׁבְטֵי יִשְׂרָאֵל	der Stämme Israels,	Pl. constr. von שֵׁבֶט, S. m.
9	אֲשֶׁר צִוִּיתִי	welche ich angewiesen habe,	§ **23**,13.
10	לִרְעוֹת	zu weiden	Inf. constr. von רָעָה (vgl. § **17**,15 B).
11	אֶת־עַמִּי	mein Volk	
12	אֶת־יִשְׂרָאֵל	Israel,	
13	לֵאמֹר	um zu sagen:	
14	לָמָּה	Warum	§ **27**,2.
15	לֹא־בְנִיתֶם	hab ihr nicht gebaut	
16	לִי	mir	
17	בֵּית אֲרָזִים׃	ein Haus von Zedern?	§ **34**,7–8.

§ 40 2 Sam 7,8			
1	וְעַתָּה	Und jetzt,	
2	כֹּה־תֹאמַר	so wirst du sprechen	
3–4	לְעַבְדִּי לְדָוִד	zu meinem Diener, zu David:	
5	כֹּה אָמַר	So spricht	
6	יְהוָה צְבָאוֹת	JHWH von Heerscharen:	
7	אֲנִי	Ich	
8	לְקַחְתִּיךָ	habe dich genommen	1. P. m. Sg. Perf. *Qal* von לָקַח, § **6**,1; **22**,1 B; und Suffix.
9	מִן־הַנָּוֶה	von der Weide,	נָוֶה, S. m. = Weide, Stätte, Schafstall.
10	מֵאַחַר	hinter	§ **2**,1.
11	הַצֹּאן	der Herde,	S. f. (Kollektiv): bezogen auf Kleinvieh.
12	לִהְיוֹת	um zu sein	§ **26**,5.

7	שֵׁבֶט, S. m. = 1. Stab, Hirtenstab, Szepter; 2. (Volks-)Stamm; für beide Bedeutungen ist synonym: מַטֶּה. Der Sinn »Oberhaupt« ist nicht bezeugt; einige Autoren wollen ihn von der Bedeutung »Szepter« ableiten. Andere dagegen schlagen in Anlehnung an 1 Chr 17,6 und im Blick auf 2 Sam 7,11 (§ **43**,3) die Verbesserung von שִׁבְטֵי in שֹׁפְטֵי = Richter vor. Man verwechsele nicht שֵׁבֶט mit שֶׁבֶת, S. f. = Stillsitzen (vgl. § **37**,10).
11–12	Es fällt die Wiederholung der *nota accusativi* (Akkusativpartikel) vor dem beigeordneten Nomen auf. Dies ist üblich, wenn das beigeordnete Nomen eine Präzisierung oder nähere Bestimmung für das erste Nomen bedeutet. Anderenfalls wird die Akkusativpartikel nicht wiederholt.
40,9	נָוֶה, S. m., bedeutet die Wohnstätte des Hirten oder der Herde (von daher poetisch für »Wohnung«); נָוָה, S. f. = Weide, Wiese.

13	נָגִיד	Anführer	S. m., √ נָגַד, v. = sichtbar sein, vorne sein.
14	עַל־עַמִּי	über meinem Volk,	
15	עַל־יִשְׂרָאֵל׃	über Israel.	

§ 41
2 Sam
7,9

1	וָאֶהְיֶה	Und ich war	§ **38**,9.
2	עִמְּךָ	mit dir	
3	בְּכֹל אֲשֶׁר	in allem, was	
4	הָלַכְתָּ	du gegangen bist,	2. P. m. Sg. Perf. *Qal* von הָלַךְ; § **55**,6.
5	וָאַכְרִתָה	und ich habe zerstört	1. P. Sg. Imperf. consec. *Hifil* von כָּרַת und paragogischem (= erweiterndem) ָה.
6	אֶת־כָּל־אֹיְבֶיךָ	alle deine Feinde	§ **33**,9 (hier mit Suffix 2. P. m. Sg.)
7	מִפָּנֶיךָ	vor deinem Angesicht	מִן; פָּנִים (Pl. des ungebräuchlichen פֵּן* oder פָּנֶה*) und Suffix 2. P. Sg.
8	וְעָשִׂתִי	und ich werde machen	1. P. Sg. Perf. consec. *Qal* von עָשָׂה (ohne Verschiebung des Akzents, vgl. § **14**,1).
9	לְךָ	dir	
10	שֵׁם גָּדוֹל	einen großen Namen	
11	כְּשֵׁם	wie den Namen der	

13 Von der √ נָגַד = sichtbar sein, vorne sein; *Hifil* = wissen lassen (הִגִּיד). נֶגֶד = Adverbialpräposition (ursprünglich ein S. m., Typ *Qaṭl*) = »vor, angesichts«. Es wird sehr häufig zusammen mit einer Präp. gebraucht, vor allem לְנֶגֶד und מִנֶּגֶד.
נָגִיד, S. m. = Oberhaupt.

41,4 בְּכֹל אֲשֶׁר הָלַכְתָּ bedeutet offenbar die Unternehmungen von David. Das Verb הָלַךְ hat häufig einen sehr weiten Sinn und wird nicht nur auf jede Art von »Schritten« angewandt, sondern auch auf alle religiösen und moralischen Verhaltensweisen. In diesem Sinn steht es in Korrelation zu »דֶּרֶךְ = Weg«. Dies ist eines der am meisten kennzeichnenden Worte der hebräischen Sprache, das unserem »Art und Weise«, »Vorgehensweise«, »Verhalten« entspricht. Man erinnere sich an die häufigen Hebraismen der Vulgata: *Ambulans in via immaculata* (Ps 101 [100],6); *qui ambulant in lege Domini* (Ps 119 [118],1); und bei Paulus: »nach dem Fleisch wandeln« (Röm 8,1; 2 Kor 10,2–3), »in einer Gottes würdigen Weise wandeln« (1 Thess 2,12) usw. Und noch: die *Halakah* als religiöse Norm für den »Lebenswandel« im Unterschied zur *Haggadah* (von √ »נָגַד, *Hifil* = berichten«); letztere besteht zum einen aus den anderen Elementen, die den *Talmud* ausmachen, und ist zum anderen in den (homiletischen) *Midrašim* (von »דָּרַשׁ = suchen, forschen) zu finden.

---

5 Das »paragogische« (= hinzugefügte) ָה ist bei der 1. P. Sg. Imperf. consec. häufig, vor allem in späten Büchern (Esra, Neh, Dan); es hat, wie es scheint, keine sinntragende Bedeutung.
Man beachte die Vokalisation ohne *mater lectionis* des für das *Hifil* charakteristischen *î*. Das Imperf. consec. ohne »paragogisches« ָה wäre וָאַכְרִת (Gr. § **81**,2), aber diese hinzugefügte Endung führt zu einer Rückkehr zum ursprünglichen abgekürzten *i*.
כָּרַת = schneiden, dann auch abschneiden, zerstören; vgl. כְּרִיתוּת, S. f. = Ehescheidung (vgl. § **29**,3 B).
Der Ausdruck »כָּרַת בְּרִית = einen Bund schließen« kommt daher, daß man die bei dieser Gelegenheit geopferten Tiere auseinanderschnitt (Gen 15,10.17; vgl. Jer 34,18).

---

7 √ פָּנָה = sich wenden zu, sich umwenden, entgegentreten.
פָּנִים, S. m. Pl. (von ungebräuchlichem פָּנֶה*) = Gesicht. Es wird meist mit einer Präp. im St. constr. gebraucht: עַל פְּנֵי; מִפְּנֵי; לִפְנֵי; בִּפְנֵי; אֶל־פְּנֵי; אֶת־פְּנֵי; auch מֵעַל־פְּנֵי, מִלִּפְנֵי mit unterschiedlichen Nuancen (§ **58**,11 usw.) kommen vor.

---

8 Beachte die defektive Schreibweise וְעָשִׂתִי (anstelle von וְעָשִׂיתִי).

12	הַגְּדֹלִים	Großen,	
13	אֲשֶׁר	welche (sind)	
14	בָּאָרֶץ׃	auf der Erde.	§ **18**,10.
§ 42 2 Sam 7,10			
1	וְשַׂמְתִּי	Und ich werde setzen	1. P. Sg. Perf. consec. *Qal* von שִׂים oder שׂוּם, § **22**,7; Akzentversch.
2	מָקוֹם	einen Ort	
3	לְעַמִּי	für mein Volk,	
4	לְיִשְׂרָאֵל	für Israel,	
5	וּנְטַעְתִּיו	und ich werde es pflanzen,	1. P. Sg. Perf. consec. *Qal* von נָטַע, mit Suffix 3. P. Sg.
6	וְשָׁכַן	und es wird wohnen	3. P. m. Sg. Perf. consec. *Qal* von שָׁכַן.
7	תַּחְתָּיו	daselbst	wörtlich: »unter ihm, an seiner Stelle« (§ **19**,1).
8	וְלֹא יִרְגַּז	und es wird sich nicht ängstigen	3. P. m. Sg. Imperf. *Qal* von רָגַז.
9	עוֹד	mehr,	§ **23**,16 B.
10	וְלֹא־יֹסִיפוּ	und es werden nicht fortsetzen	3. P. m. Pl. Imperf. *Hifil* von יָסַף.
11	בְנֵי־עַוְלָה	Bosheitssöhne,	עַוְלָה, S. f. (vgl. עָוֶל, S. m.).
12	לְעַנּוֹתוֹ	es zu unterdrücken,	Inf. constr. »ענה *Piel* (kausativ) = demütigen, unterdrücken« von »עָנָה = bekümmert sein«; und Nominalsuffix 3. P. m. Sg.
13	כַּאֲשֶׁר	wie	
14	בָּרִאשׁוֹנָה׃	am Beginn.	S. f.; ✓ רֹאשׁ, S. m. = Haupt.
§ 43 2 Sam 7,11			
1	וּלְמִן־הַיּוֹם	Und seit dem Tag,	

---

12 Das Adj. mit Artikel kann hier durch den Superlativ wiedergegeben werden. Im Hebräischen gibt es keine Formen zur Bezeichnung des relativen Superlativs. Gewöhnlich begnügt man sich mit dem Adj., das durch den Artikel oder ein Suffix oder ein anderes Nomen bestimmt wird.
Beispiele: מִן־הַקָּטֹן וְעַד־הַגָּדוֹל = (wörtl.) vom Kleinen bis zum Großen = vom Kleinsten bis zum Größten (1 Sam 30,19); קְטֹן בָּנָיו = (wörtl.) der Kleine seiner Söhne = der Kleinste seiner Söhne (2 Chr 21,17).

42,6 שָׁכַן oder in Pausa שָׁכֵן = sich niederlassen, wohnen (V. § **7**,2);
שָׁכֵן, Adj. = bewohnend, benachbart;
מִשְׁכָּן, S. m. = Wohnung, insbesondere das Zelt JHWHs (§ **38**,12);
Im Aramäischen ist שְׁכִינָא eines der vielen Wörter, die im Frühjudentum an die Stelle des Gottesnamens treten (§ **3**,12 B).

---

10 Die Grammatiker sagen, dieses *Hifil* sei ein »sekundäres« *Hifil* oder ein Pseudo-*Hifil*: die Form des Imperf. *Qal* יוֹסֵף wurde für ein *Hifil* (im Jussiv) gehalten und später zu Unrecht wie ein *Hifil* vokalisiert: יוֹסִיף. Zur adverbialen Bedeutung vgl. § **10**,15 B.

---

14 Von der √ ראשׁ, S. m. = »Kopf, Haupt, Prinzip« (vgl. *ra's*: ein arabischer geographischer Begriff = »Kap, Vorgebirge«):
רִאשׁוֹן, Adj. = vorangehend, erster, hauptsächlicher;
רֵאשִׁית, S. f. = Anfang, Höhepunkt;
Nach einigen Exegeten ist die berühmte Maxime רֵאשִׁית חָכְמָה יִרְאַת יְהוָה (Ps 111,10, vgl. Spr 9,10) nicht mit »die Furcht des Herrn ist der Anfang der Weisheit« zu übersetzen, sondern mit »die Furcht des Herrn ist der Höhepunkt der Weisheit«.
מְרַאֲשׁוֹת, S. f. Pl. = Platz für das Haupt, Kopfkissen.

43,1 יוֹם, S. m. = Tag, Pl.: יָמִים;
יוֹמָם, Adv. = am Tag, tagsüber (alter Akkusativ, vgl. V. § **13**,45).

2	אֲשֶׁר צִוִּיתִי	(an) welchem ich angeordnet habe	1. P. Sg. Perf. *Piel* von צָוָה, § **23**,13.
3	שֹׁפְטִים	Richter	Pl. des Part. act. *Qal* von שָׁפַט.
4	עַל־עַמִּי	über mein Volk	
5	יִשְׂרָאֵל	Israel,	
6	וַהֲנִיחֹתִי	(und) werde ich Ruhe verschaffen	1. P. Sg. Perf. consec. *Hifil* von נוּחַ, § **33**,6.
7	לְךָ	dir	
8	מִכָּל־אֹיְבֶיךָ	vor allen deinen Feinden;	
9	וְהִגִּיד	und es hat mitgeteilt	3. P. Sg. Perf. *Hifil* von נָגַד, § **40**,13 B.
10	לְךָ	dir	
11	יְהוָה	JHWH,	
12	כִּי־בַיִת	daß ein Haus	
13	יַעֲשֶׂה־לְּךָ	für dich machen wird	3. P. m. Sg. Imperf. *Qal* von עָשָׂה; euphonische (= aus Klanggründen) Verdoppelung des ל.
14	יְהוָה׃	JHWH.	

§ 44 2 Sam 7,12			
1	כִּי יִמְלְאוּ	Wenn erfüllt sein werden	
2	יָמֶיךָ	deine Tage,	Pl. von יוֹם, S. m., § **43**,1; mit Suffix 2. P. m. Sg.
3	וְשָׁכַבְתָּ	und du dich gelegt haben wirst	2. P. m. Sg. Perf. consec. *Qal* von שָׁכַב.
4	אֶת־אֲבֹתֶיךָ	zu deinen Vätern,	
5	וַהֲקִימֹתִי	werde ich aufstehen lassen	1. P. Sg. Perf. consec. *Hifil* von קוּם.
6	אֶת־זַרְעֲךָ	deinen Samen	§ **32**,7.
7	אַחֲרֶיךָ	nach dir,	

3 Von der √ שָׁפַט = richten; Part. akt. (vgl. § **25**,15 B);
שֹׁפֵט = Richter (vgl. Suffeten, im alten Karthago die zwei auf ein Jahr gewählten Leiter des Staats);
שְׁפָטִים, S. m. Pl. (vom ungebräuchlichen שֶׁפֶט), = Urteile;
מִשְׁפָּט, S. m. = Urteil.

---

13 Die **euphonische** Verdoppelung steht im Gegensatz zur **notwendigen** Verdoppelung, der wir bisher begegnet sind. Sie wird durch die enge Verbindung zweier Worte hervorgerufen, und zwar besonders gern unter den folgenden Bedingungen:

1) das erste Wort muß mit einem der Vokale *æ* oder *ā* enden;
2) das zweite Wort ist auf der ersten Silbe betont. Das erste Wort kann entweder auf der vorletzten oder der letzten Silbe betont sein, wobei im zweiten Fall die Betonung wegfällt oder auf die vorangehende Silbe zurückweicht.

Beispiele: »לְכָה־נָּא = gehe doch!«, »נַעֲשֶׂה־לָּנוּ = laßt uns machen!«.

44,5 Dies ist ein Beispiel für das, was die Grammatiker »apodotisches« oder »wiederaufnehmendes« ו nennen. Nach einem Nebensatz (oder manchmal einem Umstandswort), welcher die Bedingung, den Grund, die Zeit usw. benennt, hat das Hebräische eigene Konjunktionen oder Adverbien, die den Beginn des Hauptsatzes anzeigen: אָז = da; כֵּן = so (vgl. § **49**,5); עַל־כֵּן = deshalb (vgl. § **59**,10) usw. Aber oft begnügt es sich statt einer klaren Angabe dieser Nuancen auch mit einem einfachen ו, das dem konsekutiven ו genau entspricht und, wann immer möglich, dieselben Verbformen nach sich zieht (Typ וְקָטַלְתִּי und וַיִּקְטֹל). In diesem Fall darf man die konsekutive Bedeutung der betreffenden Verben nicht pressen. Das ו in diesen Fällen mit »dann« oder »deshalb« zu übersetzen, wäre zu stark; man läßt es besser unübersetzt oder drückt es nur sehr schwach aus.

Oben (§ **31**,11 B) war von dem ו die Rede, das Konjunktionen am Beginn von Nebensätzen ersetzt; hier geht es um den Ersatz vom Konjunktionen am Beginn von Hauptsätzen. Man sieht also, wie sehr das Hebräische eine Syntax ohne feste Pflöcke liebt und sich oft mit einer einzigen vieldeutigen Konjunktion begnügt. Dies kennzeichnet die hebräische Stilistik und macht eine der Schwierigkeiten für die Übersetzung aus.

8	אֲשֶׁר יֵצֵא	der hervorgehen wird	3. P. m. Sg. Imperf. *Qal* von יָצָא.
9	מִמֵּעֶיךָ	aus deinen Eingeweiden,	Pl. von מֵעֶה, S. m., mit Suffix.
10	וַהֲכִינֹתִי	und ich werde festmachen	1. P. Sg. Perf. cons. *Hifil* von כּוּן.
11	אֶת־מַמְלַכְתּוֹ׃	sein Königtum.	
§ 45 2 Sam 7,13			
1	הוּא	Er (seinerseits)	Pronomen betont.
2	יִבְנֶה־בַּיִת	wird ein Haus bauen	3. P. m. Sg. Imperf. *Qal* von בָּנָה, § **5**,1; בַּיִת mit euphonischer Verdoppelung, § **43**,13.
3	לִשְׁמִי	meinem Namen,	
4	וְכֹנַנְתִּי	und ich werde festigen	1. P. Sg. Perf. consec. *Polel* von כּוּן.
5	אֶת־כִּסֵּא	den Thron	
6	מַמְלַכְתּוֹ	seines Königtums.	
7	עַד־עוֹלָם׃	für immer.	§ **38**,7; עוֹלָם, S. m., § **61**,6.
§ 46 2 Sam 7,14			
1	אֲנִי אֶהְיֶה־לּוֹ	Ich werde ihm sein	 1. P. Sg. Imperf. *Qal* von הָיָה; euphonische Verdoppelung des ל, § **43**,13.
2	לְאָב	zu einem Vater,	
3	וְהוּא יִהְיֶה־לִּי	und er wird für mich sein	
4	לְבֵן אֲשֶׁר	zu einem Sohn, welcher	
5	בְּהַעֲוֹתוֹ	in seinem Sündigen	Inf. constr. *Hifil* von עָוָה und Nominalsuffix 3. P. m. Sg.

46,2 Das ל kann das Ziel oder Resultat einer Handlung ausdrücken. Es wird oft zusammen gebraucht mit הָיָה = sein, נָתַן = (geben), einsetzen als, machen zu, עָשָׂה = machen zu usw.

Beispiel: וְאֶעֶשְׂךָ לְגוֹי גָּדוֹל = ich werde dich zu einer großen Nation machen (Gen 12,2); וַיִּבֶן אֶת־הַצֵּלָע לְאִשָּׁה = und er baute die Rippe zu einer Frau (Gen 2,22).

אָב, S. m. = Vater (unbekannte √); Pl. אָבוֹת (Gr. § **36**); vgl. Abbé, das über Griechisch und Latein vom aramäischen אַבָּא (emphatisch für אַב) kommt (vgl. Röm 8,15; Gal 4,6; Mk 14,36). Vgl. auch die *Pirqe abot̲* = Väterabschnitte, die einen Teil der *Mischna* (von √ שָׁנָה = wiederholen) ausmachen.

6	וְהֹכַחְתִּיו	werde ich ihn strafen	1. P. Sg. Perf. consec. *Hifil* von יָכַח und Suffix 3. P. m. Sg. (vgl. § **45**,5).
7	בְּשֵׁבֶט	mit einem Stab	§ **39**,7.
8	אֲנָשִׁים	von Menschen	§ **6**,2 B.
9	וּבְנִגְעֵי	und mit Schlägen	St. constr. Pl. von נֶגַע, S. m., √ נָגַע = schlagen.
10	בְּנֵי אָדָם׃	von Söhnen von Menschen.	
§ 47 **2 Sam** **7,15**			
1	וְחַסְדִּי	Und meine Gnade	חֶסֶד, S. m. (Typ *Qaṭl*), √ חָסַד.
2	לֹא־יָסוּר	wird nicht weichen	3. P. m. Sg. Imperf. *Qal* von סוּר.
3	מִמֶּנּוּ	von ihm,	§ **22**,2 B.
4	כַּאֲשֶׁר	so wie	
5	הֲסִרֹתִי	ich zurückgezogen habe	1. P. Sg. Perf. *Hifil* von סוּר.
6	מֵעִם שָׁאוּל	von Saul,	Zusammengesetzte Präp. aus מִן und עִם.
7–8	אֲשֶׁר הֲסִרֹתִי	den ich zurückgezogen habe	
9	מִלְּפָנֶיךָ׃	von vor deinem Angesicht.	
§ 48 **2 Sam** **7,16**			
1	וְנֶאְמַן	Und es wird gefestigt sein	3. P. m. Sg. Perf. consec. *Nifal* von אָמַן.
2	בֵּיתְךָ	dein Haus	
3	וּמַמְלַכְתְּךָ	und dein Königtum	
4	עַד־עוֹלָם	für immer	
5	לְפָנֶיךָ	vor deinem Angesicht;	

6 הֹכַחְתִּי ist ungewohnt ohne *mater lectionis* geschrieben (man würde הוֹכַחְתִּי erwarten, Gr. § **71**,1). Der Grund ist vielleicht, daß der erste Vokal wegen des Suffixes gekürzt wurde.

---

9 Vom Verb נָגַע = berühren, stoßen:
נֶגַע, S. m. = Stoß, Wunde, Narbe.

1–10 Diese ganze Passage wird in Ps 89 kommentiert; vor allem die Verse 31ff sind deutlich von der Rede Natans inspiriert.

47,1 Von חָסַד = wohlwollend sein:
חֶסֶד, S. m. = Gnade, Wohlwollen;
חָסִיד, Adj. = wohlwollend, fromm (davon die Hasidäer, Gr. Ἀσιδαῖοι von 1 Makk 2,42 usw.; vgl. auch »Chassidim«, Anhänger einer jüdischen osteuropäischen Gemeinschaft).

---

2 Als Korrektur ist aufgrund des folgenden Textes und des Griechischen (οὐκ ἀποστήσω) vorgeschlagen worden: לֹא־אָסִיר, Imperf. *Hifil* 1. P. = ich werde nicht zurückziehen.

48,1 Das Verb נֶאְמַן steht im Singular, obwohl ihm zwei Subjekte folgen. Das Hebräische tendiert wie fast alle Sprachen dazu, ein vorangehendes Verb nur mit dem am nächsten stehenden Subjekt in Kongruenz zu bringen. Aber es geht in der Unregelmäßigkeit noch weiter: Wenn das Verb vorangeht, wird oft der Singular dem Plural vorgezogen, selbst wenn nur ein einziges Subjekt, und zwar im Plural, vorliegt; und es wird die unflektierte Form (nämlich die 3. P. m. Sg.) den anderen Formen vorgezogen.

6	כִּסְאֲךָ	dein Thron	
7-8	יִהְיֶה נָכוֹן	wird fest sein	Part. *Nifal* von כּוּן, § 45,4; dieses Part. ist faktisch zu einem Adj. geworden.
9	עַד־עוֹלָם׃	für immer.	§ 45,7.
§ 49 2 Sam 7,17			
1	כְּכֹל	Gemäß allen	
2	הַדְּבָרִים הָאֵלֶּה	diesen Worten	
3	וּכְכֹל	und gemäß aller	= gemäß dieser ganzen Vision
4	הַחִזָּיוֹן הַזֶּה	dieser Vision,	
5	כֵּן דִּבֶּר	so sprach	Das sehr gebräuchliche *Piel* lautet דִּבֶּר und nicht דִּבֵּר.
6	נָתָן	Natan	
7	אֶל־דָּוִד׃	zu David.	
§ 50 2 Sam 7,18			
1	וַיָּבֹא	Und es kam	3. P. m. Sg. Imperf. consec. *Qal* von בּוֹא .
2	הַמֶּלֶךְ דָּוִד	der König David	
3	וַיֵּשֶׁב	und er saß	
4	לִפְנֵי יְהוָה	vor dem Angesicht JHWHs	
5	וַיֹּאמֶר	und sagte:	
6	מִי אָנֹכִי	Wer (bin) ich,	
7	אֲדֹנָי יְהוִה	Herr JHWH,	§ **14**,14 B, Bemerkung 2.
8	וּמִי בֵיתִי	und wer (ist) mein Haus,	Beachten: מִי und nicht מָה (»wer«, nicht »was«: es handelt sich um Personen).

49,4 Von der √ חָזָה = sehen:
חֹזֶה, S. m. = Seher (vgl. רֹאֶה, S. m., mit der gleichen Bedeutung; § **32**,13);
חָזוֹן, S. m. = Vision, Schau (gleichbedeutend: חָזוּת, S. m., und חִזָּיוֹן, S. m.)

5 Drei Verben bieten diese Unregelmäßigkeit, im *Piel* ein *æ* statt eines *e* anzunehmen: דִּבֶּר = reden; כִּפֶּר = sühnen; כִּבֶּס (neben der selteneren Form כִּבֵּס) = waschen.

50,7 Der göttliche Name wird hier nicht mit seinen gewöhnlichen Vokalen versehen, die dem Wort אֲדֹנָי (vgl. § **7**,10 B) entstammen, sondern mit den Vokalen des Wortes אֱלֹהִים; denn weil אֲדֹנָי unmittelbar voranging, hätte man sonst zweimal *ʾ^{a}dōnāj* lesen müssen. Deshalb las man *ʾ^{a}dōnāj ʾ^{æ}lōhîm*.

9	כִּי הֲבִיאֹתַנִי	daß du mich geführt hast	2. P. m. Sg. Perf. *Hifil* von בּוֹא mit Suffix 1. P. Sg.
10	עַד־הֲלֹם׃	bis dahin.	
§ 51 2 Sam 7,19			
1	וַתִּקְטַן	Und es war gering	3. P. f. Sg. Imperf. consec. *Qal* von קָטֹן, Gr. § **56**.
2	עוֹד זֹאת	noch dies	Vgl. § **28**,7–8.
3	בְּעֵינֶיךָ	in deinen Augen,	§ **21**,17.
4	אֲדֹנָי יְהוִה	Herr JHWH,	
5	וַתְּדַבֵּר	und du hast gesprochen	2. P. m. Sg. Imperf. consec. *Piel.*
6	גַּם אֶל־בֵּית־	sogar zum Haus	
7	עַבְדְּךָ	deines Knechtes	
8	לְמֵרָחוֹק	für von weither (= für die ferne Zukunft?)	רָחוֹק, Adj. und S. m., ✓ רָחַק = fern sein.
9	וְזֹאת	und dies (ist)	
10	תּוֹרַת הָאָדָם	das Gesetz des Menschen,	תּוֹרָה, S. f., ✓ יָרָה = werfen, (*Hifil*:) lehren, unterweisen.
11	אֲדֹנָי יְהוִה׃	Herr JHWH.	
§ 52 2 Sam 7,20			
1	וּמַה־יּוֹסִיף	Und was wird hinzufügen	§ **42**,10; **76**,1 B.
2	דָּוִד עוֹד	David noch,	
3	לְדַבֵּר אֵלֶיךָ	um zu sagen zu dir;	
4	וְאַתָּה	und du,	§ **30**,11 B.
5	יָדַעְתָּ	du kennst	
6	אֶת־עַבְדְּךָ	deinen Diener,	

10	עַד, manchmal poetisch עֲדֵי, Präp. von der seltenen √ עָדָה = vorübergehen. Als Nomen gebraucht: עַד, S. m. = Ständigkeit, Ewigkeit (in Pausa mit ו heißt es וָעֶד.
51,7	Diese Verwendung des Ausdrucks »dein Diener« anstelle des Pronomens der 1. P. ist in der Bibel häufig (vgl. Gen 18,3; 43,28 usw.). Das Zeugnis der Briefe von El-Amarna (»Zu dem König, meinem Herrn und meiner Sonne, hat gesprochen also Biridija, der treue Diener des Königs: Zu den 2 Füßen des Königs, meines Herrn und meiner Sonne, fiel ich 7mal und 7mal nieder. Es wisse der König, mein Herr, daß ...« (J. A. KNUDTZON, Die El-Amarna-Tafeln, I, Leipzig 1915, Dok. 244, S. 791) und von Lachisch (»Dein Diener Hošayahu hat geschickt, meinem Herrn Yaus zu sagen: Möge JHWH meinen Herrn Worte des Friedens hören lassen. Und jetzt hat dein Diener einen Brief gesandt ...«, Brief III) beweist, daß diese übertreibende Höflichkeit alltäglich war.[6]
10	Von der √ »יָרָה = werfen, (*Hifil:*) lehren«: מוֹרֶה, S. m. = der Lehrende; תּוֹרָה, S. f. = Weisung, Gesetz. Dieser Text wird von den Exegeten gewöhnlich als verderbt angesehen; sie schlagen verschiedene Verbesserungen vor, die jedoch ohne Anhalt an der LXX sind, welche unseren Text unterstützt.

6 Die modernen Israelis haben versucht, im heutigen Ivrit solche Redeweisen zu erhalten: »Die Verwendung einer archaischen Sprache hat ihren Charme. Im Autobus bieten wir unserem Nachbarn eine Zigarette mit den Worten an: ›Mein Herr möchte vielleicht Rauch machen?‹ – ›Nein danke, Rauch zu machen ist nicht angenehm in meinen Augen.‹« (A. KOESTLER, La tour d'Esra, 178)

7	אֲדֹנָי יְהוִה׃	Herr JHWH.	
§ 53 **2 Sam** **7,21**			
1	בַּעֲבוּר	Wegen	Zusammengesetzte Präp. aus ב und עֲבוּר, St. constr. von עֲבוּר, S. m., ✓ עָבַר = vorübergehen.
2	דְּבָרְךָ	deines Wortes	
3	וּכְלִבְּךָ	und nach deinem Herzen	לֵב, S. m., § **13**,7 B.
4	עָשִׂיתָ	hast du gemacht	
5	אֵת כָּל־	die ganze	
6	הַגְּדוּלָּה הַזֹּאת	Großtat, diese,	Also: diese ganze Großtat.
7	לְהוֹדִיעַ	um erkennen zu lassen	Inf. constr. *Hifil* von יָדַע.
8	אֶת־עַבְדֶּךָ׃	deinen Diener.	Pausalform statt עַבְדְּךָ.
§ 54 **2 Sam** **7,22**			
1	עַל־כֵּן	Deshalb	
2	גָּדַלְתָּ	bist du groß,	2. P. Sg. Perf. *Qal* von גָּדַל, § **58**,1.
3	אֲדֹנָי יְהוִה	Herr JHWH,	Textvariante: יהוה אלהים.
4	כִּי־אֵין	denn es gibt nicht	Adv.
5	כָּמוֹךָ	wie dich,	כְּ, verstärkt durch das Pron. מָה, vor allem vor schwachen Suffixen.
6	וְאֵין אֱלֹהִים	und es gibt keinen Gott	
7	זוּלָתֶךָ	außer dir	S. f., angewandt als Präp. und als Konj.
8	בְּכֹל אֲשֶׁר־	in allem dem, was	
9	שָׁמַעְנוּ	wir gehört haben	§ **8**,10.
10	בְּאָזְנֵינוּ׃	mit unseren Ohren.	

53,1 Von der √ עָבַר = hinübergehen:
עֵבֶר, S. m. = 1) das jenseitige Land: Cisjordanien (frankfurterisch würde man sagen: »Hibdebach«) vom Osten her gesehen; Transjordanien (»Dribdebach«) vom Westen her gesehen;
2) Küste, (entgegengesetztes) Ufer;
עִבְרִי, Adj. und Eigenname = hebräisch, Hebräer;
מַעֲבָר, S. m., מַעְבָּרָה, S. f. = Furt, Übergang;
עֶבְרָה, S. f. = Arroganz, Wut;
עָבַר, vom Nomen abgeleitetes Verb (*Hitpael*) = arrogant, wütend sein;
עָבוּר, S. m., nur gebräuchlich in dem Ausdruck בַּעֲבוּר, בַּעֲבֹר, Präp. oder Konj. = »wegen, um zu«.

54,5 Die Form כְּמוֹ (כְּ und מָה) ist entstanden, um Verwechslungen zu verhindern: כִּי (das der Konj. ähnlich ist), כּוֹ (das dem Adv. »כֹּה = so« nahekommt) usw. Bei der 1. P. heißt es כָּמֹנִי; hier dient das נ der Verbindung, um das Zusammentreffen zweier Vokale zu vermeiden.

9 Von derselben √ wie שָׁמַע = hören, zuhören:
שֵׁמַע, S. m., und שְׁמוּעָה, S. f. = Nachricht, das Gehörte;
und viele Eigennamen: Simeon, Ismaël usw.
Man erinnere sich auch an das jüdische Glaubensbekenntnis, das *Schᵉmaʿ*, so genannt wegen des ersten Wortes des Textes: »שְׁמַע יִשְׂרָאֵל = höre Israel« (Dt 6,4).

§ 55 2 Sam 7,23			
1	וּמִי כְעַמְּךָ	Und wer (ist) wie dein Volk,	
2	כְּיִשְׂרָאֵל	wie Israel,	
3	גּוֹי אֶחָד	einzigartige Nation	
4	בָּאָרֶץ	auf der Erde,	
5	אֲשֶׁר	bei der	
6	הָלְכוּ־אֱלֹהִים	hingegangen ist Gott,	
7	לִפְדּוֹת־לוֹ	um (sie) sich loszukaufen	Inf. constr. von פָּדָה = mit Lösegeld auslösen.
8	לְעָם	zu einem Volk	§ **46**,2 B.
9	וְלָשׂוּם לוֹ	und um ihm zu setzen	
10	שֵׁם	einen Namen	
11	וְלַעֲשׂוֹת לָכֶם	und um euch zu tun	
12	הַגְּדוּלָּה	die Großtat	
13	וְנֹרָאוֹת	und Wunder	F. Pl. des Part. *Nifal* von יָרָא = fürchten.
14	לְאַרְצֶךָ	für dein Land	
15	מִפְּנֵי עַמְּךָ	im Angesicht deines Volkes,	Der Schluß des Verses ist schwierig. Viele »Verbesserungen« sind vorgeschlagen worden. Eine solche Konjektur bestünde darin, ein »לְגָרֵשׁ = um zu verjagen« hinzuzufügen oder an die Stelle von לְאַרְצֶךָ (vgl. 1 Chr 17,21) zu setzen.
16	אֲשֶׁר	welches	
17	פָּדִיתָ לְּךָ מִמִּצְרַיִם	du dir losgekauft hast aus Ägypten,	§ **43**,13.
18	גּוֹיִם וֵאלֹהָיו׃	Nationen und seine Götter.	

55,6 Mit der syrischen Übersetzung, der Vulg. und dem Buch der Chronik lesen wir הָלַךְ statt des הָלְכוּ des hebräischen Textes; dieser scheint ausnahmsweise das Wort אֱלֹהִים als Pl. zu behandeln. Man könnte aber auch הֹלֵךְ lesen, wie es die LXX zu tun scheint.
Von der √ הָלַךְ = gehen (vgl. § **12**,3):
הֵלֶךְ, S. m. = Reisender;
הֲלִיכָה, S. f. = Reise, Wanderung;
מַהֲלָךְ, S. m. = Reise.
Man erinnere sich auch an die *Halakah* (vgl.§ **41**,1).

---

7 Zu beachten ist die Vokalisation des Inf. constr., dem ein ל vorangeht. Das ד ist ein Verschlußlaut (durch *Dageš* gekennzeichnet); das *Š^{e}wa* quiesziert (vgl. Gr. § **16**; **17**,3), und man spricht aus: *lif-dōṭ*. Man war offenbar der Meinung, daß לִפְדּוֹת eine Einheit bildet, obwohl פְּדוֹת auch getrennt genommen werden kann (und in diesem Fall wäre das *Š^{e}wa* notwendig ein *Š^{e}wa mobile*, weil am Anfang eines Wortes stehend). Dies geschieht bei einem Infinitiv nur mit der vorangehenden Präp. ל, die sehr häufig ist; bei den selteneren ב und כ behält der Inf. seine Vokalisation.

---

18 Das א quiesziert nach der Konj. וְ: וֵאלֹהִים statt וֶאֱלֹהִים. Wir haben eine analoge Erscheinung bereits mit dem ל in לֵאמֹר statt לֶאֱמֹר (§ **3**,12) angetroffen. Dies kommt nur bei sehr häufigen Ausdrücken vor: in dem Wort אֱלֹהִים immer, nicht nur mit dem וְ, sondern auch mit לְ, כְּ, בְּ (§ **56**,8), jedoch nicht bei אֱלוֹהַּ; ebenso immer bei אֲדֹנָי (לַאדֹנָי mit offenem *a*, woraus die bereits erwähnte Vokalisation des ständigen *Qerê* וַיהוָה zu erklären ist, § **33**,5), jedoch nicht bei אָדוֹן, und auch nicht bei אֲדֹנַי; bei אָמַר nur, wenn es mit ל verbunden wird.

§ 56 **2 Sam** **7,24**			
1	וַתְּכוֹנֵן לְךָ	Und du hast dir gefestigt	2. P. m. Sg. Imperf. consec. *Polel* von כּוּן, § **58**,10.
2	אֶת־עַמְּךָ	dein Volk	
3	יִשְׂרָאֵל	Israel	
4	לְךָ לְעָם	für dich zu einem Volk	§ **46**,2 B.
5	עַד־עוֹלָם	für immer,	
6	וְאַתָּה יְהוָה	und du, JHWH,	
7	הָיִיתָ לָהֶם	du bist geworden für sie	
8	לֵאלֹהִים׃	zu einem Gott.	§ **46**,2 B; **55**,18.
§ 57 **2 Sam** **7,25**			
1	וְעַתָּה יְהוָה	Und jetzt, JHWH,	
2	אֱלֹהִים	Gott,	
3	הַדָּבָר	das Wort,	
4	אֲשֶׁר דִּבַּרְתָּ	das du gesagt hast	
5	עַל־עַבְדְּךָ	über deinen Diener	עַל, Präp., ✓ עָלָה = aufsteigen.
6	וְעַל־בֵּיתוֹ	und über sein Haus,	
7	הָקֵם	stelle auf	2. P. m. Sg. Imper. *Hifil* von קוּם, § **10**,11.
8	עַד־עוֹלָם	für immer	
9	וַעֲשֵׂה	und tu	§ **23**,2.
10	כַּאֲשֶׁר	gemäß dem, was	
11	דִּבַּרְתָּ׃	du gesagt hast.	

57,5 Zur √ עָלָה = »hinaufsteigen«; im *Hifil* »hinaufführen, ein Opfer darbringen«, gehören viele Ableitungen:
עַל, Präp. = auf, gegen (עָלַי = gegen mich, vgl. Gr. § **42**, NB);
עָלֶה, S. m. = Blattwerk;
עֹלָה, S. f. = Ganzbrandopfer;
עֲלִיָּה, S. f. = Obergemach;
עֶלְיוֹן, Adj. = hoch, S. m. = der Höchste (Gott);
מַעֲלֶה, S. m. = Aufstieg;
מַעַל, S. m. = Gipfel; Adv. und Präp. = über;
מַעֲלָה, S. f. = Gang, Treppe.

9 Das sehr gebräuchliche »עָשָׂה = machen« hat nur eine wichtige Ableitung:
מַעֲשֶׂה, S. m. = Tat, Werk.
Das Wort עָשָׂה ist sehr allgemein; ihm entspricht im Englischen sowohl *to do* wie *to make*. Es bildet auch einige auffallende Ausdrücke wie »sich die Nägel schneiden (*se faire les ongles*, zurechtmachen)«: וְעָשְׂתָה אֶת־צִפָּרְנֶיהָ = sie wird sich die Nägel schneiden (Dt 21,12); »er stutzte sich den Bart«: שְׂפָמוֹ עָשָׂה (2 Sam 19,25); aber auch »er machte sich die Füße« (עָשָׂה רַגְלָיו, 2 Sam 19,25) für »er wusch sich die Füße«.

58,1 Von der √ גָּדַל = groß werden, groß sein:
גָּדוֹל, Adj., = groß (in fast allen Bedeutungen: Maß, Zahl, Würde usw.); es gibt sogar den Ausdruck: עוֹד הַיּוֹם גָּדוֹל = noch ist der Tag groß = es ist noch mitten am Tag (Gen 29,7).
גְּדוּלָּה, S. f. = Größe;
מִגְדָּל, S. m. = Turm.

§ 58 **2 Sam** **7,26**			
1	וְיִגְדַּל	Und es sei groß	Jussiv, formgleich dem Imperf.
2	שִׁמְךָ	dein Name	
3	עַד־עוֹלָם	für immer,	
4	לֵאמֹר	(um zu sagen):	לֵאמֹר ist immer Einleitung wörtlicher Rede wie unser Doppelpunkt.
5	יְהוָה צְבָאוֹת	JHWH von Heerscharen	
6	אֱלֹהִים	(ist) Gott	
7	עַל־יִשְׂרָאֵל	über Israel,	
8	וּבֵית	und das Haus	§ **5**,2.
9	עַבְדְּךָ דָוִד	deines Knechtes David	
10	יִהְיֶה נָכוֹן	wird fest sein	§ **48**,7–8.
11	לְפָנֶיךָ׃	vor dir.	§ **41**,7.
§ 59 **2 Sam** **7,27**			
1	כִּי־אַתָּה	Denn du,	
2	יְהוָה צְבָאוֹת	JHWH von Heerscharen,	
3	אֱלֹהֵי יִשְׂרָאֵל	Gott Israels,	
4	גָּלִיתָה	du hast geöffnet	wörtlich: aufgedeckt.
5	אֶת־אֹזֶן	das Ohr von	
6	עַבְדְּךָ	deinem Diener,	
7	לֵאמֹר	(um zu sagen):	§ **58**,4.
8	בַּיִת	Ein Haus	
9	אֶבְנֶה־לָּךְ	werde ich dir bauen.	Beachte die Pausalform לָךְ statt לְךָ (§ **35**,8) und die euphonische Verdoppelung des ל (§ **43**,13).

10 Von der √ כון = fest sein (Part. *Nifal*, Adj. נָכוֹן = fest, § **48**,8):
כֵּן, Adj. = gerade, recht, wahr (zu unterscheiden von »כֵּן = so«, § **32**,1);
מָכוֹן, S. m. = Gründung;
מְכוֹנָה, S. f. = Grundlage, Anknüpfungspunkt.

59,1 Zu den **Akzenten**, die in der Bibel vorkommen:
Außer der so auffallenden Vokalisation durch Punktierung gibt es in der Bibel »Rhythmus«-Zeichen. Es gibt davon im normalen System 21 (daneben gibt es ein sogenanntes poetisches System für die drei Bücher Hiob, Sprüche und Psalmen mit 20 Zeichen, die zum Teil von denen des normalen Systems abweichen). Sie bieten einen dreifachen Nutzen:

1. Sie bezeichnen die **Melodie** für die öffentliche Lesung in der Synagoge. Jedes Zeichen repräsentiert eine musikalische Note oder mehrere, ähnlich den Neumen der Gregorianik. Deshalb die so große Zahl und Verschiedenheit dieser Melodiezeichen, die den verschiedenen Tönen des Gesanges entsprechen.
2. Gleichzeitig zeigen sie **Pausen** und **Zusammengehörigkeit** von Worten an. Einige dieser Zeichen sind »konjunktive« Zeichen, die ein Wort mit dem folgenden zusammenbringen. Andere sind »disjunktiv« und bezeichnen eine mehr oder minder große Trennung. So entsprechen diese Zeichen im Gebrauch unserer Interpunktion.
3. Da die meisten dieser Zeichen die betonte Silbe des jeweiligen Wortes betreffen, sind sie zugleich **Betonungs**-Zeichen.

Es ist nicht notwendig, alle diese 21 Zeichen zu kennen; es kann aber nützlich sein, wenigstens einige von ihnen, vor allem die disjunktiven, zu kennen.

1) Erwähnt wurden bereits der *ʾAṯnāḥ* (◌֑) und der *Sillûq* (◌ֽ) (Gr. § **18, III**), welche wichtige Pausen markieren.
2) Die drei disjunktiven Akzente über der betonten Silbe werden von drei (*Seĝôltā*) oder zwei (*Zāqēf*) Punkten oder einem Punkt (*Reḇiaʿ*) gebildet; sie bezeichnen Pausen mit absteigender Wertigkeit, die gegebenenfalls jeden durch *ʾAṯnāḥ* abgetrennten Halbvers noch unterteilen.
Beispiele: Gen 1,2. Der Vers wird durch *ʾAṯnāḥ* nach תְּהוֹם geteilt. Sodann ist jeder der Halbverse seinerseits in zwei Teile durch ein *Zāqēf* geteilt, das im ersten Halbvers eine Pause nach וָבֹהוּ bezeichnet, und nach אֱלֹהִים im zweiten.
Gen 1,7: Der Vers wird durch *ʾAṯnāḥ* in zwei sehr ungleiche Teile geteilt. Der erste Halbvers wird seinerseits dreifach unterteilt, zuerst durch *Seĝôltā* nach הָרָקִיעַ, dann zweimal durch ein *Zāqēf* nach לָרָקִיעַ und nach הַמָּיִם. Deshalb ist der Vers wie folgt zu lesen:
וַיַּעַשׂ אֱלֹהִים אֶת־הָרָקִיעַ '' וַיַּבְדֵּל בֵּין הַמַּיִם אֲשֶׁר מִתַּחַת לָרָקִיעַ ' וּבֵין הַמַּיִם '
אֲשֶׁר מֵעַל לָרָקִיעַ ''' וַיְהִי־כֵן׃

10	עַל־כֵּן	Deswegen	
11	מָצָא	hat gefunden	
12	עַבְדְּךָ	dein Diener	
13	אֶת־לִבּוֹ	sein Herz	
14	לְהִתְפַּלֵּל	um zu beten	Inf. *Hitpael* von פָּלַל.
15	אֵלֶיךָ	zu dir	
16	אֶת־הַתְּפִלָּה הַזֹּאת׃	dieses Gebet.	
§ 60 **2 Sam** **7,28**			
1	וְעַתָּה	Und jetzt,	
2	אֲדֹנָי יְהוִה	Herr JHWH,	
3	אַתָּה־הוּא	du (bist)	wörtlich: »du (bist) er,«
4	הָאֱלֹהִים	der Gott,	Zum Gebrauch des Artikels bei אֱלֹהִים (nie bei אֱלוֹהַּ) vgl. Lexika und Grammatiken.
5	וּדְבָרֶיךָ	und deine Worte	
6	יִהְיוּ	werden sein	
7	אֱמֶת	Beständigkeit,	S. f., ✓ אָמַן, § **48**,1.
8	וַתְּדַבֵּר	und du hast gesagt	Imperf. consec. *Piel*.
9	אֶל־עַבְדְּךָ	zu deinem Diener	
10	אֶת־הַטּוֹבָה הַזֹּאת׃	dieses Gute.	
§ 61 **2 Sam** **7,29**			
1	וְעַתָּה	Und jetzt	
2	הוֹאֵל	sei wohlwollend	2. P. m. Sg. Imperat. *Hifil* von יָאַל.
3	וּבָרֵךְ	und segne	2. P. m. Sg. Imperat. *Piel*.
4	אֶת־בֵּית	das Haus	
5	עַבְדְּךָ	deines Dieners	

59,14 Ableitungen von »פָּלַל = beten«:
תְּפִלָּה, S. f. = Gebet (§ **59**,16) (nicht verwechseln mit תְּהִלָּה, S. f. = Lob, von der √ הָלַל = loben; davon kommt das *Hallel* und unser *Halleluja*, V. § **17**,18).

60,3 Man beachte die eigenartige Wendung: אַתָּה הוּא הָאֱלֹהִים, die unserem »du bist es, der« entspricht und im Hebräischen häufig vorkommt; vgl. Ps 44,5; Jes 37,16; 43,25; 51,9ff. Vielleicht läßt sie sich durch die Fragewendung erklären: »מִי הוּא = wer ist es« (Gen 27,33; Ps 24,10), auf die man antwortete: »אַתָּה הוּא, אָנֹכִי הוּא = ich bin er, du bist er« usw. Ähnlich auch im Plural: »הֵם אֵלֶּה = sie sind diejenigen«.

61,2 Das Verb יָאַל (im *Hifil*) kann als Quasi-Hilfsverb angesehen werden (wie שׁוּב und יָסַף, § **10**,15 B); es bedeutet »sich würdigen« und entspricht mehr oder weniger unserem »bitte«; man verwendet es bald mit syndetischer (= verbindender) Konstruktion, das heißt mit ו, bald mit asyndetischer (ohne ו).

3 Es gibt zwei Wurzeln ברך:
I. בָּרַךְ = sich hinknien (von dieser √ kommt auch בֶּרֶךְ, S. f. = Knie [Du.: בִּרְכַּיִם]);
II. ברך (kommt vor im *Qal* Part. pass, *Pual*, *Nifal*, *Hitpael*) = segnen, grüßen (meist durch einen Segen), fluchen (euphemistisch; vgl. englisch *to bless*, französisch *sacrer*). Von derselben √ kommt בְּרָכָה, S. f. = Segen (St. constr. בִּרְכַּת).
Von noch einer anderen √ kommt בְּרֵכָה, S. f. = Teich (vgl. arabisch *birket*).

6	לִהְיוֹת לְעוֹלָם	um für immer zu sein	
7	לְפָנֶיךָ	vor deinem Angesicht,	
8	כִּי־אַתָּה	weil du,	
9	אֲדֹנָי יְהוִה	Herr JHWH,	
10	דִּבַּרְתָּ	gesprochen hast,	
11	וּמִבִּרְכָתְךָ	und aus deiner Segnung	
12	יְבֹרַךְ	wird gesegnet sein	3. P. m. Sg. Imperf. *Pual* von בֵּרֵךְ *Piel*.
13	בֵּית־	das Haus	
14	עַבְדְּךָ	deines Dieners	
15	לְעוֹלָם׃	für immer.	

6 Im biblischen Hebräisch gibt es ein Verb »עָלַם = verstecken«, von dem abgeleitet wird:
תַּעֲלֻמָה, S. f. (selten) = Geheimnis, Verborgenes.
Aber עֶלֶם, S. m. = junger Mann, und עַלְמָה, S. f. = junges Mädchen, junge Frau (Jes 7,14, LXX: παρθένος) kommen wahrscheinlich von einer √ עָלַם* = stark, jung sein.
Das Wort עוֹלָם, S. m., bedeutet eine verlängerte und unbestimmte Dauer in der Vergangenheit oder Zukunft; seine Herkunft ist schwer auszumachen. Dieses Wort wird in der Vulgata mit *sæculum* wiedergegeben. Ein stereotyper Ausdruck wie לְעוֹלָם וָעֶד (Ps 9,6; 10,16; 21,5 usw.) hat zu der Übersetzung *in sæculum sæculi* geführt. Die Formel *in sæcula sæculorum* entstammt wohl aramäischen Texten wie Dan 7,18: עַד־עָלְמָא וְעַד עָלַם עָלְמַיָּא ; vgl. Tob 14,15 (ursprünglich aramäisch).

Die Verheißung an David: 2 Sam 7,1-29

1 Als nun der König in seinem Haus wohnte und der Herr ihm Ruhe vor allen seinen Feinden ringsum verschafft hatte, 2 sagte er zu dem Propheten Natan: Ich wohne in einem Haus aus Zedernholz, die Lade Gottes aber wohnt in einem Zelt. 3 Natan antwortete dem König: Geh nur und tu alles, was du im Sinn hast; denn der Herr ist mit dir.

4 Aber in jener Nacht erging das Wort des Herrn an Natan: 5 Geh zu meinem Knecht David, und sag zu ihm: So spricht der Herr: Du willst mir ein Haus bauen, damit ich darin wohne? 6 Seit dem Tag, als ich die Israeliten aus Ägypten heraufgeführt habe, habe ich bis heute nie in einem Haus gewohnt, sondern bin in einer Zeltwohnung umhergezogen. 7 Habe ich in der Zeit, als ich bei den Israeliten von Ort zu Ort zog, jemals zu einem der Richter Israels, die ich als Hirten über mein Volk Israel eingesetzt hatte, ein Wort gesagt und sie gefragt: Warum habt ihr mir kein Haus aus Zedernholz gebaut? 8 Sag also jetzt meinem Knecht David: So spricht der Herr der Heere: Ich habe dich von der Weide und von der Herde weggeholt, damit du Fürst über mein Volk Israel wirst, 9 und ich bin überall mit dir gewesen, wohin du auch gegangen bist. Ich habe alle deine Feinde vor deinen Augen vernichtet, und ich will dir einen großen Namen machen, der dem Namen der Großen auf der Erde gleich ist. 10 Ich will meinem Volk Israel einen Platz zuweisen und es einpflanzen, damit es an seinem Ort (sicher) wohnen kann und sich nicht mehr ängstigen muß und schlechte Menschen es nicht mehr unterdrücken wie früher 11 und auch von dem Tag an, an dem ich Richter in meinem Volk Israel eingesetzt habe. Ich verschaffe dir Ruhe vor allen deinen Feinden. Nun verkündet dir der Herr, daß der Herr dir ein Haus bauen wird. 12 Wenn deine Tage erfüllt sind und du dich zu deinen Vätern legst, werde ich deinen leiblichen Sohn als deinen Nachfolger einsetzen und seinem Königtum Bestand verleihen. 13 Er wird für meinen Namen ein Haus bauen, und ich werde seinem Königsthron ewigen Bestand verleihen. 14 Ich will für ihn Vater sein, und er wird für mich Sohn sein. Wenn er sich verfehlt, werde ich ihn nach Menschenart mit Ruten und mit Schlägen züchtigen. 15 Meine Huld aber soll nicht von ihm weichen, wie sie von Saul gewichen ist, den ich vor deinen Augen verstoßen habe. 16 Dein Haus und dein Königtum sollen durch mich auf ewig bestehen bleiben; dein Thron soll auf ewig Bestand haben.

17 Natan sprach zu David genau so, wie es (ihm) gesagt und offenbart worden war. 18 Da ging König David hin und setzte sich vor dem Herrn nieder und sagte: Wer bin ich, mein Herr und Gott, und wer ist mein Haus, daß du mich bis hierher geführt hast? 19 Weil das in deinen Augen noch zu wenig war, mein Herr und Gott, hast du dem Haus deines Knechtes sogar Zusagen für die ferne Zukunft gemacht. Ist das eine Weisung, wie sie einem (schwachen) Menschen zukommt, mein Herr und Gott? 20 Was soll David noch weiter zu dir sagen? Du kennst deinen Knecht, mein Herr und Gott. 21 Um deines Wortes willen und nach der Absicht deines Herzens hast du alle diese großen Taten getan und deinem Knecht offenbart. 22 Darum bist du groß, mein Herr und Gott. Ja, keiner ist dir gleich, und außer dir gibt es keinen Gott nach allem, was wir mit unseren Ohren gehört haben.

Zur Exegese

Dieses Kapitel steht nach der Übertragung der Lade nach Jerusalem, was in gewissem Sinn die Krönung von Davids Werk der religiösen und politischen Einigung war, aber seinerseits noch zu einem weiteren Höhepunkt führen sollte: dem Tempelbau, von dem hier die Rede ist.

Die Episode vollzieht sich in drei Akten:

1) Der Plan des Königs wird vom Propheten gebilligt. Der Plan selbst wird nicht formuliert. David begnügt sich damit, die Ungereimtheit der Tatsache auszusagen, daß JHWH in einem Zelt wohnt, während sich der König einen Palast gebaut hat. Natan begreift die zugrundeliegende Absicht und ermutigt den König.

2) Eingreifen JHWHs durch seinen Propheten, den er mit einer Botschaft für David beauftragt hat. Der Sinn bleibt geheimnisvoll; insbesondere läßt Gott nicht sagen, aus welchen Gründen er es ablehnt, daß ihm David einen Tempel baue. Er läßt nur feststellen:

a) er habe sich nie darüber beklagt, in einem Zelt zu wohnen, und habe auch nie etwas anderes verlangt (4–7);

b) er habe nie aufgehört, David zu segnen und zu begünstigen, und zwar vom Beginn an bis jetzt (8–9), und diese Wohltaten seien noch nicht beendet;

c) im besonderen werde er eine Dynastie (wörtlich: ein Haus) zu seiner Nachfolge errichten. Darin besteht ein Wortspiel: David will Gott ein Haus bauen. Gott lehnt dies ab, er selbst wird für David ein Haus bauen. Man hat mit plausiblen Gründen die Annahme vertreten, daß Vers 13 oder zumindest dessen erster Teil eine späte Glosse sei, um das Werk Salomos zu verherrlichen. Der ursprüngliche Text wäre jedoch eine einfache und klare Ablehnung gewesen, begründet in der Anhänglichkeit an die Religion der Väter und an den einfachen Kult in der Wüste. Wie dem auch sei, die Frage des Tempels bleibt sekundär; die Prophetie Natans unterstreicht, selbst wenn sie zuerst Salomon im Blick hat, daß in ihm eine Dynastie errichtet werde.

3) Das Gebet Davids. Als er diese Botschaft empfangen hatte, wendet sich David selbst an Gott, um ihm dankzusagen und seine Bitten an ihn zu richten. Kein neues Element, sondern nur die Ausbreitung seiner Frömmigkeit in einem sehr »priesterlichen« Stil:

a) Demutsbekenntnis im eigenen Namen und Danksagung für alles, was JHWH für ihn getan hat, insbesondere für die Verheißung der Errichtung seiner Dynastie (18–22), dann im Namen des Volkes, das er aus seinem ursprünglichem Elend erhoben hat, um es zu den gegenwärtigen Verheißungen zu führen (23–24).

b) Gebet für seine Dynastie, für die er um Beständigkeit (25–27) und Segen (28–29) bittet.

Es handelt sich um einen Text, der in Kontrast steht zu den konkreten und genauen Erzählungen von der Übertragung der Arche. Es handelt sich um die Darle-

[23] Welches andere Volk auf der Erde ist wie dein Volk Israel? Wo wäre ein Gott hingegangen, um ein Volk für sich als sein Volk freizukaufen und ihm einen Namen zu machen und für dieses Volk große und erstaunliche Taten zu vollbringen, so wie du ganze Völker und ihre Götter vertrieben hast vor den Augen deines Volkes, das du dir von den Ägyptern freigekauft hast?
[24] Du hast Israel auf ewig zu deinem Volk bestimmt, und du, Herr, bist sein Gott geworden.

[25] Doch nun, Herr und Gott, verleih dem Wort, das du über deinen Knecht und über sein Haus gesprochen hast, für immer Geltung, und tu, was du gesagt hast.
[26] Dann wird dein Name groß sein für ewige Zeiten, und man wird sagen: Der Herr der Heere ist Israels Gott!, und das Haus deines Knechtes David wird vor deinen Augen Bestand haben.
[27] Denn du, Herr der Heere, Gott Israels, hast deinem Knecht offenbart: Ich will dir ein Haus bauen. Darum fand dein Knecht den Mut, so zu dir zu beten:

[28] Ja, mein Herr und Gott, du bist der einzige Gott, und deine Worte sind wahr. Du hast deinem Knecht ein solches Glück zugesagt.
[29] So segne jetzt gnädig das Haus deines Knechtes, damit es ewig vor deinen Augen Bestand hat. Denn du, mein Herr und Gott, hast es versprochen, und mit deinem Segen wird das Haus deines Knechtes für immer gesegnet sein.

gung einer These: Der Autor will erläutern, daß David nicht selbst für JHWH den Tempel erbaut hat, auf den dieser ein Recht hatte, und er will beweisen, daß dies von seiten Davids nicht auf Nachlässigkeit beruhte und von seiten Gottes keineswegs mangelnde Gunst bedeutete.Zugleich handelt es sich um eine der ersten Ausdrucksformen eines Königsmessianismus. Offenbar richtet sich der Blick zuerst auf den unmittelbaren Nachfolger Davids, Salomo. Aber hinter ihm ahnt man bereits eine ganze Ahnenreihe von Königen, aus denen der Messias kommen wird.

Dies wird zwar nicht ausdrücklich gesagt, aber es ist zu erkennen, daß die Ausdrücke bereits mehrwertig sind. Diesbezüglich empfiehlt es sich, mit diesem Passus das parallele und etwas verschiedene 1 Chr 17 zu vergleichen. Hervorragende Exegeten haben darauf hingewiesen, daß bestimmte Modifikationen durch den Chronisten das Ziel gehabt zu haben scheinen, die messianische Bedeutung dieses Textes zu unterstreichen. Aber die Unterschiede sind gering, und 2 Sam selbst hat bereits, zumindest andeutungsweise, eine gewisse messianische Blickrichtung.

> *Vor Abschluß der erläuterten Texte sollen zwei kurze poetische Texte dargeboten werden. An ihnen wird die Eigenart und die Schwierigkeit der hebräischen Dichtung deutlich. Aber dieses dritte und vierte Kapitel kann man nur mit Nutzen angehen, wenn der Stoff der beiden vorangehenden gut beherrscht wird.*

DRITTER TEXT

Psalm 95

§ 62 Ps 95,1			
1	לְכוּ	Geht,	2. P. m. Pl. Imper. *Qal* von הָלַךְ (§ **12**,3).
2	נְרַנְּנָה	laßt uns rufen	1. P. Pl. Kohortativ (Gr. § **83**) *Piel* von רָנַן.
3	לַיהוָה	zu JHWH,	§ **55**,18 B.
4	נָרִיעָה	laßt uns zujubeln	1. P. Pl. Kohortativ *Hifil* von רוּעַ.
5	לְצוּר	dem Fels	St. constr. von צוּר, S. m. (in bezug auf Gott kommt dieses Wort 33 mal vor).
6	יִשְׁעֵנוּ׃	unseres Heils.	יֵשַׁע, S. m.; ✓ יָשַׁע und Suffix 1. P. Pl.
§ 63 Ps 95,2			
1	נְקַדְּמָה	Laßt uns entgegen-gehen	1. P. Pl. Kohortativ *Piel* von קָדַם.
2	פָנָיו	seinem Angesicht	
3	בְּתוֹדָה	in Danksagung,	✓ יָדָה (*Hifil*) = loben, danken.
4	בִּזְמִרוֹת	durch Lieder	
5	נָרִיעַ(ה)	laßt uns zujubeln	§ **62**,4.
6	לוֹ׃	ihm.	

62,1 לְכוּ wird oft in einem abgeschwächten Sinn verwandt, als einfacher Ausruf (etwa: »los!«), vor allem vor einem asyndetischen (= unverbundenen, nicht mit ו angeschlossenen) zweiten Imper. (§ **35**,5). Ähnlich auch bei anderen Verben, z. B. הָבָה (von יָהַב = geben). Dennoch läßt hier der Parallelismus vom בֹּאוּ in V. 6 zögern, diese Interpretation anzunehmen.

---

6 Vom Verb יָשַׁע = befreien, retten (nur im *Hifil* und *Nifal* gebraucht):
יֵשַׁע, S. m. = Befreiung;
יְשׁוּעָה, S. f. = Heil;
שׁוֹעַ, Adj. = frei, vornehm (gleiche √?);
תְּשׁוּעָה, S. f. = Befreiung;
und viele Eigennamen, unter ihnen: Jesaja, Hosea, Josua, Jesus (V. § **20**,53).

63,1 Von derselben √ קָדַם = entgegentreten, begegnen:
קֶדֶם, S. m. = was vor einem ist, bevor; Osten; ferne Vergangenheit;
קֵדְמָה, Adv. = gegen Osten;
קַדְמָה, S. f. = Ursprung, Altertum;
קַדְמֹנִי, Adj. = östlich, alt.

---

4 Von der √ זָמַר (nur im *Piel*) = musizieren:
זִמְרָה, S. f. = Melodie, Gesang;
זָמִיר, S. m. = Gesang;
מִזְמוֹר, S. m. = Gesang, Psalm. Titel vieler Psalmen, aber nicht des ganzen Psalters, der vielmehr »Buch der Loblieder« (סֵפֶר תְּהִלִּים) heißt (V. § **17**,18).

---

5 Die im überlieferten Text vorliegende Form, נָרִיעַ, muß nach den Manuskripten verbessert werden zu נָרִיעָה (Kohortativ, mit paragogischem *h*) wie in § **62**,4. Aber um eine Wiederholung zu vermeiden, haben Exegeten vorgeschlagen, »נָגִילָה = laßt uns uns freuen« zu lesen (von »גּוּל oder גִּיל = sich freuen«).

§ 64 Ps 95,3			
1	כִּי	Denn	
2	אֵל גָּדוֹל	ein großer Gott	
3	יְהוָה	(ist) JHWH	
4	וּמֶלֶךְ גָּדוֹל	und ein großer König,	
5	עַל־כָּל־אֱלֹהִים׃	über alle Götter,	
§ 65 Ps 95,4			
1	אֲשֶׁר בְּיָדוֹ	welcher: in seiner Hand (sind)	§ 7,4–7.
2	מֶחְקְרֵי־	die Verstecke	מֶחְקָר, S. m. (†), ✓ חָקַר = suchen.
3	אָרֶץ	der Erde,	Pausalform.
4	וְתוֹעֲפוֹת	und die Gipfel	תּוֹעָפָה, S. f., ✓ יָעַף.
5	הָרִים	von Bergen	Der Artikel fehlt, zum einen aufgrund einer gewissen Unbestimmtheit, aber wahrscheinlich auch wegen des poetischen Stils.
6	לוֹ׃	(gehören) ihm.	
§ 66 Ps 95,5			
1	אֲשֶׁר־לוֹ	Welcher: Ihm	§ 7,4–7.
2	הַיָּם	(gehört) das Meer,	S. m.
3	וְהוּא	und er	
4	עָשָׂהוּ	hat es gemacht,	
5	וְיַבֶּשֶׁת	und das Festland,	S. f., ✓ יָבֵשׁ = trocken sein.
6	יָדָיו	seine Hände	
7	יָצָרוּ׃	haben gebildet.	✓ יָצַר, Pausalform.

64,4f Eine weitere Möglichkeit, einen Komparativ oder sogar einen relativen Superlativ auszudrücken (vgl. § **41**,12 B; V. § **1**,6): der größte aller Götter.

65,2 Das Wort מֶחְקְרֵי des masoretischen Textes ist ein *Hapax* (= es kommt nur ein einziges Mal in der Bibel vor). Man leitet es gewöhnlich von dem Verb »חָקַר = suchen« ab; davon kommt ebenfalls »חֵקֶר, S. m. = Suche, das zu Suchende, das Unerforschte« (Ijob 11,7; 38,16); der Sinn von מֶחְקְרֵי wäre dann ungefähr der gleiche: »unerforschte Gebiete, Tiefen«. Doch hat die LXX τὰ πέρατα (Vulg.: *omnes fines*), was die Lesart מֶרְחַקֵּי (von der √ »רָחַק = entfernt sein« voraussetzt. Dies ist eine wahrscheinliche Korrektur.

66,2 יָם, S. m. = Meer (unbekannte √, ימם?), St. constr. יַם; Suffix 3. P. f. יַמָּהּ. Als Seltsamkeit sei hier auf den Ursprung des Ausdrucks *maris stella* hingewiesen, der auf die Jungfrau Maria angewandt wird. In seinem Werk *Liber de nominibus hebraicis* (Buch über die hebräischen Namen; PL 23,42) schreibt Hieronymus in bezug auf den Namen *Maria*: »*Melius autem est ut dicam sonare eam ›stellam maris‹, sive ›amarum mare‹* (es ist besser, wenn ich sage, dieser Name klingt wie ›Meeresstern‹ oder ›bitteres Meer‹)«. Letztere Hypothese ist leicht verständlich (מַר = bitter, V. § **8**,36). Aber die Lesart »Meeresstern« ist als Übersetzung aus dem Hebräischen unverständlich. Das Wort »Stern (כּוֹכָב)«, V. § **13**,59, hat mit dem Namen Maria nichts gemeinsam. Aber wahrscheinlich handelt es sich um einen Abschreibefehler. Zu lesen ist *stilla maris* = ein Meerestropfen. Hieronymus las den Namen Mariam als Zusammensetzung aus »מַר = Tropfen« nach Jes 40,15 (†) und יָם = Meer. Daher die recht gewagte Übersetzung »*stilla maris* = Meerestropfen«, aus der dann bald durch Verschreibung das liebliche Bild »*stella maris* = Meeresstern« geworden ist.

5 Von der √ יָבֵשׁ = trocken sein:
יָבֵשׁ, Adj. = trocken, vertrocknet;
יַבָּשָׁה und יַבֶּשֶׁת, S. f. = festes Land, Festland (Gen 1,9.10).

§ 67 Ps 95,6			
1	בֹּאוּ	Kommt,	§ **50**,1.
2	נִשְׁתַּחֲוֶה	werfen wir uns nieder	1. P. Pl. Imperf. *Hištafel* (mit Umstellung) von הוה. Die Kohortativform (mit hinzugefügtem *a*) ist bei den Verben ל״ה ungebräuchlich.
3	וְנִכְרָעָה	und verneigen wir uns,	1. P. Pl. Kohortativ *Qal* von כָּרַע.
4	נִבְרְכָה	knien wir uns hin	1. P. Pl. Kohortativ *Qal* von בָּרַךְ, § **61**,3.
5	לִפְנֵי־ יְהוָה	vor dem Angesicht JHWHs,	
6	עֹשֵׂנוּ׃	des uns gemacht habenden.	Part. akt. und Nominalsuffix.
§ 68 Ps 95,7			
1	כִּי הוּא	Denn er (ist)	
2	אֱלֹהֵינוּ	unser Gott,	
3	וַאֲנַחְנוּ	und wir	
4	עַם	das Volk von	
5	מַרְעִיתוֹ	seiner Weidung	√ רָעָה = weiden (vgl. § **17**,15 B)
6	וְצֹאן	und die Herde von	§ **40**,11.
7	יָדוֹ	seiner Hand.	
8	הַיּוֹם	Heute,	
9	אִם־בְּקֹלוֹ	wenn doch auf seine Stimme	
10	תִשְׁמָעוּ׃	ihr hören würdet,	2. P. m. Pl. Imperf. *Qal* von שָׁמַע, § **8**,10; **54**,9.

67,2 Das Verb חוה* wird im AT nur in der sonst im Hebräischen nicht gebrauchten *Hištafel*-Form, die aus anderen semitischen Sprachen bekannt ist, verwendet. Sie bedeutet »sich niederwerfen, προσκυνεῖν«. *Hištafel* ist der Reflexivstamm zu einem mit dem Präfix š gebildeten Kausativstamm *Šafel*. Beispiele vorkommender Formen: Perf. הִשְׁתַּחֲוָה, הִשְׁתַּחֲוִיתָ, הִשְׁתַּחֲווּ: Imperf. יִשְׁתַּחֲוֶה, יִשְׁתַּחֲווּ; Imperf. consec. 3. P. m. Sg. וַיִּשְׁתַּחוּ, 3. P. m. Pl. וַיִּשְׁתַּחֲווּ; Inf. constr. לִשְׁתַּחֲוֹת

3–4 Es kamen bereits zahlreiche Kohortative vor (vgl. noch § **62**,2.4; **63**,1); daran kann man ablesen, wie dieser Modus zustande gekommen ist (Gr. § **83** A). Man beachte jedoch, daß die Verben ל"ה niemals das paragogische *a* annehmen, das sonst den Kohortativ kennzeichnet. So erlaubt es nur der Zusammenhang, das Verb נִשְׁתַּחֲוֶה als Kohortativ zu erkennen.

68,5 Von der √ רָעָה = weiden (aktiv und passiv):
מִרְעֶה, S. m. = Weideplatz, Futter;
מַרְעִית, S. f. = Weidearbeit, Hirtsein;
NB auch das Part. akt. רֹעֶה, als S. m. = Hirt (§ **25**,15 B).

8 In dem Ausdruck »הַיּוֹם = an diesem Tag, heute« (ebenso in »הַלַּיְלָה = diese Nacht«, »הַשָּׁנָה = dieses Jahr«, »הַפַּעַם = dieses Mal«) hat der Artikel seine ursprüngliche starke Bedeutung als Demonstrativpronomen bewahrt. Der Gegensatz wäre das unbestimmte »יוֹמָם = am Tag« (§ **43**,1).

9 Die Partikel אם ist vor allem eine unterordnende Konjunktion, die eine Bedingung einleitet: »wenn« (für Potentialis und Realis; für den Irrealis verwendet man eher לוּ oder bei Negation לוּלֵי, § **80**,1). Aber sie wird auch in zeitlichem Sinn gebraucht (Gen 38,9): אִם בָּא = wenn (immer wenn) er kam. Ferner wird sie bei indirekten oder direkten Fragen gebraucht und bei Schwur- oder Selbstverfluchungssätzen (§ **72**,4), und schließlich bei Wunschsätzen. Dieser letztere Gebrauch ist hier vorauszusetzen: »Wenn ihr doch hörtet« = »Möchtet ihr doch hören!«. Vgl auch Ps 139,19.

§ 69 Ps 95,8			
1	אַל־תַּקְשׁוּ	verhärtet nicht	2. P. m. Pl. Jussiv (dem Imperf. hier formgleich) *Hifil* von קָשָׁה = hart, streng sein.
2	לְבַבְכֶם	euer Herz	Von לֵבָב. Abgekürzte Vokalisation bei schwerem Suffix.
3	כִּמְרִיבָה	wie Meriba,	
4	כְּיוֹם	wie der Tag von	
5	מַסָּה	Massa	Von der √ נָסָה = versuchen, § 70,2.
6	בַּמִּדְבָּר׃	in der Wüste,	
§ 70 Ps 95,9			
1	אֲשֶׁר	an welchem	
2	נִסּוּנִי	mich versucht haben	3. P. Pl. Perf. *Piel* von נָסָה, und Verbalsuffix 1. P. Sg.
3	אֲבוֹתֵיכֶם	eure Väter;	
4	בְּחָנוּנִי	sie haben mich auf die Probe gestellt,	3. P. Pl. Perf. *Qal* von בָּחַן, und Suffix 1. P. Sg.
5	גַּם־רָאוּ	und doch hatten sie gesehen	
6	פָּעֳלִי׃	mein Werk.	S. m. von der √ פָּעַל = machen.

70,1 Hinweis zur **hebräischen Poesie:**

An diesem relativ regelmäßigen Psalm lassen sich leicht einige Grundgesetze der hebräischen Poesie ablesen. Sie wird durch zwei gleichermaßen wichtige Faktoren bestimmt:

a) den fast ständigen Gebrauch des Parallelismus, der einen eigentümlichen Rhythmus entstehen läßt. Die poetische Einheit ist nicht die Zeile, sondern der Vers, der gewöhnlich aus zwei Halbzeilen besteht (es können auch drei Halbzeilen sein, wenn drei Ausdrücke parallelisiert werden). Vgl. § **73**,1–4 B.

b) die Zahl der »Hebungen« (die von den Versfüßen des Griechischen und Lateinischen und auch von unserer Silbenzahl verschieden sind). Im Hebräischen werden nur die akzentuierten Silben gezählt (Gr § **23**).

Ein Vers ist deshalb gewöhnlich aus zwei gleichen Halbzeilen zusammengesetzt, die jede 2, 3, 4 oder 5 »Hebungen« haben können (die Zahl der unbetonten Silben ist nicht festgelegt).

So liegen hier in Ps 95,9 zwei Halbzeilen mit jeweils drei »Hebungen« vor (Rhythmus 3 + 3):

אֲשֶׁר נִסּוּנִי אֲבוֹתֵיכֶם // בְּחָנוּנִי גַּם־רָאוּ פָעֳלִי

Aber es gibt in der hebräischen Poesie noch einen anderen Rhythmus, den der *Qina* (Elegie, Klagelied). Er wirkt aufgrund der Ungleichheit der beiden Halbzeilen sehr ergreifend: 3 + 2 oder 4 + 3. Vgl. z. B. Ps 110; 140; Ez 27; Klgl 1–4.

Etwa der Anfang des Klagelieds von Ezechiel: 26,17.

אֵיךְ אָבַדְתְּ נוֹשֶׁבֶת מִיַּמִּים // הָעִיר הַהֻלָּלָה
אֲשֶׁר הָיְתָה חֲזָקָה בַיָּם // הִיא וְיֹשְׁבֶיהָ

»Ach, wie bist du zerstört, du Bewohnerin der Meere, ruhmreiche Stadt, die gewesen ist mächtig auf dem Meer, sie und ihre Bewohner.«

Mit diesen wenigen Hinweisen sind bereits die entscheidenden Gesetze der hebräischen Poesie benannt; sie sind jedoch am biblischen Text selbst zu verifizieren. Diese Verifikation ist mit einigen Schwierigkeiten verbunden. Auf der einen Seite ist der biblische Text nicht immer gut erhalten, und auf der anderen ist die hebräische Poesie doch komplexer, als es diese wenigen Gesetze ahnen lassen.

Sehr viel schwieriger ist die Aufteilung in Strophen. Man sollte hier den allzu starren Theorien mißtrauen. Es gilt, den Text selbst ohne Vorurteile anzugehen und sich immer den Tatsachen, also dem Text selbst, zu unterwerfen.

§ 71 Ps 95,10			
1	אַרְבָּעִים שָׁנָה	Vierzig Jahre	§ **10**,7–8.
2	אָקוּט	habe ich Ekel gehabt	1. P. Sg. Imperf. *Qal* von קוּט. Den Wiederholungsaspekt beachten, ausgedrückt durch das Imperf.
3	בְּדוֹר (הַהוּא)	gegen (dieses) Geschlecht;	(Hinzufügen: הַהוּא mit LXX und Vulg.; und vokalisieren: בַּדּוֹר).
4	וָאֹמַר	so habe ich gesagt:	§ **34**,1.
5	עַם	Ein Volk	
6	תֹּעֵי לֵבָב	Umherirrende in bezug auf das Herz	תֹּעֵי, m. Pl. constr. des Partizips akt. (תֹּעֶה) von תָּעָה.
7	הֵם	(sind) sie	
8	וְהֵם	und sie,	
9	לֹא־יָדְעוּ	sie haben nicht erkannt	
10	דְרָכָי׃	meine Wege.	
§ 72 Ps 95,11			
1	אֲשֶׁר־	Demgemäß	= so daß. Vgl. Gen 11,7; 13,16; 22,19.
2	נִשְׁבַּעְתִּי	habe ich geschworen	1. P. Sg. Perf. *Nifal* von שׁבע = schwören. § **10**,7 B.
3	בְאַפִּי	in meinem Zorn:	
4	אִם־יְבֹאוּן	Sie werden nicht kommen	3. P. Pl. Imperf. *Qal* von בּוֹא. Am Schluß ein fälschlich »paragogisch« genanntes ן. In Wirklichkeit handelt es sich um eine alte Form der Endungen auf וּ.
5	אֶל־ מְנוּחָתִי׃	zu meiner Ruhe.	

71,1 אַרְבָּעִים שָׁנָה = vierzig Jahre. Mit den Zahlen ab 11 bleiben sehr häufig gebrauchte Worte (אִישׁ = Mann; נֶפֶשׁ = Seele; יוֹם = Tag; שָׁנָה = Jahr, אֶלֶף = Tausend; שֵׁבֶט = Stamm; manchmal auch חֹדֶשׁ = Monat, אַמָּה = Elle, שֶׁקֶל = Schekel, עִיר = Stadt) im Sg. (vgl. unser »hundert Mann«). Die anderen Worte stehen gewöhnlich im Plural. Umgekehrt kommen bei den Zahlen von 3 bis 10 alle Substantive in den Pl. und stehen entweder vor oder nach dem Zahlwort, welches in letzterem Fall entweder im St. constr. oder im St. abs. stehen kann. V. § **14**.

6 Das Verb תָּעָה, dessen physischer Sinn »umherirren, vagabundieren« ist, wird hier in moralischem Sinn gebraucht. Dieser moralische Sinn liegt in Ez 44,10 und 48,11 vor, mit רוּחַ (= in bezug auf den Geist) in Jes 29,24, mit לֵבָב hier. Häufig wird das *Hifil* gebraucht: »in die Irre treiben, verführen«.

72,4 אִם leitet hier einen verneinenden Schwursatz ein (»ich schwöre, daß nicht ...«). Diese Redeweise erklärt sich aus einer gegenseitigen Ansteckung von Schwur und Selbstverfluchung:

Die **Selbstverfluchung**: Weh mir, - wenn ich dies tue (אִם)
= ich werde ganz gewiß dies nicht tun;
- wenn ich dies nicht tue (אִם לֹא)
= ich werde dies ganz gewiß tun.

Der **Schwur**: Ich schwöre, - daß ich dies tun werde (כִּי);
- daß ich dies nicht tun werde
(hier müßte eigentlich כִּי לֹא stehen).

Aber faktisch haben sich beide Redeweisen gegenseitig kontaminiert. Man findet:

für die **Selbstverfluchung** positiv: אִם,
negativ: אִם לֹא oder כִּי;
für den **Schwur** positiv: כִּי oder אִם לֹא,
negativ: אִם (niemals כִּי לֹא).

Dies erklärt manchen Hebraismus in unseren biblischen Übersetzungen, angefangen mit dem Psalm Vulg. 94 (95),11: *iuravi in ira mea:* si *introibunt in requiem meam*; vgl. auch Ps 89 (90),36. Ebenso im Evangelium, Mk 8,12: ἀμὴν λέγω ὑμῖν, *εἰ* δοθήσεται τῇ γενεᾷ ταύτῃ σημεῖον (vgl. dagegen Mt 16,4: σημεῖον οὐ δοθήσεται).

Psalm 95

1 Kommt, laßt uns jubeln vor dem Herrn / und zujauchzen dem Fels unseres Heiles!
2 Laßt uns mit Dank seinem Angesicht nahen, / vor ihm jauchzen mit Liedern!
3 Denn der Herr ist ein großer Gott, / ein großer König über allen Göttern.
4 In seiner Hand sind die Tiefen der Erde, / sein sind die Gipfel der Berge.
5 Sein ist das Meer, das er geschaffen hat, / das trockene Land, das seine Hände gebildet.
6 Kommt, laßt uns niederfallen, uns vor ihm verneigen, / laßt uns niederknien vor dem Herrn, unserem Schöpfer!
7 Denn er ist unser Gott, / wir sind das Volk seiner Weide, / die Herde, von seiner Hand geführt.
Ach, würdet ihr doch heute auf seine Stimme hören! / 8 »Verhärtet euer Herz nicht
wie in Meríba, / wie in der Wüste am Tag von Massa!
9 Dort haben eure Väter mich versucht, / sie haben mich auf die Probe gestellt und hatten doch mein Tun gesehen.
10 Vierzig Jahre war mir dies Geschlecht zuwider; / so habe ich gesagt: Sie sind ein Volk, dessen Herz in die Irre geht; / denn meine Wege kennen sie nicht.
11 Darum habe ich in meinem Zorn geschworen: / Sie sollen nicht kommen zum Land meiner Ruhe.«

Zur Exegese

Ein liturgischer Psalm, der aus einem Hymnus (1–7a) und prophetischer Mahnung (7b–11) besteht; er ist verfaßt zur Feier der Erneuerung des Bundes zwischen Gott und dem Volk nach dem Exil.

LITERARISCHE STRUKTUR

1–7a I. Lobhymnus
- 1–2 A. Einladung zum Lob
- 3–5 B. Motiv: Gottes Herrschaft über die Welt
- 6 C. Einladung zum Lob
- 7a D. Motiv: Gottes Herrschaft über Israel

7b–11 II. Prophetische Mahnung

KOMMENTAR

1–2 *Einladung* zum Lob Gottes in der Tempelliturgie vor dem Retter Israels; erinnert wird an das Heilsereignis am Fuß des Felsens am Berg Horeb, wo durch Gottes Macht Wasser hervorsprudelte, um den Durst der Israeliten in der Wüste zu stillen (Ex 17,6).

3–5 *Motiv* des Lobs ist die Herrschaft Gottes über das All, die sich auf die geistige und körperliche Welt erstreckt. Die erstere umfaßt die kosmischen Mächte, die in den Mythologien als Götter personifiziert werden; sie sind dem höchsten Gott unterworfen als die Untertanen des himmlischen Hofs. Die letztere umfaßt die ganze Erde, die ebenso Gott als ihrem Schöpfer gehört.

6 *Einladung* zum Lob Gottes in der Tempelliturgie vor dem Herrn Israels.

7a *Motiv* des Lobs ist die Herrschaft Gottes über das auserwählte Volk, das so in der Hand Gottes ist wie eine Herde in der Hand ihres Hirten.

7b–11 *Prophetische Mahnung*, dem Bund mit Gott nicht untreu zu werden wie jene Israeliten, die sich gegen die Pläne Gottes erhoben und nicht zur Gegenwart Gottes auf dem Berg Sion gelangten.

VIERTER TEXT

Eine Weissagung Jesajas (Jes 1,2–12)

§ 73 Jes 1,2			
1	שִׁמְעוּ	Hört,	Imper. *Qal* von שָׁמַע.
2	שָׁמַיִם	Himmel,	S. m. Pl. (eher Du.), Sg. ungebräuchlich.
3	וְהַאֲזִינִי	horch auf,	Imper. *Hifil* 2. P. f. Sg. von אָזַן, § **29**,4 B.
4	אֶרֶץ	Erde,	
5	כִּי יְהוָה	denn JHWH	
6	דִּבֵּר	hat gesprochen:	Pausalform, statt דִּבֶּר, § **49**,5.
7	בָּנִים	Söhne	Objekt, poetische Umstellung.
8	גִּדַּלְתִּי	habe ich großgezogen	1. P. Sg. Perf. *Piel* von גָּדַל.
9	וְרוֹמַמְתִּי	und hoch gebracht,	1. P. Sg. Perf. *Polel* von רום.
10	וְהֵם פָּשְׁעוּ	und sie, sie haben sich aufgelehnt	
11	בִי׃	gegen mich.	
§ 74 Jes 1,3			
1	יָדַע שׁוֹר	Es kennt das Rind	
2	קֹנֵהוּ	seinen Besitzer	Part. akt. von קָנָה, mit Nominalsuffix 3. P. Sg.
3	וַחֲמוֹר	und der Esel	Vielleicht von einer √ חָמַר = rot sein (?).
4	אֵבוּס	die Krippe	S. m., √ אָבַס = nähren, fett machen.
5	בְּעָלָיו	seines Herrn;	Vielleicht singularisch trotz des Plurals: seiner Herrn.
6	יִשְׂרָאֵל	Israel	
7	לֹא יָדַע	kennt nicht,	

73,1-4 Gleich am Anfang ein kennzeichnendes Beispiel für die in der Dichtung so häufige Anwendung des Parallelismus (§ **70**,1). Hier handelt es sich um den synonymen Parallelismus: Der Gedanke wird in verschiedener Form wiederholt. Es handelt sich aber nicht um eine bloße Wiederholung; man achte auf die Bereicherung durch die Antithese »Erde – Himmel« sowie auf die Alliteration, das Klangspiel: אָזַן־אֶרֶץ שְׁמַע־שָׁמַיִם, die gerade bei den größten Dichtern häufig ist. Vgl. ferner § **74**,1–4.6–9; **75**,4–6.7–10.11–17 (3 Glieder); **76**,5–8 u. a.

74,2 Von der √ קָנָה = erwerben, kaufen:
קִנְיָן, S. m. = Erwerbung (konkret), das Erworbene;
מִקְנֶה, S. m. = Vieh; vgl. spanisch »*ganado* = Vieh« von »*ganar* = erwerben«;
מִקְנָה, S. f. = Erwerbung (abstrakt), Kauf.
Dieser Ochs und dieser Esel sind aufgrund der »Krippe« ihres Herrn und einer Verbindung mit Hab 3,2 (griech.) in unsere Weihnachtskrippen übergegangen, ohne dabei im Evangelium selbst vorzukommen. Man findet sie aber im 6. Jhdt. n. Chr. im apokryphen Ps.-Matthäus, Kap. 14.
Eine andere (?) √ »קָנָה = schaffen, hervorbringen« erklärt die Übersetzung der LXX von Spr 8,22 יְהוָה קָנָנִי: ὁ κύριος ἔκτισέν με ..., den Lieblingstext von Arius, der ihn auf den Logos bezog. Die Übersetzung der Vulg. *Dominus possedit me*, als handelte es sich um die erstgenannte √, beruht möglicherweise auf einer antiarianischen Reaktion. Für die zweite √ vgl. auch Gen 14,19: אֵל עֶלְיוֹן קֹנֵה שָׁמַיִם וָאָרֶץ. Diese √ »קנה = schaffen« findet sich auch schon in Ugarit im Schöpfungszusammenhang.

---

5 Von בָּעַל = Herr sein, als Frau nehmen (man erinnere sich an die altorientalische Auffassung von der Ehe):
בַּעַל, S. m. (בַּעֲלָה, S. f. = Herrin) = 1) Meister, Besitzer; 2) Gatte; 3) Bürger (einer Stadt); 4) Herr (davon kommt *Baal*, bald mit, bald ohne Artikel).
Vgl. das Wortspiel bei Hos 2,18:

וְהָיָה בַיּוֹם־הַהוּא תִּקְרְאִי אִישִׁי וְלֹא־תִקְרְאִי־לִי עוֹד בַּעְלִי:

»Du wirst mich ›mein Mann‹ nennen, und du wirst mich nicht mehr ›mein Baal‹ nennen.« Vgl. V. § **2**,25.

8	עַמִּי	mein Volk	
9	לֹא הִתְבּוֹנָן׃	nicht versteht.	3. P. m. Sg. Perf. *Hitpolel* (Pausalform) von בִּין.

§ 75 **Jes** **1,4**			
1	הוֹי	Ach! (Totenklage)	Nicht verwechseln mit »אוֹי = wehe« (Angstruf).
2	גּוֹי	Nation,	
3	חֹטֵא	sündigende,	Part. akt. von חָטָא.
4	עַם	Volk,	
5	כֶּבֶד	schwer an	St. constr. von כָּבֵד, Adj. (Typ *qatil*).
6	עָוֺן	Bosheit,	§ **46**,5.
7	זֶרַע	Same von	§ **32**,7.
8	מְרֵעִים	Bösewichtern,	Part. m. Pl. abs. *Hifil* von רָעַע, § **17**,15.
9	בָּנִים	Söhne,	
10	מַשְׁחִיתִים	verkommene,	Part. m. Pl. abs. *Hifil* von »שָׁחַת = sich zerstören lassen, sich bestechen lassen«.
11	עָזְבוּ	sie haben verlassen	3. P. Pl. Perf. *Qal* von עָזַב.
12	אֶת־יְהוָה	JHWH,	
13	נִאֲצוּ	sie haben verachtet	3. P. Pl. Perf. *Piel* von נָאַץ. Vgl. § **23**,5 B.
14	אֶת־קְדוֹשׁ	den Heiligen von	
15	יִשְׂרָאֵל	Israel;	
16	נָזֹרוּ	sie haben sich entfremdet	3. P. Pl. Perf. *Nifal* von »זוּר = fremd sein« (§ **78**,8).
17	אָחוֹר׃	nach rückwärts.	§ **2**,1 B.

---

9 Von der √ בִּין = unterscheiden, verstehen; *Hitpalel* achtgeben auf, genau unterscheiden, verständig sein:
בַּיִן*, S. m., wird immer im St. constr. als Präp. gebraucht:
בֵּין = zwischen; gewöhnlich wird es wiederholt: בֵּין ... בֵּין,
manchmal auch לְ ... בֵּין;
Beispiel: »הַאֵדַע בֵּין־טוֹב לְרָע = kann ich das Gute vom Bösen unterscheiden?« (2 Sam 19,36).
In bezug auf Zeit wird diese Präp. nur sehr selten gebraucht: בֵּין עֲשֶׂרֶת יָמִים = innerhalb von 10 Tagen (Neh 5,18).
בִּינָה, S. f., und תְּבוּנָה, S. f. = Verstand.

75,3 Von der √ חָטָא = verfehlen (das Ziel), irregehen, sündigen:
חֵטְא, S. m. = Sünde;
חַטָּא, Adj. = sündig, Sünder;
חֲטָאָה, S. f. = Sünde;
חַטָּאת, S. f. = Sünde, Sündopfer.

---

5 Von der √ כָּבֵד = schwer sein:
כָּבֵד, Adj. = schwer;
כָּבֵד, S. m. = Leber (das schwere Organ?);
כָּבוֹד, S. m. = Überfülle, Ehre, Herrlichkeit.

---

§ 76 Jes 1,5			
1	עַל־מֶה	Auf was	»מֶה = was«, enklitische (= sich anlehnende) Form.
2	תֻכּוּ עוֹד	sollt ihr noch geschlagen werden?	2. P. m. Pl. Imperf. *Hofal* von נָכָה (§ **21**,16).
3	תּוֹסִיפוּ	Ihr häuft an	2. P. m. Pl. Imperf. *Hifil* von יָסַף (§ **42**,10).
4	סָרָה	Abtrünnigkeit.	§ **32**,19.
5	כָּל־רֹאשׁ	(Das) ganze Haupt (ist)	
6	לָחֳלִי	zur Schwäche,	S. m., √ חָלָה = schwach, krank sein.
7	וְכָל־לֵבָב	und (das) ganze Herz	
8	דַּוָּי׃	krank.	Pausalform von »דַּוַּי = krank«.
§ 77 Jes 1,6			
1	מִכַּף־	Von der Sohle des	Präp. מִן; כַּף, S. m. (St. constr.) der √ כָּפַף = falten (vgl. § **3**,1 B).
2	רֶגֶל	Fußes	S. f. (nie mit Artikel!).
3	וְעַד־רֹאשׁ	bis zum Haupt	Beachte das וְ vor עַד; vgl. »בֵּין ... וּבֵין = zwischen ... und«.
4	אֵין־בּוֹ	ist nicht in ihm	
5	מְתֹם	ein gesunder Fleck,	S. m. (selten) von der √ תָּמַם = vollständig sein.
6	פֶּצַע	Wunde,	S. f. von der √ פָּצַע = zerquetschen.
7	וְחַבּוּרָה	Beule, Strieme	S. f. von der √ חָבַר = vereinen, zusammenbinden.
8	וּמַכָּה	Schlag,	§ **76**,2.
9	טְרִיָּה	frischer,	טָרִי, Adj. (von einer im Hebräischen ungebräuchlichen √ טרה),

76,1 Das Pronomen מה findet sich
entweder unakzentuiert:
proklitisch, oft mit dem folgenden Wort durch *Maqqef* (־) verbunden;
enklitisch mit den Präpositionen בְּ, כְּ, לְ, עַל u. a.;
oder unabhängig und daher akzentuiert (ziemlich selten).

> Deshalb die Vokalisation von »מה = was?«:
>
> Proklitisch:
> מַה und Verdoppelung des folgenden Konsonanten;
> מָה vor einem Guttural ohne virtuelle Verdoppelung (א, ר).
>
> Enklitisch:
> מֶה als Normalform (aber לָמָּה und לָמָה eher als לָמֶה, § **27**,2);
> מָה vor einem Guttural oder in großer Pausa.
>
> Unabhängig:
> מֶה als Normalform (außer in Pausa).

2 Von der √ נָכָה = schlagen:
מַכָּה, S. f. = Stoß, Schlag (jiddisch »Macke«).

77,5 Von der √ תַּם (für תָּמַם) = vollständig, vollkommen sein:
תֹּם, S. m. = Vollständigkeit, Vollkommenheit (NB: der Pl. תֻּמִּים ist das Wort für die Instrumente der Wahrsagung: *urim* und *tummim*; Grund?).
תָּם, Adj. = vollständig, vollkommen;
mit verschiedenen Nuancen: Jakob ist אִישׁ תָּם = ein ruhiger Mensch (im Gegensatz zu Esau, dem Jäger), Gen 25,27; Ijob ist אִישׁ תָּם = ein vollkommener, lauterer, integrer Mensch, Ijob 1,1.8; 2,3.
תָּמִים, Adj. = vollständig, gesund; ganz (vgl. Gen 17,1).
מְתֹם, S. m. (selten) = das Vollständige.

7 Von der √ חָבַר = einen, verbinden:
חֶבֶר, S. m., und חֶבְרָה, S. f. = Begleitung;
חָבֵר, Adj. und S. m. = Verbündeter, Begleiter.
NB: Ri 20,11: כְּאִישׁ אֶחָד חֲבֵרִים = miteinander verbunden wie ein einziger Mensch. Vgl. auch den bekannten Kanon *Schalom Chaverim*.
חַבּוּרָה, S. f. = Schlag, Zeichen, Strieme (von der Peitsche?).

10	לֹא־זֹרוּ	sie wurden nicht ausgepreßt (?)	3. P. Pl. Perf. *Qal* (ἅπαξ) von זָרַר = auspressen.
11	וְלֹא חֻבָּשׁוּ	und wurden nicht verbunden;	3. P. Pl. Perf. *Pual* von חָבַשׁ; Pausalform.
12	וְלֹא רֻכְּכָה	und ist nicht gelindert worden	3. P. f. Sg. Perf. *Pual* von רָכַךְ (bezieht sich nur auf מַכָּה, § 77,8?).
13	בַּשָּׁמֶן׃	durch das Öl.	Pausalform, statt שֶׁמֶן.
§ 78 Jes 1,7			
1	אַרְצְכֶם	Euer Land (ist)	
2	שְׁמָמָה	Verwüstung,	§ **18**,12 B.
3	עָרֵיכֶם	eure Städte	
4	שְׂרֻפוֹת	(sind) verbrannte durch	F. Pl. constr. des Part. pass. von שָׂרַף.
5	אֵשׁ	Feuer,	
6	אַדְמַתְכֶם	euer Boden	
7	לְנֶגְדְּכֶם	in eurer Gegenwart:	
8	זָרִים	Fremde (sind)	M. Pl. des Part. akt. von זור (§ **75**,16).
9	אֹכְלִים אֹתָהּ	ihn auffressend,	M. Pl. des Part. akt. von אָכַל = essen.
10	וּשְׁמָמָה	und (die) Verwüstung (ist)	
11	כְּמַהְפֵּכַת	wie die Zerstörung von	
12	זָרִים׃	Sodom.	Konjektur: סְדֹם.
§ 79 Jes 1,8			
1	וְנוֹתְרָה	Und es ist übrig geblieben	3. P. f. Sg. Perf. *Nifal* von יָתַר (§ **1**,10).
2	בַת־צִיּוֹן	die Tochter Sions	(= Jerusalem).

78,4 Von der √ שָׂרַף = brennen (transitiv: etwas):
שָׂרָף, S. m. = giftige Schlange, auch Drache
(Jes 14,29: שָׂרָף מְעוֹפֵף = fliegende Schlange);
שָׂרָף, S. m. = Seraf (vielleicht: der Feuer speit; vgl. Jes 6,2.6, der einzige Text, wo dieses Wort vorkommt);
שְׂרֵפָה, S. f. = Tätigkeit, etwas zu brennen oder zu kochen.

---

8 Die √ זור bezeichnet den »Fremden« als solchen, sei es gegenüber der Familie, der Stadt, der Nation (und in diesem Fall häufig den »Feind«). Ungefähr dieselbe Bedeutung haben נֵכָר, S. m., und נָכְרִי, Adj. Im Gegensatz dazu »גור = fremd sein« und davon גֵּר, S. m., das den Fremden als »Gast« bezeichnet, also denjenigen, der eine Zeitlang in Israel lebt und gegenüber dem man Pflichten hat und einige der Privilegien und Verpflichtungen Israels mit ihm teilt: Num 15,14ff u. a.

---

11 מַהְפֵּכָה, S. f., von der √ הָפַךְ = umkehren, umdrehen (vgl. § **26**,13); dieses Wort kommt außer hier noch fünfmal vor, immer als Bezeichnung für die Zerstörung von Sodom und Gomorra. Dies führt die meisten Exegeten zu der im Text nicht belegten Konjektur von זָרִים in סְדֹם.

79,1 Von der √ יָתַר = übrig bleiben:
יֶתֶר, S. m. = Rest (§ **1**,10);
יוֹתֵר, S. m. = 1) Vorteil, Gewinn; 2) (spät:) Übertreibung;
יִתְרוֹן, S. m. = Vorteil;
מוֹתָר, S. m. = Überfluß;
sowie Eigennamen: Jitro u. a.
NB: »יֶתֶר, S. m. = Schnur« scheint nicht von derselben √ zu kommen.

3	כְּסֻכָּה	wie eine Laubhütte	S. f. von der √ סָכַךְ = weben, verflechten.
4	בְכָרֶם	in einem Weinberg,	S. m.; Pausalform; (vgl. כַּרְמֶל, S. m. = Pflanzung, Gemüsegarten).
5	כִּמְלוּנָה	wie eine Nachthütte	S. f. von der √ לוּן = übernachten.
6	בְמִקְשָׁה	im Gurkenfeld,	(Wörtlich: Kürbisfeld von »קִשֻּׁאָה, S. f. = Kürbis«).
7	כְּעִיר	wie eine Stadt,	
8	נְצוֹרָה׃	eine belagerte.	Part. *Nifal* von »צוּר = belagern« (korrigiert für נְצוּרָה).
§ 80 Jes 1,9			
1	לוּלֵי	Wenn nicht	
2	יְהוָה צְבָאוֹת	JHWH	
3	הוֹתִיר לָנוּ	uns gelassen hätte	3. P. Sg. Perf. *Hifil* von יָתַר (§ **79**,1).
4	שָׂרִיד	einen Überlebenden,	
5	כִּמְעָט	so eben noch,	Pausalform statt מְעַט; manche Interpreten ziehen den Ausdruck zum folgenden, indem sie den *Atnaḥ* versetzen: »beinahe wie Sodom«.
6	כִּסְדֹם	wie Sodom	
7	הָיִינוּ	wären wir,	
8	לַעֲמֹרָה	Gomorra	
9	דָּמִינוּ׃	würden wir gleichen.	1. P. Pl. Perf. *Qal* von דָּמָה.
§ 81 Jes 1,10			
1	שִׁמְעוּ	Hört	
2	דְבַר־יְהוָה	das Wort JHWHs,	

3 Man erinnere sich an das Fest der *Sukkoṯ* (חַג הַסֻּכּוֹת), der Laubhütten (Lev 23,42f; Neh 8,14f; Dt 16,13f u. a.).

8 נְצוֹרָה ist eine für נְצוּרָה, Part. pass. f. Sg. von »נָצַר = bewachen« (der Sinn »belagern« ist zweifelhaft), vorgeschlagene Korrektur.

80,1 לוּלֵי oder (seltener, aber genauer) לוּלֵא, Konj., wird vor Perf., Imperf. und Part. gebraucht (vgl. § **68**,9 B). Sie ist gebildet aus

»לוּ, Konj. = wenn; gefiele es Gott, daß«
und »לֹא (durch Dissimilation zu לֵא geworden) = wenn nicht; außer wenn«.

Es gibt im Hebräischen keinen **konditionalen** Modus. Man gebraucht sowohl im Vordersatz (der Protase, also dem eigentlichen Bedingungssatz) wie im Nachsatz (der Apodose, dem Hauptsatz) diejenige Verbform, welche die auszudrückende Nuance erfordert, aber mit der Tendenz, einen frequentativen oder durativen Aspekt der Handlung zu vernachlässigen. Deshalb liegt hier das Perf. vor, welches unterstreicht, daß die göttliche Hilfe in der Vergangenheit geschehen ist, ohne aber auszudrücken, daß ihr Resultat andauert.

Manchmal wird die Apodose auch mit einem ו (sogar einem konsekutiven ו) eingeführt. Es kommt allerdings auch vor, daß der Bedingungssatz durch einfache Beiordnung zweier Sätze, mit oder ohne ו, oder durch einen volitiven Modus ausgedrückt wird (Ps 139,18; 104,20; Gen 44,22; vgl. § **31**,11 B; **44**,5 B).

3	קְצִינֵי־ סְדֹם	ihr Herrscher von Sodom,	Pl. von קָצִין, S. m. von der √ קָצָה* = entscheiden (im Hebräischen ungebräuchlich, vgl. arabisch *qaḍi* = Richter).
4	הַאֲזִינוּ	horcht auf	§ 73,3.
5	תּוֹרַת אֱלֹהֵינוּ	das Gesetz unseres Gottes,	
6	עַם־ עֲמֹרָה׃	Volk von Gomorra.	

§ 82 Jes 1,11			
1	לָמָּה־לִּי	Warum für mich	§ **43**,13 B.
2	רֹב־	die Menge von	
3	זִבְחֵיכֶם	euren Opfern,	S. m. von der √ זָבַח.
4	יֹאמַר יְהוָה	spricht JHWH (immer wieder);	
5	שָׂבַעְתִּי	ich habe satt	
6	עֹלוֹת	Brandopfer;	
7	אֵילִים	Widder,	Pl. von אַיִל, S. m.
8	וְחֵלֶב	und Fett von	St. constr. von חֵלֶב, S. m. (Typ *Qitl*).
9	מְרִיאִים	Mastvieh	Pl. von מְרִיא, S. m.
10	וְדַם	und Blut von	
11	פָּרִים	jungen Stieren	Pl. von פַּר (vgl. § **18**,10 B).
12	וּכְבָשִׂים	und Lämmern	Pl. von »כֶּבֶשׂ, S. m. = Lamm«.
13	וְעַתּוּדִים	und Böcken:	Pl. von עַתּוּד, S. m. (umstrittene Etymologie).
14	לֹא חָפָצְתִּי׃	ich habe kein Gefallen.	Pausalform 1. P. m. Sg. Perf. *Qal* von חָפֵץ.

82,3 Von der √ זָבַח = opfern, (ein Tier) schlachten:
זֶבַח, S. m. = Opfer (der älteste und allgemeinste Begriff), unterschieden von מִנְחָה und עֹלָה sowie auch von חַטָּאת und אָשָׁם (vgl. V. § **18**).
מִזְבֵּחַ, S. m. = Altar.

4 Hier steht das Imperf., während man gewöhnlich in den Offenbarungssprüchen das Perf. אָמַר oder דִּבֶּר hat. Es geht wohl um die Nuance, daß es sich nicht um einen einzelnen Offenbarungsspruch handelt (»dies ist es, was JHWH jetzt sagt«), sondern um ein ständiges Offenbarungswort (»so spricht JHWH immer wieder«).

10 דָּם, S. m. = Blut, häufig im Pl. דָּמִים, um auf die Menge des vergossenen Blutes hinzuweisen.
Man achte auf den dichterischen Ausdruck »דַּם עֲנָבִים = Traubenblut«, Gen 49,11, vgl. Dt 32,14.
Man erinnere sich auch an den Namen »Hakeldama (Ἀκελδαμάχ, Apg 1,19) = der Blutacker« (vom aramäischen חֲקַלָא, S. f., oder vielleicht »חֲקֵל, S. m. = Acker«, und »דְּמָא [*St. emphaticus*] = Blut«).

10–13 Ein einziger St. constr. kann mehrere ihm folgende *Statūs absoluti* regieren. Man kann zwar nicht sagen »der Sohn und die Tochter des Königs« (Gr. § **35**,3), wohl aber »der Sohn des Königs und der Königin«, ohne notwendig den St. constr. wiederholen zu müssen (nur emphatisch würde man sagen »der Sohn des Königs und der Sohn der Königin«). Bedingung ist nur, daß kein anderes Wort dazwischensteht (vgl. § **11**,12).

§ 83 Jes 1,12			
1	כִּי	Wenn	
2	תָבֹאוּ	ihr kommt,	
3	לֵרָאוֹת	um gesehen zu werden,	Inf. const. *Nifal* von רָאָה mit Synkope (Zusammenschluß) des ה mit der Partikel ל; einige Manuskripte und die syrische Übersetzung lasen לִרְאוֹת, Inf. constr. *Qal*, »um zu sehen mein Angesicht«.
4	פָּנָי	mein Angesicht:	
5	מִי־בִקֵּשׁ זֹאת	Wer verlangt das	
6	מִיֶּדְכֶם	aus eurer Hand,	
7	רְמֹס	zu zertrampeln	
8	חֲצֵרָי׃	meine Vorhöfe?	

83,3 Es gibt wenige Fälle wie diesen, wo das ה des Inf. *Nifal* mit der Präp. ל verschmolzen ist. Alle diese Fälle ließen auch eine andere Vokalisation zu. So schlagen viele Exegeten vor, hier mit der syrischen Übersetzung zu lesen: »לִרְאוֹת פָּנָי = um mein Antlitz zu sehen«.

Jesaia 1,2–12

2 Hört, ihr Himmel! Erde, horch auf! Denn der Herr spricht:

Ich habe Söhne großgezogen und emporgebracht, doch sie sind von mir abgefallen.
3 Der Ochse kennt seinen Besitzer und der Esel die Krippe seines Herrn; Israel aber
hat keine Erkenntnis, mein Volk hat keine Einsicht.

4 Weh dem sündigen Volk, der schuldbeladenen Nation, der Brut von Verbrechern, den verkommenen Söhnen! Sie haben den Herrn verlassen, den Heiligen Israels haben sie verschmäht und ihm den Rücken gekehrt.

5 Wohin soll man euch noch schlagen? Ihr bleibt ja doch abtrünnig. Der ganze Kopf
ist wund, das ganze Herz ist krank:
6 Vom Kopf bis zum Fuß kein heiler Fleck, nur Beulen, Striemen und frische Wunden, sie sind nicht ausgedrückt, nicht verbunden, nicht mit Öl gelindert.

7 Euer Land ist verödet, eure Städte sind niedergebrannt. Fremde verzehren vor eu-
ren Augen den Ertrag eurer Äcker; verödet wie das zerstörte Sodom ist euer Land.
8 Die Tochter Zion ist übriggelassen wie eine Hütte im Weinberg, wie eine Wächterhütte im Gurkenfeld [wie eine belagerte Stadt].

9 Hätte der Herr der Heere nicht einen Rest für uns übriggelassen, wir wären wie Sodom geworden, wir glichen Gomorra.

10 Hört das Wort des Herrn, ihr Herrscher von Sodom! Vernimm die Weisung unseres Gottes, du Volk von Gomorra!

11 Was soll ich mit euren vielen Schlachtopfern?, spricht der Herr. Die Widder, die ihr als Opfer verbrennt, und das Fett eurer Rinder habe ich satt; das Blut der Stiere, der Lämmer und Böcke ist mir zuwider.

12 Wenn ihr kommt, um mein Angesicht zu schauen – wer hat von euch verlangt, daß ihr meine Vorhöfe zertrampelt?

Zur Exegese

Ein für Jesaja und überhaupt für die große biblische Dichtung bezeichnender Text. Ein sehr bekannter Grundgedanke (das ständige Thema der Untreue Israels), aber er wird in einer Weise ausgedrückt, die neue Aufmerksamkeit auf ihn zieht. Es ist nicht sicher, daß es sich um einen »Ausspruch« bei nur einer Gelegenheit handelt. Es könnte sich auch um eine Sammlung von zwei oder drei ursprünglich voneinander unabhängigen Stücken handeln, die wegen des Themas Sodom und Gomorra zusammengestellt worden sind. Jedenfalls bilden sie nun ein Ganzes und können wie eine einzige Entfaltung behandelt werden.

I.

2a. Der Prophet kündet ein Wort JHWHs an, das sich nicht an Israel richtet, sondern an das ganze Universum (Himmel, Erde) und dieses zum Zeugen der Undankbarkeit Israels anruft.

2b–3. Nun kommt das Wort JHWHs selbst, die Anklage gegen diese Undankbarkeit. Mit V. 4 ist das Wort JHWHs beendet. Der Text fährt in der 3. Person fort. Es ist der Prophet, welcher sich entrüstet, zunächst nur in einfachen heftigen Ausrufen.

II.

5–6. Bildhafte Darstellung der Situation: Israel wird verglichen mit einem Sklaven, der mehrmals geschlagen worden ist und dessen Leib nur noch aus Wunden besteht, so daß kein Raum mehr ist für noch weitere Bestrafung.

7–9. Der gleiche Gedanke im Klartext: Das ganze Land ist verwüstet (der Vergleich mit Sodom ist ein Standardausdruck der biblischen Poesie). Nur die Hauptstadt ist geschont worden: Das eindringliche Bild von der Hütte im Gurkenfeld. Und auch dies ist nur dem Erbarmen JHWHs zu verdanken.

III.

10–12. Ermahnung. Der Prophet nimmt die Ausdrücke von V. 2 wieder auf: »Hört ... leiht euer Ohr«. Aber diesmal wendet er sich an Israel, das metaphorisch als Sodom und Gomorra bezeichnet wird. Der erste Vorwurf bezieht sich gerade auf die Opfer, aus denen Israel seine Sicherheit zu beziehen meinte. Auch dies – die Nutzlosigkeit eines Gottesdienstes ohne moralischen Wert – ist ein altes prophetisches Thema (Am 5,21–25; Hos 6,6 u. a.), das auch von Jesus wiederaufgenommen werden wird (Lk 11,41–42; Joh 4,21–24; vgl. Röm 12,1–2).

Es hätten sich noch weitere Texterläuterungen hinzufügen lassen. Aber wer mit Sorgfalt gelernt hat, müßte nach der bisherigen Mühe in der Lage sein, Wörterbücher und Grammatiken zu gebrauchen und sich mit jedem beliebigen Text zu befassen. Wer darüber hinaus gleichzeitig das hebräische Vokabular zu lernen versucht hat, müßte relativ leicht die verschiedensten Texte lesen können. Dies sei empfohlen. Der Erfolg wird der beste Lohn dafür sein.

DRITTER TEIL

VOKABULAR

Methodenhinweis:
In diesem dritten Teil des Lehrbuchs sollen die Vokabeln, denen man in den Grammatikbeispielen und den Texten mehr oder weniger zufällig begegnet ist, wiederholt und durch weitere Vokabeln ergänzt werden.

Man sollte an sich alle diese Vokabeln lernen; denn die Beherrschung eines ausgedehnten Vokabulars ist eine Grundbedingung für die Kenntnis einer Sprache. Man kann jedoch stufenweise vorangehen. Zunächst bearbeitet man die erste Lektion, die nur die unumgänglichen Wörter wiederholt, denen man schon mehrmals begegnet ist. Dann arbeitet man in den weiteren Lektionen zunächst an den fett gedruckten Wörtern (es handelt sich um Wörter, die mehr als hundertmal in der Bibel vorkommen). Und schließlich lernt man das gesamte Vokabular, welches alle Wörter umfaßt, die mehr als zehnmal in der Bibel begegnen.

Wie im vorangehenden Teil sind die Erläuterungen auf der rechten Seite dazu gedacht, das Memorieren zu erleichtern und einige komplementäre Informationen zu bieten. Man kann leicht unterscheiden, was man nützlicherweise lernt und wo es genügt, etwas ein- oder zweimal gelesen zu haben.

Für Liebhaber der Statistik und solche, die gern ihre Anstrengung vorausberechnen, folgen einige Zahlen.

Wenn man aus dem Lexikon alle Eigennamen und alle Worte streicht, die weniger als dreimal vorkommen, dann bleiben nur noch 2490 Worte, die sich an etwa 1500 Wurzeln anschließen.

Von diesen Wörtern kommen vor

mehr als 500mal:	103	} = 371	} = 1837
zwischen 100- und 499mal:	268		
zwischen 10- und 99mal:	1466		
zwischen 3- und 9mal	1103	(diese Wörter werden im folgenden Vokabular nur ausnahmsweise angeführt).	

NB: Auf den folgenden jeweils linken Seiten verweist der Asteriskus * nach einer Zahl auf zu dieser Zahl gehörige Erläuterungen auf der gegenüberliegenden rechten Seite.

1. Einführungslektion

		Sg.		Pl.	
1*	Personalpronomina	m.	f.	m.	f.
	3. P.	הוּא	הִיא	הֵם	הֵנָּה
	2. P.	אַתָּה	אַתְּ	אַתֶּם	אַתֵּן
	1. P. c.	אָנֹכִי (אֲנִי)		אֲנַחְנוּ	

2*	Demonstrativpronomina	m. Sg. זֶה; f. זֹאת; Pl. c. אֵלֶּה
3*	Relativpronomina	אֲשֶׁר; שֶׁ; (זוּ).
4*	Interrogativpronomina	Personen: מִי (= wer?); Sachen: מָה (= was?).

5		לְ = zu	בְּ = in	כְּ = wie
6*	Präpositionen	מִן = von	עִם = mit	אֵת = mit
7		אֶל = gegen	עַל = auf; gegen	עַד = bis
8*		אַחַר = hinter	בֵּין = zwischen	לְמַעַן = wegen
9*	Konjunktionen	וְ = und	כִּי אִם = sondern	אוֹ = oder
10*		כִּי = daß; weil	אִם = wenn	כַּאֲשֶׁר = gemäß, als
11		כֵּן = so	כֹּה = so	גַּם = sogar
12*	Adverbien	לֹא = nicht	אַל = nicht	אֵין = es gibt nicht
13*	und	מְאֹד = sehr	עוֹד = noch	יֵשׁ = es gibt
14*	Partikel	הִנֵּה = siehe	הֲ = etwa?	־נָא = doch bitte
15		מָתַי = wann?	אַף = also	אַךְ = gewiß

			wo?	hier	dort
16*	Ortsadverbien	ohne Bewegung	אַיֵּה	פֹּה	שָׁם
		mit Bewegung	אָן; אָנָה	הֵנָּה	שָׁמָּה

17* Die 24 häufigsten Wörter des Alten Testaments (sie kommen mehr als 1000 mal vor):

אָמַר = sagen	עָשָׂה = machen	בֵּן m. = Sohn
בּוֹא = kommen	רָאָה = sehen	דָּבָר m. = Wort
דִּבֶּר *Piel* = reden	שׁוּב = umkehren	יָד f. = Hand
הָיָה = sein	שָׁמַע = hören	יוֹם m. = Tag
הָלַךְ = gehen	אָב m. = Vater	מֶלֶךְ m. = König
יָצָא = hinausgehen	אִישׁ m. = Mann	עִיר f. = Stadt
יָשַׁב = sitzen	אֶרֶץ f. = Land	עַם m. = Volk
נָתַן = geben	בַּיִת m. = Haus	פָּנִים m.Pl. = Antlitz

1	Gr. § **37**; T. § **11**,2; **60**,3.
2	T. § **1**,1; **36**,3.
3	T. § **1**,4. Das Relativpronomen שֶׁ (= אֲשֶׁר, aber erst spät, vielleicht im Norden entstanden) wird mit dem Nomen verbunden und bewirkt, wenn möglich, die Verdopplung von dessen erstem Konsonant. Es ändert jedoch, falls diese Verdopplung nicht möglich ist, nicht seinen Vokal (nur ausnahmsweise kann es שַׁ oder שָׁ heißen).
4	T. § **27**,2; **76**,1.
5	Gr. § **24**; **42**; T. § **16**,15.
6	Zu Form und Gebrauch von מִן vgl. T.§ **22**,2; **1**,20–22. Es sei ferner darauf hingewiesen, daß מִן auch dazu dient, um den Vergleichsterminus eines Komparativs anzugeben: גָּבֹהַּ מִכָּל־הָעָם = größer als das ganze Volk (1 Sam 9,2). Es gibt nämlich im Hebräischen keine eigentliche Komparativform; statt dessen gebraucht man die Normalform des Adjektivs mit darauf folgendem מִן. Dies erklärt viele Hebraismen der Vulgata: *Bonum est sperare ... quam* (Ps 118 [117]); *bonum mihi lex oris tui super ...* (Ps 119 [118],72). Ebenso in den Evangelien: καλόν ἐστίν σε κυλλὸν εἰσελθεῖν εἰς τὴν ζωήν, ἢ ... (Mk 9,43). Zu אֵת Gr. § **42**; T. § **5**,7 B.
8	Zu אַחַר T. § **2**,1. Zu בֵּין T. § **74**,9.
9	Zu וְ T. § **30**,1.
10	Zu כִּי T. § **7**,11; **72**,4.
12	Zu אַל T. § **6**,16.
13	מְאֹד, gewöhnlich nach dem Wort, auf das es sich bezieht, drückt den absoluten Superlativ aus. In der Vulg. wird es oft mit *valde* oder *nimis* wiedergegeben: *Erat autem dives valde* (Gen 13,2); *quod erat pulchra nimis* (Gen 12,14) usw.
14	Zum Fragewort הֲ T. § **37**,6.
16	Zum Gebrauch von שָׁם und שָׁמָּה T. § **7**,1.
17	Die meisten dieser Wörter kamen bereits mehrmals in der Grammatik und in den Texten vor; dies erlaubt, sich hier mit einer bloßen Aufzählung zu begnügen.

2. – Die Familie

1*	אָדָם	m. **Mensch**	11*	בַּיִת	m. **Familie** (§ **7**,1)
2	אֱנוֹשׁ	m. menschl. Wesen	12	אָב	m. **Vater** (T. § **46**,2)
3	אִישׁ	**Mann** (T. § **6**,2)	13	אֵם	f. **Mutter** (mit Suffix: אִמִּי)
4	אִשָּׁה	**Frau** (T. § **6**,2)	14	אָח	m. **Bruder** (T. § **16**,11)
5	גֶּבֶר	Mann, Held (§ **4**,15; **20**,5; T. § **2**,5)	15*	בַּעַל	m. Gatte, Herr (T. § **74**,5)
6	עַלְמָה	Mädchen, junge Frau (T. § **61**,6)	16*	בֵּן	m. **Sohn** (T. § **3**,3)
7	זָקֵן	Adj. **alt** (T. § **1**,11; **3**,45)	17	בַּת	f. **Tochter** (T. § **3**,3)
8	זָקֵן	alt sein, alt werden	18	חָתָן	m. Verlobter (künft. Schwiegersohn)
9	נַעַר	**Knabe, Diener**	19	חָתַן	heiraten
10	נַעֲרָה	Mädchen, Dienerin	20*	טַף	m. Troß, Kinder und Alte
21*	עַם	m. Verwandter	40	צָעִיר	m. Jüngster
22	אָחוֹת	**Schwester** (14)	41	זָכָר	Adj. männlich
23*	בָּעַל	heiraten (15)	42	מְתִים	m.Pl. Männer
24	יָלִיד	Sohn (34; 38)	43	יָנַק	saugen
25	חֹתֵן	Schwiegervater (19)	44	בְּתוּלָה	f. Jungfrau
26	חָמוֹת	Schwiegermutter	45	בְּתוּלִים	m.Pl. Jungfräulichkeit
27	כַּלָּה	Schwiegertochter, Verlobte	46*	תּוֹאָם	m. Zwilling
28	דּוֹד	Onkel	47	עֶבֶד	m. **Knecht**
29*	גָּאַל	**loskaufen**	48	עָבַד	**dienen** (T. § **19**,9)
30*	גְּאֻלָּה	f. Loskaufrecht	49	שֵׁרֵת	(*Piel*) **im Dienst sein von**
31	אַלְמָנָה	Witwe	50	אָמָה	f. Magd
32	יָתוֹם	m. Waise	51	שִׁפְחָה	f. Magd
33	שָׁכֹל	kinderlos sein	52	חָפְשִׁי	Adj. frei, befreit (lies *o*)
34	יָלַד	**gebären** (T. § **6**,3)	53	בָּחוּר	m. Jüngling (§ **19**,17)
35	הָרָה	empfangen	54	רֵעַ	m. **Freund** (T. § **23**,7)
36	הָרָה	Adj. schwanger	55	עָמִית	m. Volksgenosse
37	עוֹלֵל	m. Kind, Kleinkind, Säugling	56	יָחַשׂ	(*Hitpael*) legitimieren
38	יֶלֶד	m. Kind (34)	57	תּוֹלְדוֹת	f.Pl. Generationen
39*	בְּכוֹר	m. **Erstgeborener**	58*	פִּלֶגֶשׁ	f. Konkubine
60	אָהַב	**lieben**	70	טוּב	m. Glück
61	אַהֲבָה	f. Liebe	71	טוֹבָה	f. Glück
62	דֹּדִים	m.Pl. Liebe (28)	72	יָטַב	**gefallen** (Gr. § **70**)
63*	דּוֹד	m. Geliebter (28)	73	נְעוּרִים	m.Pl. Jugend (9)
64	עָגַב	vor Liebe brennen	74	שָׁלָה	glücklich sein
65	חָבַק	umarmen	75	שָׁלֵו	Adj. glücklich
66	נָשַׁק	küssen	76	שַׁלְוָה	f. Glück
67	דָּבַק	anhangen	77	שָׁקַט	ruhig sein
68	טוֹב	gut sein	78	שַׁאֲנָן	Adj. wohlsituiert
69	טוֹב	Adj. **gut, angenehm**	79	אַשְׁרֵי	m.Pl. constr. Glück von

1	Adam, der Mensch überhaupt. Vgl. § **9**,13 (der Mensch aus Erde gemacht).
11	Eine Familie gründen (»ein Haus bauen«) = בָּנָה בַּיִת (Rut 4,11; vgl. T. **45**,2).
15	T. § **74**,5. Außer religiös (*Baal*, § **17**,61) und profan (Meister, Eigentümer, Gatte) kommt das Wort בַּעַל noch in vielen Ausdrücken vor: בַּעַל שֵׂעָר = behaarter (§ **3**,42) Mensch (2 Kön 1,8); בַּעַל הַחֲלֹמוֹת = der Träumer (Gen 37,19); בַּעַל אַף = zorniger Mensch (Spr 22,24); בַּעֲלֵי בְרִית = Verbündete (Gen 14,13).
16	בֵּן und בַּת können jede enge Beziehung ausdrücken, vor allem die des Ursprungs: בֶּן־קֶשֶׁת = Pfeil (§ **20**,39) (Ijob 41,20); בְּנֵי הַגּוֹלָה = die Verbannten (Esra 4,1); בֶּן־חֲמֵשׁ מֵאוֹת שָׁנָה = 500 Jahre alt (Gen 5,32); בֶּן־מָוֶת = todgeweiht. Auch Einzelexemplar der Spezies: בֶּן־אָדָם = ein Mensch.
20	Diejenigen Teilnehmer an einer Karawane, die nicht zu Fuß gehen können.
21	Väterlicherseits. Andere Worte drücken Verwandtschaft allgemein aus: אָח, אָחוֹת = Bruder, Schwester; דּוֹד = Onkel; רֵעַ = Genosse; sowie einige seltenere Worte מוֹדַע (√ יָדַע, § **23**,1), קָרוֹב (√ קָרַב, § **16**,64).
23	Davon das Part. pass. f. בְּעוּלָה oder בְּעֻלַת בַּעַל = Verheirate, Gattin.
29	גֹּאֵל הַדָּם, m. = der Bluträcher (nächster Verwandter).
30	אַנְשֵׁי גְאֻלָּתֶךָ = deine Verwandten (die Menschen deines Loskaufs) (Ez 11,15).
39	Man sagt auch: פֶּטֶר רֶחֶם = *aperiens vulvam* (§ **3**,18); vgl. Lk 2,23.
46	Davon der Name »Thomas«, Joh 20,24: Θωμᾶς ὁ λεγόμενος Δίδυμος.
58	(Ursprünglich:) verheiratete Frau, die bei ihrem Vater verbleibt? Vgl. griechisch παλλακίς (lat. *pellex*) = Mädchen, dann Dirne. Vielleicht aus dem Hettitischen.
63	Daher der Name David? Vielleicht ein hypochoristisches (= abgekürztes) Wort für דּוֹדְיָהוּ = Geliebter JHWHs. Es gibt aber Schwierigkeiten.

Die folgenden Ausdrücke und Zitationen analysieren und auswendig lernen:

הִנֵּה הָעַלְמָה הָרָה וְיֹלֶדֶת בֵּן = (a) *Ecce virgo* (Übersetzung aus LXX: παρθένος) *concipiet et pariet filium* (Jes 7,14).

וְהָרָה עָמָל וְיָלַד שָׁקֶר = (b) Er hat Mühsal empfangen und die Lüge geboren (Ps 7,15; vgl. Jes 59,4; Ijob 15,35).

הִנֵּה אֲמָתְךָ לְשִׁפְחָה לִרְחֹץ רַגְלֵי עַבְדֵי אֲדֹנִי = (c) Siehe, deine Dienerin ist eine Sklavin, um die Füße der Diener meines Herrn zu waschen (1 Sam 25,41).

(עַלְמָה = weiblich, jung, geschlechtsreif, gebärfähig [ungeachtet des Standes]; בְּתוּלָה = weiblich, jung, unverheiratet und noch ohne Geschlechtsverkehr; נַעֲרָה = weiblich, jung [ungeachtet Familienstand, Sexualtätigkeit, Freiheit oder Abhängigkeit]; אִשָּׁה = weiblich, erwachsen [ungeachtet Familienstand und Alter].)

3. – Der Mensch

1	גְּוִיָּה	m. Leib	5*	דָּם	m. **Blut** (T. § **82**,10)
2*	בָּשָׂר	m. **Fleisch, Leib**	6	מָתְנַיִם	m. Du. Lenden (lies *o*)
3*	שְׁאֵר	m. Fleisch, Muskel	7	כְּלָיוֹת	f.Pl. Nieren
4	שֵׁם	m. **Name** (T. § **25**,8)	8	מֵעִים	m.Pl. Innereien,
					Eingeweide
9	עוֹר	m. Haut	23	עֹרֶף	m. Nacken, Rücken
10	גַּב	m. Rücken	24	צַוָּאר	m. Hals, Nacken
11*	שְׁכֶם	m. Schulter, Rücken	25	בֶּטֶן	f. Bauch, Schoß
12	כָּתֵף	f. Schulter	26*	עֶצֶם	f. **Knochen**
13	יָרֵךְ	m. Hüfte, Schenkel	27	שָׁכַב	**liegen**
14	חֲלָצַיִם	f.Du. Hüften, Lenden	28	רָגַע	sich ausruhen
15	כָּבֵד	m. Leber (§ **15**,22)	29	שֵׁנָה	f. Schlaf
16	לֵב	m. **Herz** (T. § **13**,7)	30	יָשֵׁן	schlafen
17	לֵבָב	m. **Herz** (T. § **13**,7)	31	יָשֵׁן	Adj. eingeschlafen
18	רֶחֶם	m. Schoß, Inneres	32	קוּם	**aufstehen**
19	חֵיק	m. Schoß	33	קִיץ	(*Hitp.*) aufwachen
20	שָׁדַיִם	m. Brüste	34	עוּר	aufwachen
21	צַד	m. Seite (Suffix צִדָּה)	35	שָׁקַד	wachen
22	צֵלָע	f. Rippe, Seite			
36*	רֹאשׁ	m. **Haupt, Chef** (T. § **42**,14)	39	תֹּאַר	m. Form, Umriß
37	פָּנִים	m.Pl. **Gesicht** (T. § **41**,7)	40	שָׂפָה	f. **Lippe** (§ **23**,75
38	שֵׂיבָה	f. Graukopf, Alter	41	לָשׁוֹן	m.f. **Zunge** (§ **23**,74)
42*	שֵׂעָר	m. Haartracht	62	בֶּרֶךְ	f. Knie (T. § **61**,3)
43*	שַׂעֲרָה	f. Haar	63*	עָקֵב	m. Ferse
44	פָּרַע	wachsen lassen	----	----------	--------------------------------
45	זָקָן	mf. Bart (§ **2**,8)	64	עָמַד	**stehen**
46	גָּלַח	(*Piel*) rasieren	65	בָּרַךְ	hinknien (62; § **17**,68)
47	תַּעַר	m. Rasiermesser (§ **20**,48)	66	קָדַד	sich verneigen
48*	גֻּלְגֹּלֶת	f. Schädel	67	כָּרַע	sich beugen
49	קָדְקֹד	m. Scheitel (lies *o*)	68	תָּמַךְ	halten
50	מֵצַח	m. Stirn	69	תָּפַשׂ	fassen
51	לְחִי	m. Kinnbacken	70	לָקַח	**nehmen** (T. § **22**,1)
52	שֵׁן	f. Zahn (§ **22**,80; **6**,52)	71	אָחַז	festhalten
53	רָחַץ	waschen	72	שִׂים	**plazieren** (T. § **22**,7)
54	סָבַל	tragen	73	שִׁית	setzen
55	זְרוֹעַ	f. Arm	74	עָזַב	**lassen, verlassen**
56	יָד	f. **Hand** (T. § **3**,1)	75	שָׁלַךְ	(*Hifil*) **werfen**
57	כַּף	f. **Handfläche** (T. § **3**,1)	76	נָשָׂא	**aufheben, tragen**
58	אֶצְבַּע	f. Finger	77	מָשַׁךְ	ziehen
59	בֹּהֶן	f. Daumen	78	נָטָה	**ausdehnen**
60	שׁוֹק	f. Bein	79	שָׁעַן	(*Nifal*) sich stützen
61	רֶגֶל	f. **Fuß** (§ **16**,12)	80	סָמַךְ	unterstützen

Zu empfehlen sind die beachtlichen Artikel von P. DHORME über den metaphorischen Gebrauch der Namen von Körperteilen im Hebräischen und im Akkadischen lesen, in: Revue Biblique 29–32 (1920–1923); als anastatischer Nachdruck auch erschienen Paris 1963; vgl. T. § **13**,7.

2 בָּשָׂר, oft im Gegensatz zu נֶפֶשׁ (§ **4**,4). »כָּל־בָּשָׂר = alles Fleisch, alle lebendigen Wesen« (Gen 6,3 u. a.).

3 Vielleicht ursprünglich das tiefer liegende Fleisch, das von Blut erfüllt ist, im Unterschied zu »בָּשָׂר = das Fleisch unmittelbar unter der Haut«.

5 Häufig im Pl., um die Fülle (des vergossenen Blutes) auszusagen; man erinnere sich an *Hakeldamaḥ* = Blutacker (Apg 1,19; vgl. T. § **82**,10).

11 Daher *Sichem* (»Schulter«, Vorberg); vgl. das Wortspiel Gen **48**,22 (§ **16**,7).

26 Oft gebraucht, um die Person selbst, sich selbst zu bezeichnen. Sogar für Dinge: בְּעֶצֶם הַיּוֹם הַזֶּה = an diesem Tag selbst (Ez 24,2); כְּעֶצֶם הַשָּׁמַיִם = wie der Himmel selbst (Ex 24,10). Eine Regel zum Paschafest lautet: בְּכָל דּוֹר וָדוֹר חַיָּב אָדָם לִרְאוֹת אֶת עַצְמוֹ כְּאִילּוּ יָצָא מִמִּצְרָיִם: In ein jeder Generation soll ein Mensch sich selbst ansehen, als sei er aus Ägypten ausgewandert.

36 Im Arabischen ist *Ras* ein geographischer Ausdruck (*Râs Shamrâ* usw., vgl. Kap); im Äthiopischen, bedeutet das Wort den »Häuptling«.
Im Hebräischen: »רֹאשׁ הַשָּׁנָה = Neujahr« (§ **18**,52).

42–43 Man findet oft ein männliches Kollektivwort, während das Femininum die Einzeleinheit meint. So auch: שְׂעֹרִים = Gerste (= das Haarige) (§ **12**,21).

48 Im Aramäischen (emphatischer Status, T. § **46**,4) גּוּלְגַּלְתָּא, davon Golgota, Mt 27,33.

63 Davon »עָקַב = auf der Ferse folgen«. Dies ist die volkstümliche Etymologie des Namens Jakob; Gen 27,36, vgl. unten (d).

בְּיָד חֲזָקָה וּבִזְרֹעַ נְטוּיָה = (a) Mit starker Hand und erhobenem Arm (Dt 4,34 u. a.).

זֹאת הַפַּעַם עֶצֶם מֵעֲצָמַי וּבָשָׂר מִבְּשָׂרִי = (b) Diese ist diesmal Knochen von meinen Knochen und Fleisch von meinem Fleisch (Gen 2,23).

הוּא יְשׁוּפְךָ רֹאשׁ וְאַתָּה תְּשׁוּפֶנּוּ עָקֵב = (c) Er (= sein Same) wird dir den Kopf zerquetschen, und du wirst ihn an der Ferse quetschen (Gen 3,15).

הֲכִי קָרָא שְׁמוֹ יַעֲקֹב וַיַּעְקְבֵנִי זֶה פַעֲמַיִם = (d) Ist es, weil er sich Jakob nennt, daß er mich hier zweimal verdrängt hat? (Gen 27,36).

4. – Leben und Tod

1*	חַיִּים	m.Pl. **Leben**	4*	נֶפֶשׁ	f. **Seele, Leben** (§ 3,2B)
2	חָיָה	**leben**	5	רוּחַ	f. **Hauch, Geist** (§ **10**,74)
3	חַי	Adj. **lebendig**	6	נְשָׁמָה	f. Atmung, Hauch
7	פּוּחַ	ausatmen	13	כֹּחַ	m. **Stärke**
8	עַז	Adj. stark	14	גְּבוּרָה	f. Stärke
9	עָזַז	stark sein	15	גָּבַר	stark sein (§ **2**,5; T.§ **2**,5)
10	עֹז	m. **Kraft** (Suffix עֻזִּי)	16	אוֹן	m. Kraft
11	חָזָק	Adj. stark	17	יָכֹל	**können, fähig sein**
12*	חָזַק	**stark sein**	18	אַמִּיץ	Adj. stark
					(vgl. § **19**,18–24)
19	מָוֶת	m. **Tod**	23	כָּלָה	**vollenden** (T. § **13**,6B)
20*	מוּת	**sterben**	24*	הָרַג	**töten** (vgl. § **26**,11–15)
21	אָבַד	**zugrunde gehen** (Gr. § **69**)	25	בָּצַע	beenden
22	גָּוַע	aushauchen	26*	רְפָאִים	m.Pl. Totengeister
27	קָבַר	**begraben**	32*	שְׁאוֹל	f. Scheol
28	קֶבֶר	m. Grab	33	בּוֹר	m. Grube (§ **9**,46)
29	קְבוּרָה	f. Grab	34*	אֵבֶל	m. Trauer
30	פֶּגֶר	m. Leichnam	35	אָבַל	weinen
31	נְבֵלָה	f. Leichnam (53)			
36	חֳלִי	m. Krankheit	52	אָמַל	dahinsiechen
37	חָלָה	krank sein	53	נָבֵל	verwelken
38	דֶּבֶר	m. Pest	54	עָיֵף	Adj. erschöpft
39	צָרַעַת	f. Aussatz	55	רַךְ	Adj. schwach (§ **25**,10)
40	צָרַע	aussätzig sein	56	בַּהֶרֶת	f. Ausschlag
41	אָלַם	(*Nifal*) stumm sein	57	פָּשָׂה	sich ausbreiten
42	אִלֵּם	Adj. stumm	58	מַרְפֵּא	m. Gesundheit, Heilung
43*	קָרְחָה	f. Kahlköpfigkeit (lies *o*)	59*	רָפָא	heilen
44	קָרַח	kahlköpfig machen	60	רֹפֵא	m. Arzt
45	כָּאַב	leiden	61	חָבַשׁ	verbinden
46	כְּאֵב	m. Schmerz	62	מַכָּה	f. Schlag, Wunde
47	רָפָה	schwach werden, fallen	63	שָׁבַר	**brechen**
48	עָלַף	ohnmächtig werden	64	שֶׁבֶר	m. Bruch
49	עָטַף	schwach werden	65	רָצַץ	brechen
50	נָפַל	**fallen**	66	קָצַץ	abschneiden
51	מוֹט	wanken	67	קָצָה	abschneiden
68	הֵן	**siehe** (§ **1**,14)	73	מַדּוּעַ	warum?
69	אֵפוֹא	dann, also	74	כְּמוֹ	wie (§ **1**,5)
70	יַעַן	wegen	75	בַּעַד	**weit von ...;**
71	הוֹי	leider			**zugunsten von ...**
72	פֶּן־	**damit nicht**	76	אֵיךְ	wie (auch: אֵיכָה)
			77	אוֹי	wehe!

1	Man erinnere sich an den Namen Eva (חַוָּה), die so heißt, weil sie אֵם כָּל־חָי (Gen 3,20) ist.
4	Dieses Wort stellt das schwierige Problem der hebräischen Psychologie. Der Hebräer stellt nicht wie wir **Leib** und **Seele** einander entgegen, sondern eher **Fleisch** (§ 3,2) und **Geist** (רוּחַ), wobei das Fleisch beseelt ist durch die נֶפֶשׁ, eine Art vegetativer Seele. - »נֶפֶשׁ = Leben«; zugleich entspricht dieses Wort auch unserem Reflexivpronomen (seine Seele retten = sich retten); daher einige Hebraismen: ἐρῶ τῇ ψυχῇ μου = ich werde zu mir selbst sagen (Lk 12,19).
12	Dies ist die Etymologie des Namens Ezechiel (יְחֶזְקֵאל): »Gott stärkt« oder »Gott ist stark«; daraus wird in der LXX Ἰεζεκιήλ (vgl. 1 Chr 24,16 Ἐζεκήλ, eine andere Person). Mit *El* anstelle von JHWH handelt es sich um dieselbe Namensbildung wie Hiskija (חִזְקִיָּהוּ oder [יְחִזְקִיָּה[וּ; LXX hat immer Ἑζεκίας; vgl. das Wortspiel mit dem Namen Ezechiel: Ez 3,8.
20	Vgl. aram. *mat*, davon »Schach und Matt«, vielleicht das spanische »*matar* = töten«.
24	Wird viel häufiger als das poetische und mehr oder minder späte קָטַל gebraucht, das seinerseits im Aramäischen häufig ist. Aber קָטַל ist praktisch als Paradigma zur vergleichenden Behandlung der verschiedenen semitischen Dialekte, zumal es aus »normalen« Konsonanten zusammengesetzt ist (weder schwachen noch gutturalen). Ein aus *Begadkefat* bestehendes Paradigma hätte demgegenüber noch den Vorteil, daß durch die dann erforderliche Setzung oder Nichtsetzung von *Dageš* die richtige Silbenabteilung deutlicher würde.
26	Das Wort רְפָאִים (für רְפָהִים ?, vgl. 47; häufige Verwechslung des Schluß-א und ה) bezeichnet die Toten, die in die *š*^{e}*ʾōl* hinabgestiegen sind. Nicht mit dem gleichnamigen kanaanäischen Stamm verwechseln (Gen 15,20; Jos 17,15 u. a.).
32	Aufenthaltsort der Toten. Im Griechischen fast immer mit ᾅδης wiedergegeben (Vulg.: *infernum, inferi*). Etymologie: שָׁאַל = bitten (§ 24,80)? Oder ein Suffix ל angehängt an שָׁאָה = verwüstet, zerstört sein?
43	Oder Kahlschnitt (z. B. als Zeichen der Trauer). Aus dem Spott der Kinder gegenüber Elischa (2 Kön 2,23) עֲלֵה קֵרֵחַ (ungefähr: »Komm rauf, Glatzkopf«) läßt sich nicht erschließen, ob es sich um eine verfrühte Glatze oder um ein Detail prophetischen Auftretens handelt.
59	Davon: Rafael = Gott heilt.

5. – Die Sinne

1	עַיִן	f. **Auge** (T. § **21**,17)	4	רָאָה	**sehen** (T. § **32**,14)
2*	עַפְעַף	m. Augenlid (§ **11**,43)	5	מַרְאֶה	m. **Vision, Erscheinung**
3	אִישׁוֹן	m. Pupille (§ **2**,3)	6	חָזָה	sehen (T. § **49**,4)
7	נָבַט	(*Piel* und *Hifil*) ansehen	29	שָׁמַע	**hören** (T. § **54**,9)
8	שָׁעָה	beobachen	30	חָרֵשׁ	taub sein (vgl. § **4**,41–42)
9	שָׁקַף	herunterschauen	----	----------	----------------------------------
10	בִּין	**unterscheiden** (T. § **74**,9)	31	קוֹל	m. **Stimme**
11*	לָבָן	Adj. weiß	32	דִּבֶּר	(*Piel*) **sprechen** (T. § **1**,2)
12*	אָדֹם	Adj. rot	33	דָּבָר	m. **Wort**
13	פָּקַח	öffnen (Augen)	34	אָמַר	**sagen** (T. § **3**,12)
----	--------	--	35	אֹמֶר	m. } Wort, Ausdruck
14	פֶּה	m. **Mund** (T. § **10**,4)	36	אִמְרָה	f. }
15	חֵךְ	m. Gaumen	37	מִלָּה	f. Wort
16	טָעַם	schmecken	38	זָעַק	schreien
17	טַעַם	m. Geschmack (vgl. § **8**,33–36)	39	זְעָקָה	f. Schrei, Zetergeschrei
18	פָּצָה	öffnen (Mund)	40	רוּעַ	(*Hifil*) heftig schreien
----	--------	--	41	רָנַן	schreien, jubeln
19	נָגַע	berühren	42	רִנָּה	f. durchdringender Schrei
20	מָשַׁשׁ	tasten	43	שָׁרַק	pfeifen
21	מוּשׁ	tasten	44	שָׁוַע	zu Hilfe rufen
22	אַף	m. **Nase** (Du. אַפַּיִם; § **26**,28)	45	הָגָה	murmeln (§ **17**,33)
23	רֵיחַ	m. Duft	46	הָמָה	brummen
24	רִיחַ	(*Hifil*) riechen	47	הָמוֹן	Brummen
25	בָּאַשׁ	stinken	48	מְהוּמָה	f. Lärm
----	--------	--	49	שָׁאוֹן	m. Grollen
26	אֹזֶן	f. **Ohr**	50	סָפַד	sich beklagen
27	אָזַן	(*Hifil*) hören	51	מִסְפֵּד	m. Klage, Totenklage
28	קָשַׁב	hinhören			
52*	חֲצֹצְרָה	f. Trompete	61	שִׁירָה	f. Lied
53	מְצִלְתַּיִם	m. Du. Zymbeln	62	נָגַן	spielen
54	תֹּף	m. Handtrommel	63	קִינָה	f. Wehklage, Totenklage
55*	יוֹבֵל	m. Horn	64	דָּמָה	schweigen
56	שׁוֹפָר	m. Horn	65	דָּמַם	still sein
57	חוּל	tanzen	66	חָשָׁה	still sein
58	עָנָה	singen	67	צָמַת	zum Schweigen bringen
59	שִׁיר	singen	68	כָּלָא	den Mund halten
60	שִׁיר	m. Gesang	69	חָרֵשׁ	(*Hifil*) sich still verhalten, still machen (30)
70	מָחוֹל	m. } Tanz	75	רוּעַ	(*Hifil*) das Horn blasen
71	מְחֹלָה	f. }	76	תְּרוּעָה	f. Hörnerklang
72	נְגִינָה	f. Musik (62)	77*	כִּנּוֹר	m. Kinnor (± Leier)
73	זָמַר	(*Piel*) musizieren	78	נֵבֶל	m. Nebæl (± Harfe)
74	מִזְמוֹר	m. Melodie, Psalm			

2 Die √ עוּף scheint mit der Idee von »blinzeln« und »flattern« verbunden; aber die Bedeutung ist umstritten. Für manche handelt es sich nicht um die Augenlider, sondern um Blicke, Blitze.

11 Vielleicht sind von derselben √ noch abgeleitet: לִבְנֶה, m. = Pappel; לְבָנָה, f. = Vollmond (poetisch); לְבֵנָה, f. = Ziegel; לְבֹנָה, f. = Weihrauch. Hinzu kommen mehrere Eigennamen: Laban, Libanon, Lebna. Man denke auch an *leben*, den weißen Käse der Araber.

12 Dies ist die volkstümliche Etymologie des Namens Edom, welche die Genesis in etwas unklarer Weise bietet:

a) Inbeziehungsetzung zu »אַדְמוֹנִי = rötlich« in Gen 25,25 (seltsamerweise führt dieser Text den Namen Esau und nicht Edom an; aber später in 36,1 wird die Identität behauptet).

b) Verbindung mit אָדֹם = Suppe von rötlicher Farbe, das Rote (Linsengericht?) 25,30. Nach der wissenschaftlichen Etymologie geht es entweder um eine Gottheit dieses Namens oder um eine Variante von Adam.

52ff Zu Musik und Instrumenten in Israel vgl. die Archäologien oder z. B. den Artikel »Musikinstrumente« im Jerusalemer Bibellexikon, Neuhausen-Stuttgart 1990, und V. H. MATTHEWS / I. H. JONES, Music and Musical Instruments, in: The Anchor Bible Dictionary, IV, New York 1992, 931–939.

55 Das Wort bedeutet ursprünglich den Widder (phönizisch יבל, vgl. Jos 6,5 »קֶרֶן יוֹבֵל = Widderhorn«, woraus man ein Musikinstrument macht (Synonym: שׁוֹפָר). Davon »Jubiläum«, das mit Hörnerklang angekündigt wird: § **18**,17.

77 Nach Gen 4,21 war Jubal der Ahnherr aller derer, die *kinnor* und *'ugab* (Bauernflöte) spielen. Der Autor scheint das Wort mit יוֹבֵל (55) in Verbindung zu bringen.

עַיִן תַּחַת עַיִן שֵׁן תַּחַת שֵׁן יָד תַּחַת יָד רֶגֶל תַּחַת רָגֶל = (a) Auge für Auge, Zahn für Zahn, Hand für Hand, Fuß für Fuß (Ex 21,24; vgl. Lev 24,30; Dt 19,21).

שָׁמְרֵנִי כְּאִישׁוֹן בַּת־עָיִן בְּצֵל כְּנָפֶיךָ תַּסְתִּירֵנִי = (b) Schütze mich wie eine Pupille des Auges – im Schatten deiner Flügel verberge mich (Ps 17,8).

פֶּה־לָהֶם וְלֹא יְדַבֵּרוּ עֵינַיִם לָהֶם וְלֹא יִרְאוּ׃ אָזְנַיִם לָהֶם וְלֹא יִשְׁמָעוּ אַף לָהֶם וְלֹא יְרִיחוּן׃
יְדֵיהֶם וְלֹא יְמִישׁוּן רַגְלֵיהֶם וְלֹא יְהַלֵּכוּ לֹא־יֶהְגּוּ בִּגְרוֹנָם׃ = (c) Sie haben einen Mund und sprechen nicht; sie haben Augen und sehen nicht; sie haben Ohren und hören nicht; sie haben eine Nase und riechen nicht; ihre Hände – doch sie greifen nicht; ihre Füße – doch sie gehen nicht; in ihrer Kehle kein Laut (Ps 115,5–7; vgl. 135,16–17).

6. – Kleidung

1*	לְבוּשׁ	m. Kleidungstück (8)	19	חָשַׂף	entkleiden
2	בֶּגֶד	m. **Gewand**	20	נָצַל	wegreißen
3	אַדֶּרֶת	f. Mantel	21	פָּשַׁט	ausziehen (Gewand)
4	שִׂמְלָה	f. Mantel, Kleid	22	שָׁלַף	ausziehen (Sandale)
5*	כֻּתֹּנֶת	f. } Tunika	23	עָרָה	nackt sein
6	כְּתֹנֶת	f.	24	עָרוֹם	Adj. nackt
7	מְעִיל	m. Kleidungsstück	25	עֶרְוָה	f. Nacktheit
8	לָבַשׁ	**anziehen, tragen**	26	כָּסָה	**bedecken**
9	חָפָה	bedecken	27	אָרַג	weben
10	עָטָה	sich umhüllen	28	בָּלָה	abgetragen sein
11	פָּרַשׂ	ausstrecken	29	קָרַע	zerreißen
12	אֵזוֹר	m. Schurz	30	כָּבַס	waschen, walken
13	חֲגֹרָה	f. Gürtel	31	שֵׁשׁ	m. Byssus, feines Leinen
14	אָזַר	gürten	32	בַּד	m. weißes Leinen (?)
15	חָגַר	gürten	33*	שַׂק	m. grobes Tuch
16	מִגְבָּעוֹת	f.Pl. Turban	34	אַרְגָּמָן	m. Purpur
17	מִצְנֶפֶת	f. Turban	35	שָׁנִי	m. Scharlach
18	נַעַל	f. Sandale	36	תְּכֵלֶת	f. violette Wolle
37*	הָדָר	m. Schmuck	43	שׂוּךְ	salben, parfümieren
38	תִּפְאֶרֶת	f. Schmuck, Schönheit	44	רֵיחַ	m. Parfum
39	עֲדִי	m. (Kollekt.) Schmuck	45	יָקַר	kostbar sein
40	אַבְנֵט	m. Gürtel	46	יָקָר	Adj. kostbar
		(f. Hohenpriester)	47	יְקָר	m. Wert, Preis
41	חֹשֶׁן	m. Beutel	48	אוֹר	glänzend sein (§ **7**,41)
42*	אֵפֹד	m. Ephod			
49	זָהָב	m. **Gold** (vgl. § **22**,59–72)	64	תָּם	Adj. vollständig
					(T. § **77**,5)
50	כֶּסֶף	m. **Silber**	65	תָּמִים	Adj. vollständig
51	חַשְׁמַל	m. ± glänzendes Gold	66	תֹּם	m. } Vollständigkeit
52	שֵׁן	f. Elfenbein (§ **3**,52)	67	תֻּמָּה	f.
53	סַפִּיר	m. Safir	68	תַּם	vollständig sein
54	פֵּאַר	schön machen	69	דָּמָה	ähnlich sein
55	צְבִי	m. Schönheit	70	דְּמוּת	f. Ähnlichkeit
56	חֶמֶד	m. Schönheit	71	תְּמוּנָה	f. Gestalt, Gleichbild
57	נָעִים	Adj. schön, angenehm	72	שָׁוָה	ähnlich sein
58	נָאוֶה	Adj. hübsch	73	פָּלָה	verschieden sein
59	יָפֶה	Adj. schön	74	תֹּהוּ	m. Verwirrung
60	יָפָה	schön sein	75	עֲנָק	m. Halsband
61	יֳפִי	m. Schönheit	76	טַבַּעַת	f. Ring
62	כָּלִיל	Adj. vollkommen (§ **18**,28)	77	מַרְאָה	f. Spiegel (§ **5**,4)
63	שָׁלֵם	Adj. intakt	78	תַּחַשׁ	m. Lederart

1 »Das hebräische Vokabular ist in bezug auf die Kleidung ziemlich dunkel. Man kann kaum die allergebräuchlichsten Worte mit Sicherheit identifizieren: *bægæd*, pl. *b[e]gādim*, ist das allgemeine Wort für jegliche Art von Kleidung. Die Tunika wird gewöhnlich *kuttōnet* genannt; die *kuttōnet passīm*, die Jakob seinem Lieblingssohn gibt (Gen 37,3) oder welche Tamar, die Schwester Absaloms, nach der Gewohnheit der Töchter des Königshauses trägt (2 Sam 13,18), scheint als ein Gewand mit weiten Ärmeln verstanden worden zu sein. ... *Me'īl* scheint nach Kontext und Etymologie ein Obergewand zu bedeuten. Die *śimlah*, √ *ś-m-l*, setzt voraus, daß man sie um den Körper wickeln kann. *Addæræt* ist ein ziemlich weiter Umhang, für den zwei Texte einen mesopotamischen Ursprung nahelegen: Der Mantel, den 'Akan von der Beute von Jericho abgezweigt hat, heißt *Addæræt šine'ar* (Jos 7,21), und nach Jona 3,6 legt der König von Ninive seine *Addæræt* ab, um ein Bußgewand anzulegen. Bis jetzt haben wir keine Sicherheit für die Identifizierung der Kleidungsstücke, die mit den Worten *šalmah, kešut* oder *gelōm* bezeichnet werden.« A. G. BARROIS, *Manuel d'archéologie biblique*, I, Paris 1939, 485–486. Vgl. auch H. WEIPPERT, Art. »Kleidung«, in: Neues Bibel-Lexikon, II, 495–499.

5 Es erscheint legitim, mit כֻּתֹּנֶת das griechische χιτών in Beziehung zu setzen, und sogar das lateinische *tunica* (von **ktun-ica*).

33 Bezeichnet den groben Stoff und auch den »Sack«, den man daraus verfertigt. Das Wort ist über das griechische σάκκος und das lateinische *saccus* in unsere modernen Sprachen übergegangen.

37 Um einen Gesamtüberblick über Schmuck- und Kleidungsstücke für Frauen zu gewinnen, kann man Jes 3,18ff konsultieren. Aber man sollte keine Zeit damit verlieren, sie im einzelnen zu identifizieren. Ein Blick in die Kommentare zeigt, wie schwierig dies ist. Es könnte im übrigen sein, daß der Autor aus satirischen Gründen die seltensten und gesuchtesten Ausdrücke versammelt hat, wodurch sein Text natürlich nicht leichter verständlich wird.

42 Das Wort *Efōd* ist schwierig. Es bezeichnet verschiedene Gegenstände:
a) eine einfache liturgische Tunika (אֵפֹד בַּד = Leinenephod), welches Samuel (1 Sam 2,18), David (2 Sam 6,14) usw. tragen;
b) einen reichen Schmuck des Hohenpriesters, in Ex 28 beschrieben;
c) einen Gegenstand, den man herbeibringen mußte und der die heiligen Lose enthielt (1 Sam 2,28; 14,3ff; 30,7ff);
d) einen Gegenstand (der gleiche?), der mit den *Terafim* verbunden ist, die man anbetete und gegenüber dem Israel »sich prostituierte« (Ri 17,5; 18,14ff; Hos 3,4; vgl. Ri 8,27).

15 חַשְׁמַל scheint eine Goldsilberlegierung gewesen zu sein. Im heutigen Ivrit ist es das Wort für »elektrischen Strom«.

7. – Wohnung

1	בַּיִת	m. **Haus** (T. § **5**,2)	24	בּוֹא	**eintreten, kommen**
2*	שָׁכַן	**wohnen** (T. § **42**,6)	25	מָבוֹא	m. Eingang
3	מִשְׁכָּן	m. **Wohnung**	26	יָצָא	**herausgehen** (T. § **2**,2)
4	סֻכָּה	f. Hütte (T. § **79**,3)	27	מוֹצָא	m. Ausgang
5	מְעָרָה	f. Höhle	28	תּוֹצָאָה	f. Ausgang
6	גָּג	m. Dach	29	סָגַר	schließen
7	חֶדֶר	m. Zimmer	30	שׁוֹעֵר	m. Türhüter (12)
8	עֲלִיָּה	f. Obergemach (63)	31*	שֻׁלְחָן	m. Tisch
9	מַעֲלָה	f. Treppe, Stufe (64)	32	מִטָּה	f. Bett (§ **3**,78)
10	פֶּתַח	m. **Tür** (23)	33	מִשְׁכָּב	m. Lager (§ **3**,78)
11*	דֶּלֶת	f. Türflügel	34	עֶרֶשׂ	f. Lager, Sofa
12	שַׁעַר	m. **Portal, Vorraum**	35	מָסָךְ	m. Decke
13*	מְזוּזָה	f. Pfosten	36	תֵּבָה	f. Truhe, Lade
14	סַף	m. Boden	37	חֶבֶל	m. Seil
15*	חַלּוֹן	mf. Fenster	38	עֲבֹת	mf. Schnur
16	חָצֵר	mf. **Innenhof**	----	----------	---------------------------------
17	גַּן	m. } Garten (§ **9**,70)	39*	לַפִּיד	m. Fackel
18	גַּנָּה	f.	40	נֵר	m. Lampe (§ **18**,10)
19*	פִּנָּה	f. Ecke	41	אוֹר	m. **Leuchte, Licht** (§ **6**,48)
20	מִקְצוֹעַ	m. Winkel	42	חֹשֶׁךְ	m. Dunkelheit
21	זֵר	m. Rand, Umkreis	43	חָשַׁךְ	dunkel sein
22	עֵרֶךְ	m. Reihe (§ **20**,8)	44	נֶשֶׁף	m. Schatten, Halbdunkel
23*	פָּתַח	**öffnen** (10)	45	קָדַר	dunkel sein
46	יָשַׁב	**bleiben, wohnen** (T. § **5**,3)	51	זָר	m. Fremder
47	שָׁכֵן	m. Bewohner	52	זוּר	fremd sein (T. § **78**,8)
48	אֶזְרָח	m. Eingeborener	53	נֵכָר	m. Ausland
49	גּוּר	**sich aufhalten** (T. § **78**,8B)	54	נָכְרִי	m. Ausländer (lies *o*)
50	גֵּר	m. seßhafter Fremder	55*	פְּלֹנִי אַלְמֹנִי	ein gewisser; jemand
56	יָצַג	plazieren	69	שָׁפָל	Adj. niedrig
57	סָכַן	nützlich sein	70	מַטָּה	Adv. unten (32)
58	סָפָה	fegen	71	תָּוֶךְ	m. Mitte
59	מָחָה	abwischen	72	בְּתוֹךְ	Präp. **inmitten von**
----	---------	-------------------------------------	73	תִּיכוֹן	Adj. mittel
60	רוּם	**hoch sein**	74	יַרְכָּה	f. Seite, Hinteres (§ **3**,13)
61	רוּם	m. erhöhter Ort	75	אָחוֹר	m. Hinteres
62	מָרוֹם	m. Höhe	76	אַחֲרֹן	Adv. nach hinten
63	עֶלְיוֹן	Adj. höher (§ **16**,24)	77	אַחֲרִית	f. Hinteres, Schluß
64	מַעַל	Präp. **oberhalb von** (8)	78	הָלְאָה	Adv. außerhalb
65	תַּחְתִּי	Adj. tiefer	79	חִיצוֹן	Adj. äußerer
66	תַּחְתּוֹן	Adj. tiefer	80	קֶרֶב	m. **Inneres** (T. § **8**,8)
67	תַּחַת	Präp. **unter** (T. § **19**,1)	81	פְּנִימִי	Adj. innerer (§ **3**,37)
68	שָׁפֵל	niedrig sein	82	פְּנִימָה	Adv. hinein, innen

2 Von שָׁכַן (einem typisch semitischen Wort, vgl. akkadisch *šakânu*) scheint das griechische σκηνή (dorisch σκανα) abgeleitet zu sein, das Photius als Lehnwort bezeichnet. Vielleicht ist von daher eine Verbindung zu der Formulierung im Johannesevangelium zu ziehen: καὶ ὁ λόγος σὰρξ ἐγένετο καὶ ἐσκήνωσεν ἐν ἡμῖν (Joh 1,14), das klangmäßig an Formeln erinnert wie Ez 43,9: וְשָׁכַנְתִּי בְתוֹכָם לְעוֹלָם (vgl. Ex 25,8), und an Dt 12,11: לְשַׁכֵּן שְׁמוֹ שָׁם (vgl. T. § **42**,6).

11 Die Tür steht am ideogrammatischen (= vom Bild abgeleiteten) Ursprung des Buchstabens *Dalet*, der auch zum griechischen *Delta* geführt hat. Dasselbe Wort bezeichnet auch die Spalten oder Seiten eines Textes (Jer 36,23), vielleicht auch die Schreibtäfelchen. In den Briefen von Lachisch (IV,3) liest man: »Ich habe auf der דלת geschrieben, gemäß all dem, wozu mein Herr mich geschickt hat.«

13 Indem sie die Vorschriften von Dt 6,9 wörtlich ausführen, pflegen die Juden Dt. 6,4ff (das *šᵉma'*) abzuschreiben und diese kleinen מְזוּזוֹת an den Türpfosten anzuhängen. Die kleinen Behälter (*tᵉfilin*), die man sich in ähnlicher Weise an die Stirn und an das Handgelenk bindet, entsprechen der Vorschrift von Dt 6,8.

15 Zu den Fenstern der israelitischen Häuser vgl. BARROIS, I, 123f.

19 Vgl. רֹאשׁ פִּנָּה (Ps 118,22; vgl. Mk 12,10 par.; Apg 4,11; 1 Petr 2,6–8 [§ **17**,75]), und אֶבֶן פִּנָּה = Eckstein (Ijob 38,6; vgl. Jes 28,16; Jer 51,26).

23 Vgl. ἐφφαθά, ὅ ἐστιν διανοίχθητι (Mk 7,34): Es handelt sich wohl um den Imperativ *Etpa'al* (unser *Hitpael*) des aramäischen Verbs פְּתַח.

31 »Bedeutet zunächst die Platte aus Leder oder Korbgeflecht, die in den armen Häusern oder bei der Mittelklasse auf dem Boden liegt, sodann in zweiter Linie auch den Dreifuß oder Tisch im eigentlichen Sinn, der selbstverständlich zum reichen Mobiliar gehört.« BARROIS, I, 123f.

39 Das Wort לַפִּיד, unbekannten Ursprungs, erinnert an das griechische λαμπάς, -άδος (√ λαμπ = glänzen). Vielleicht ist die Ähnlichkeit nur zufällig, aber hat wohl Einfluß auf das Syrische gehabt, wo es die Form *lampîdo* gibt.

55 Bezeichnet jemanden, den man nicht nennen will. Im Neuhebräischen bedeutet פְּלֹנִי allein (Abkürzung: "פ) einfach: »jemand«; vgl. auch das spanische »*fulano* = Herr Soundso«. Vgl. Mt 26,18.

8. – Nahrung

1*	לֶחֶם	m. **Nahrung, Brot**	41*	כַּד	f. Krug
2	אֲרֻחָה	f. Mahlzeit	42	כּוֹס	f. Schale, Tasse
3	מִשְׁתֶּה	m. Trinkgelage (24)	43	גָּבִיעַ	m. Tasse
4	אָכַל	**essen** (T. § **5**,6)	44	סִיר	mf. Kanne
5	אֹכֶל	m. Nahrung	45	נֵבֶל	m. Krug, Schlauch
6	מַאֲכָל	m. Nahrung	46*	כְּלִי	m. **Gefäß, Gerät**
7	לָחַם	essen (1)	----	----------	---------------------------------
8	רָעֵב	hungern	47	מָלֵא	**voll sein**
9	רָעֵב	Adj. hungrig (§ **12**,26)	48	מָלֵא	Adj. voll (T. § **10**,5)
10	בָּלַע	verschlingen	49	כּוּל	enthalten
11	שָׂבַע	satt sein	50*	רִיק	leeren
----	---------	-------------------------------------	51	שָׁפַךְ	**gießen**
12*	כִּכָּר	f. runde Scheibe, Fladen	52	יָצַק	umstülpen
13	חַלָּה	f. Kuchenkranz	53	נָגַר	gießen
14	חָמֵץ	m. gesäuerter Teig	54	נָתַךְ	sich ausbreiten
15	קֶמַח	m. Mehl	55	אָפָה	backen
16	סֹלֶת	f. Feinmehl	56	שְׂרֵפָה	f. Feuerstätte, Herd (68)
17*	מָן	m. Manna	57	בָּשַׁל	sieden
18	נֵתַח	m. Stück	58	בָּלַל	mischen
19	פַּת	f. Stück	59	זַךְ	Adj. rein
20	מָנָה	f. Portion (§ **14**,2)	60	טָבַל	eintunken
----	---------	-------------------------------------	61	מָסַס	schmelzen lassen
21	צָמָא	m. Durst	62	מוּג	zerschmelzen
22	צָמֵא	dürsten	63	חָמַם	warm sein (76)
23	רָוָה	seinen Durst stillen	64	חָרַר	brennend heiß sein
24	שָׁתָה	**trinken**	65	תַּנּוּר	m. Ofen
25	שִׁכּוֹר	Adj. trunken (29)	66	בָּעַר	brennen
26	שָׁכַר	trunken sein	67	אֵשׁ	f. (m.) **Feuer**
27	מַשְׁקֶה	m. Mundschenk (§ **10**,41)	68*	שָׂרַף	**brennen**
28*	יַיִן	m. **Wein**	69	יָצַת	brennen
29*	שֵׁכָר	m. starkes Getränk	70	לָהַט	verbrennen
30	תִּירוֹשׁ	m. Most, Wein	71	לַהַב	m. } Flamme
31*	שֶׁמֶן	m. **Öl**	72	לֶהָבָה	f. }
32	יִצְהָר	m. (frisches?) Öl	73	רֶשֶׁף	m. Flamme
----	---------	-------------------------------------	74	עָשָׁן	m. Rauch
33	מָתַק	süß sein	75	גַּחֶל	m. Kohle
34	מָתוֹק	Adj. süß	76	חֹם	m. Hitze (63)
35	מָרַר	bitter sein	77	נָפַח	anblasen
36*	מַר	Adj. bitter	78	כָּבָה	verlöschen
----	---------	-------------------------------------	----	----------	---------------------------------
37*	חֶרֶשׂ	m. Egge	79	מֶלַח	m. Salz
38	מִזְרָק	m. Gefäß	80	דְּבַשׁ	m. Honig
39	גֻּלָּה	f. Becken (§ **22**,26)	----	----------	---------------------------------
40	כִּיּוֹר	m. Becken, Schale	81*	מַאֲכֶלֶת	f. Messer (4)

1	Davon natürlich Betlehem, das »Haus des Brotes« (?) interpretiert wird.
12	Nach der Etymologie (√ כרר, vgl. כור): »Scheibe« oder »Deckel« (Sach 5,7), aber auch »Talent« (= runder Barren; § **15**,6) und »Bezirk« (§ **9**,9).
17	Ex 16,15 legt eine archaische Form מָן des Fragepronomens מה nahe. Aber vielleicht handelt es sich auch nur um eine Art assoziativer Etymologie.
28	Vgl. οἶνος (von *ϝινος), *vinum* usw. Aber gewöhnlich sind die Philologen gegenüber einer semitischen √ dieser Wörter skeptisch.
29	Lk 1,15: οἶνον καὶ σίκερα οὐ μὴ πίῃ. Das Wort bezeichnet jedes berauschende, d. h. gegorene Getränk (Alkohol, der destilliert werden muß, war nicht bekannt). Vielleicht kommt das franz. Wort *cidre* (lat. *sicera* > *cisera*) von daher.
31	Von daher Getsemani (Mt 26,36): aus »גַּת = Kelter« (Jes 63,2 u. a.) und שֶׁמֶן.
36	Etymologie (?) von Mirjam: »*amarum mare*« (T. § **66**,2). Vgl auch Rut 1,20: קְרֶאןָ לִי מָרָא כִּי־הֵמַר שַׁדַּי לִי = (Nennt mich nicht Noemi, § **24**,46), nennt mich *Mara*, weil der Allmächtige mich mit Bitterkeit erfüllt hat.
37	Zu den verschiedenen Formen von Gefäßen vgl. BARROIS, I, 451.
41	Davon das griechische κάδος, lat. *cadus*. Vgl. Lk 16,6, wo die Vulg. das ἑκατὸν βάτους (D* u. haben κάδους) mit *centum cados olei* übersetzt.
46	Bedeutet alle Arten von Gegenständen oder Werkzeugen, insbesondere Schmuckgegenstände, Geschirr für Pferde, Waffen, Musikinstrumente, Gefäße (NB: 1 Sam 21,6 scheint ein umschreibender Euphemismus zu sein).
50	Vgl. Mt 5,22: ῥακά = Hohlkopf.
55ss	Wie hier kommen im folgenden (§ **9**,52–56; **16**,76–79 u. ö.) viele scheinbar synonyme Worte vor. Aber in allen Sprachen sind wirkliche Synonyme selten. Meist erlaubt ein Blick in die Wörterbücher, Nuancen festzustellen. Aber eine Vokabelliste kann nicht alles sagen; sie soll Arbeit ermöglichen und nicht davon dispensieren. Man kann für das Studium nicht genug eigenes Nachforschen empfehlen: z. B. die verschiedenen Nuancen der Worte »verstecken« (§ **19**,70–78) oder »schlagen« (§ **22**,19–55) zu vergleichen. Bei Worten mit religiöser Bedeutung (»Unreinheit«, § **18**,58–63; oder »retten«, § **20**,50–56, vgl. § **21**,53–59) gewinnt man eine solide Basis für Untersuchungen biblischer Theologie.
68	Davon שְׂרָפִים = brennende (giftige) Schlangen (Num 21,6); fliegende Drachen (?) (Jes 14,29; 30,6); Seraphim (Jes 6,2.6) (T. § **78**,4).
81	Der belegte Gebrauch scheint daraus eher ein Werkzeug des Fleischers (im Tempel oder profan) zu machen als ein Hausinstrument. Das gleiche gilt von מִזְלָגָה, מַזְלֵג = Gabel (mit drei Zinken, 1 Sam 2,13). Bei normalen Mahlzeiten gab es kein »Besteck«.

9. – Land

1*	תֵּבֵל	f. Welt
2	אֶרֶץ	f. **Land, Erde** (T. § **18**,10)
3	יַבָּשָׁה	f. Festland (57)
4	גְּבוּל	m. } **Grenze, Gebiet**
5	גְּבוּלָה	f. } **Grenze, Gebiet**
6	מָקוֹם	m. **Ort** (T. § **10**,18)
7*	מְדִינָה	f. Provinz (§ **10**,18)
8	פֶּלֶךְ	m. Distrikt
9	כִּכָּר	f. Landkreis (§ **8**,12)
10	מִגְרָשׁ	m. **gemeinsames Weideland**
11	שָׂדֶה	m. **Feld, Land**
12	שְׁדֵמָה	f. Feld, Terrasse
13	אֲדָמָה	f. **Boden, Erde**
14	טִיט	m. Schlamm
15*	עָפָר	m. **Staub**
16	עֵפֶר	m. Staub
----	---------	-------------------------------------
17	אִי	m. ferne Insel
18	עֵבֶר	m. jenseitiges Land (§ **16**,30)
19	חָפַשׂ	erforschen
20	חָקַר	erforschen, suchen
----	---------	-------------------------------------
21	מִישׁוֹר	m. Plateau, Ebene
22*	בָּמָה	f. **Höhe**
23	גִּבְעָה	f. Hügel
24	הַר	m. **Berg**
25	תֵּל	m. kleiner Berg
26	נֶגֶב	m. trockenes Gebiet
27	סֶלַע	m. Felsen
28*	צוּר	m. Felsen
29	יָשַׁר	eben (gerade) sein
----	---------	-------------------------------------
30	עֵמֶק	m. Tal
31*	גַּיְא	m. Schlucht, Tal
32*	בִּקְעָה	f. Tal (§ **14**,57)
33	עָמֹק	Adj. tief
----	---------	-------------------------------------
34	סָבִיב	Adv. **ringsum** (§ **16**,20)
35	מַיִם	m.Pl. **Wasser**
36*	נָהָר	m. **Fluß**
37	נַחַל	m. Sturzbach
38	תְּעָלָה	f. Wasserlauf (§ **16**,24)
39	פֶּלֶג	m. Kanal
40	אָפִיק	m. Kanal
41*	יַרְדֵּן	(Eigenname) **Jordan**
42	יְאֹר	(Eigenname) Nil, Nilarm
43	עַיִן	f. Quelle (Pl. עֲיָנוֹת) (§ **5**,1)
44	מַעְיָן	m. Quelle
45	בְּאֵר	f. Brunnen
46	בּוֹר	m. Brunnen (§ **4**,33)
47	בְּרֵכָה	f. Teich
48	מָקוֹר	m. Springbrunnen
49	מַעֲבָר	m. } Furt (T. § **53**,1)
50	מַעְבָּרָה	f. } Furt (T. § **53**,1)
51	נָזָה	heraussprudeln
52	שָׁאַב	schöpfen
53	זוּב	gießen
54	נָבַע	gießen
55	שָׁטַף	überfließen
56	נָזַל	gießen
57	יָבֵשׁ	trocken sein (3)
58	מַבּוּל	m. Sintflut
59	עִיר	f. **Stadt**
60*	קֶרֶת	f. Festung
61	קִרְיָה	f. Festung
62	מִגְדָּל	m. Turm
63	גָּדֵר	m. } Umwallung (vgl. § **21**,1–7)
64	גְּדֵרָה	f. } Umwallung (vgl. § **21**,1–7)
65	חוֹמָה	f. **Mauer**
66	קִיר	m. Mauerwerk
67	מִבְצָר	m. Befestigung
68	בָּצַר	befestigen
69	אַרְמוֹן	m. Zitadelle
70	גָּנַן	umgeben (§ **7**,17)
71	מָכוֹן	m. Stätte
72	חָצֵר	m. Dorf
73	כָּפָר	m. Dorf
74	תּוֹשָׁב	m. Bewohner (§ **7**,46)
75	חוּץ	m. Straße
76	רְחוֹב	f. Platz
77	דֶּרֶךְ	mf. **Weg** (T. § **41**,4B)
78	אֹרַח	m. Weg
79	מְסִלָּה	f. Landstraße
80	נָתִיב	m. } Pfad (vgl. § **16**)
81	נְתִיבָה	f. } Pfad (vgl. § **16**)
82	מַעְגָּל	m. Fährte

1ff Viele der folgenden Wörter sind zu alten oder modernen Eigennamen geworden; es erschien überflüssig, sie jedesmal zu erwähnen, z. B. Gib'a, Birket, Kafar, Qiriat.

7 Ursprünglich Ort oder Gebiet, wo man Recht sprach (דִּין). Dasselbe Wort bezeichnet aramäisch, arabisch und syrisch »Provinz« oder »Stadt« (vgl. aramäisch *Beled*, das »Dorf« oder »Land« bedeutet). Daher Ortsnamen wie Medina, Medinet-Habu (in Ägypten), Medina del Campo (Spanien).

15 Manchmal auch »Staub, aus dem man Mörtel macht« = »Lehm«. Dies ist vielleicht der Sinn von Gen 2,7 (vgl. § **22**,74). Die Wahl des Wortes wurde möglicherweise durch den Gedanken an den Leib, der zum Staub zurückkehrt (Gen 3,19), bestimmt.

22 Dieses Nomen hat sehr häufig eine religiöse Bedeutung. Die *Bamôt* waren Höhen, auf denen ein Kult stattfand, den das Deuteronomium verbot.

28 Ursprung des Ortsnamens Tyros: Hebr. (und phönizisch): צוּר, gr. Τύρος. Diese Stadt war auf einem Felsen am Meer erbaut.

31 Vgl. גֵּי הִנֹּם = Hinnomtal, oder häufiger גֵּי בֶן־הִנֹּם oder גֵּי בְנֵי־הִנֹּם = Tal des Sohns (der Söhne) von Hinnom, die *Gehenna* (= Hölle) bei Jerusalem.

32 Ein breites Tal oder eine Ebene zwischen zwei Bergmassiven. Heute heißt so (*Beqa'*) das Tal, das Libanon und Antilibanon trennt.

36 Vgl. den Eigennamen »אֲרַם נַהֲרַיִם = Aram von den beiden Flüssen«.

41 Der Jordan ist der Fluß, der »herabsteigt« (√ יָרַד, § **16**,22). Eine iranische Etymologie (»*yar* = Jahr« + »*don* = Fluß«; also »ganzjähriger Fluß«) ist eher unwahrscheinlich.

60 Etymologie von Karthago: so etwas wie קֶרֶת חֲדָשָׁה = Neustadt. Das Punische ist ein Dialekt des Phönizischen, das seinerseits dem Hebräischen nahesteht.

Ps 114,3–4.7–8

הַיָּם רָאָה וַיָּנֹס הַיַּרְדֵּן יִסֹּב לְאָחוֹר׃
הֶהָרִים רָקְדוּ כְאֵילִים גְּבָעוֹת כִּבְנֵי־צֹאן׃
מִלִּפְנֵי אָדוֹן חוּלִי אָרֶץ מִלִּפְנֵי אֱלוֹהַּ יַעֲקֹב׃
הַהֹפְכִי הַצּוּר אֲגַם־מָיִם הַלָּמִישׁ לְמַעְיְנוֹ־מָיִם׃

(a) Das Meer sah es und floh; der Jordan wich zurück.
Die Berge hüpften wie Widder und die Hügel wie Lämmer.
Tanze, Erde, vor dem Herrn, vor dem Antlitz des Gottes Jakobs,
der den Felsen zu Grundwasser macht und den Kiesel zur Quelle.

Vgl. dazu: NORBERT LOHFINK, Das tanzende Land und der verflüssigte Fels - Zur Übersetzung von Ps. 114,7, in: Festschrift für Ingo Baldermann, hrsg. v. ASTRID GREVE und FOLKER ALBRECHT, Siegen 1994.

10. – Viehzucht

1*	שׁוֹר	m. Rind	18	גְּדִי	m. Zicklein
2	פַּר	m. **Stier** (T. § **18**,10 B)	19	אֲלָפִים	m.Pl. Vieh
3	פָּרָה	f. Kuh	20	מִקְנֶה	m. Viehbestand, Reichtum
4	עֵגֶל	m. Kalb	21*	קֶרֶן	f. Horn
5	עֶגְלָה	f. Färse (junge Kuh)	22*	גָּרַר	wiederkäuen
6	בָּקָר	m. **Großvieh**	23	פַּרְסָה	f. Huf
7	צֹאן	f. **Kleinvieh**	24	גָּזַז	scheren
8	שֶׂה	m. Stück Kleinvieh	25	גֵּז	m. Schur
9	אַיִל	m. **Widder**	26	צֶמֶר	m. Wolle
10*	רָחֵל	f. Schaf	27	חָלָב	m. Milch (33)
11*	טָלֶה	m. Lamm	28	אֵבוּס	m. Futtertrog, Krippe
12	כֶּבֶשׂ	m. } **entwöhntes Lamm**	29	בָּרִיא	Adj. fett
13	כִּבְשָׂה	f. }	30	דָּשֵׁן	fett sein
14	כַּר	m. Lamm	31	דֶּשֶׁן	m. Fett
15	שָׂעִיר	m. Bock (§ **3**,42)	32	דָּשֵׁן	Adj. fett
16	עַתּוּד	m. Bock	33	חֵלֶב	m. Fett
17	עֵז	f. Ziege			
34	רָעָה	**weiden** (T. § **68**,5)	39	עֵדֶר	m. Herde
35	מַרְעִית	f. Weide, Landleben	40	הָדַף	treiben, führen (Herde)
36	מִרְעֶה	m. Weideplatz	41	שָׁקָה	v, tränken
37	נָוֶה	m. Park, Weideplatz (52)	42	נָהַל	führen, transportieren
38	חָצֵר	mf. **Park, Gehege** (§ **7**,16)	43	רָבַץ	sich hinlegen, ausstrecken
44*	מִדְבָּר	m **Wüste**	50*	מִשְׁפָּחָה	f. **Großfamilie, Clan**
45	יְשִׁימוֹן	m. Wüste	51	יָתֵד	f. Zeltpflock
46*	עֲרָבָה	f. Steppe	52	נָוָה	f. Wiese
47	אֹהֶל	m. **Zelt**	53	דֶּשֶׁא	m. Gras
48*	מַטֶּה	m. **Stamm**	54	עֵשֶׂב	m. Futtergras
49*	שֵׁבֶט	m. **Stamm** (T. § **39**,7)	55	חָצִיר	m. Futter
56	מָטָר	m. Regen	68	רָעַם	donnern
57	מָטַר	regnen	69*	בָּרָק	m. Blitz
58	גֶּשֶׁם	m. Regen, Regenguß	70	סַעַר	m. } Orkan
59	זֶרֶם	m. Wolkenbruch	71	סְעָרָה	f. }
60	נָטַף	fallen (Tropfen)	72	סָעַר	wüten
61	עֲרָפֶל	m. dichte Wolke	73	סוּפָה	f. Sturm
62	עָנָן	m. Wolke	74	רוּחַ	f. **Wind** (§ **4**,5)
63	עָב	m. Wolke	75*	הֶבֶל	m. Dunst, Hauch
64	שַׁחַק	m. leichte Wolke	76	סָכַךְ	schützen
65*	בָּרָד	m. Hagel	77	שָׂעַר	mitreißen, mitnehmen
66	שֶׁלֶג	m. Schnee	78	רָעַשׁ	beben (Erde)
67	טַל	m. Tau			

1	Aramäisch תּוֹרָא; vgl. griech. ταῦρος, lat. *taurus*, franz. *taureau*.
10	Davon Rachel, angeblich totemischer (?) Name wie auch Debora (דְּבוֹרָה = Biene), Jaël (יָעֵל = Steinbock), Kaleb (כֶּלֶב = Hund) usw.
11	Im Aramäischen bedeutet dasselbe Wort טַלְיָא »Lamm« und »junger Mann«, »Knecht« (?); das Femininum (טַלְיְתָא, syrische Form: *ṭalîto*) bedeutet »junges Mädchen«. Dieses Wort gebraucht Jesus: ταλιθὰ κοῦμ (oder κοῦμι) (Mk 5,41). »Lamm Gottes« könnte auch den »Knecht Gottes« meinen.
21	Daraus macht man ein Musikinstrument, das קֶרֶן יוֹבֵל (Jos 6,5) oder יוֹבֵל oder שׁוֹפָר (§ 5,55–56). Verwandt: assyr. *ḳarnu*, aram. קַרְנָא, griech. κέρας (auch κάρηνον = Kopf), lat. *cornu*, dt. Horn. Es ist jedoch nicht leicht, den Grad der Verwandtschaft dieser Worte zu bestimmen. Das Wort »Horn« wird als Synonym für »Kraft« gebraucht; daher zahlreiche Hebraismen, z. B. καὶ ἤγειρεν κέρας σωτηρίας ἡμῖν (Lk 1,69).
22	In dem Ausdruck גָּרַר גֵּרָה (גֵּרָה scheint das »Gekaute« zu bedeuten). Häufiger ist der synonyme Ausdruck הֶעֱלָה גֵרָה.
44	Sich an den Titel des Buches Numeri in der hebräischen Bibel erinnern: במדבר. Man verwendet gewöhnlich die ersten Worte des Textes, um die ersten Bücher der Bibel zu bezeichnen. Aber hier hat man aus dem Satz וַיְדַבֵּר יהוה אֶל־מֹשֶׁה בְּמִדְבַּר סִינַי das charakteristische Wort vorgezogen.
46	Daher die *Arabah*, die Vertiefung, in der Jordan, Totes Meer und das südlich davon liegende Tal (die heutige *Arabah*) liegen. Ebenso der Name der Araber, die in den alten biblischen Texten noch nicht unter diesem Namen bekannt sind (sie heißen eher »Söhne des Ostens« oder *Benê Ismaël* oder auch mit speziellen Bezeichnungen, etwa »Madianiter«; in den jüngeren Büchern werden sie jedoch erwähnt: Neh 2,19; 2 Chr 17,11 u. a.).
48–50	Es scheint, daß מַטֶּה und שֵׁבֶט völlig synonym sind und große Stämme bezeichnen; מִשְׁפָּחָה (jiddisch »Mischpoke«) ist enger und entspricht der Großfamilie, zwischen Stamm und Familie.
65	Und die Hagelkörner: אַבְנֵי הַבָּרָד (= Steine des Hagels).
69	Sich an den punischen Namen *Hamilkar Barka* (= Blitz), den Vater Hannibals erinnern. Das Donnern heißt קוֹל יהוה (»Stimme JHWHs«).
75	Daher: Bedeutungsloses, Enttäuschendes (Vulg.: *vanitas*). Dieses Wort gebraucht der Kohelet: הֲבֵל הֲבָלִים אָמַר קֹהֶלֶת הֲבֵל הֲבָלִים הַכֹּל הָבֶל (Koh 1,2), das er selbst danach kommentiert: הַכֹּל הֶבֶל וּרְעוּת רוּחַ (Koh 1,14).

11. – Tiere

1	חַיָּה	f. **Tier, Lebewesen** (§ 4,2)	22	תַּן	f. Schakal
2*	בְּהֵמָה	f. **großes Tier**	23	אַיָּל	m. Hirsch
3	סוּס	m. **Pferd**	24	אַיָּלָה	f. Hirschkuh
4	חֲמוֹר	m. **Esel**	25*	צְבִי	m. Gazelle
5	אָתוֹן	f. Eselin	26	רְאֵם	m. Büffel
6	עַיִר	m. Esel	27	פֶּרֶא	m. Wildesel
7	פֶּרֶד	m. Maulesel	28	גּוּר	m. Junges
8*	גָּמָל	m. Kamel	29	עוֹף	m. (koll.) Geflügel
9*	כֶּלֶב	m. Hund	30	צִפּוֹר	f. Vogel
10	נָחָשׁ	m. Schlange	31	נֶשֶׁר	m. Adler, Geier
11	שֶׁרֶץ	m. Gewimmel (44)	32*	תֹּר	f. Turteltaube
12	זָכָר	m. Männchen	33*	יוֹנָה	f. Taube
13	נְקֵבָה	f. Weibchen	34	רֶמֶשׂ	m. (koll.) Tierzeug
14	מִין	m. Art	35	תּוֹלֵעָה	f. Larve, Wurm
15*	אֲרִי	m. } Löwe	36	צְפַרְדֵּעַ	f. (koll.) Frösche
16	אַרְיֵה	m.	37*	אַרְבֶּה	m. Heuschrecke
17	שַׁחַל	m. Junglöwe	38	דְּבוֹרָה	f. Biene
18	לָבִיא	mf. Löwe	39	כֵּן	m. Stechmücke
19	כְּפִיר	m. Löwenjunges	40	דָּג	m. } Fisch
20	דֹּב	m. Bär	41	דָּגָה	f.
21	זְאֵב	m. Wolf	42	תַּנִּין	m. Drache
43	עוּף	fliegen	57	מוֹקֵשׁ	m. Falle
44	שָׁרַץ	wimmeln (11)	58	שַׁחַת	f. Grube
45	רָמַשׂ	kriechen, wuchern	59	פַּח	m. Vogelfalle
46	קֵן	m. Nest	60	לָכַד	**einfangen**
47	מָעוֹן	m. Aufenthalt, Schlupfwinkel	61	שָׁחַט	schlachten
48	שָׁאַג	brüllen	62	חָבַשׁ	satteln
49	ילל	(*Hifil*) heulen	63	כָּנָף	f. **Flügel**
50	טָבַח	schlachten	64	חָזֶה	m. Brust
51	טֶבַח	m. Gemetzel	65	בֶּטֶן	f. Eingeweide
52	נָשַׁךְ	beißen	66	כֶּרַע	f. Pfote
53*	צַיִד	m. Jagd	67	זָנָב	m. Schwanz
54	צוּד	jagen	68	טָרַף	zerreißen
55	רֶשֶׁת	f. Netz	69	טֶרֶף	m. Beute
56	מְצוּדָה	f. Garn	70	טְרֵפָה	f. zerrissenes Tier
71	אָז	**da**	78	חָלִילָה	ferne sei ...!
72	מֵאָז	seitdem	79	אוּלָם	sondern
73	אוּלַי	vielleicht	80*	בִּלְתִּי	außer
74	הֲלֹם	hier (vor Bewegung)	81	לוּ	wenn, ob
75	בִּגְלַל	wegen	82	לוּלֵי	wenn nicht
76	אֵי	wo?	83	בַּל	nicht
77	אַיִן	woher?	84	בְּלִי	ohne

2 בַּהֲמוֹת שָׂדֶה = Feldtiere, wilde Tiere. Das *B^ehēmôt* von Ijob 40,15 ist vielleicht ein Intensitätsplural für das »Untier« schlechthin; möglich ist auch eine hebraisierte Form eines ägyptischen Wortes (*pe-ḥim-mu* = Wasserbüffel?).

8 Vgl. griech. κάμηλος, lat. *camelus*.

9 Auf arabisch *kelb* (vgl. *Nahr el-kelb* = »Hundsfluß« im Libanon).

15ff Auf manchen Gebieten ist das Hebräische sehr vokabelreich. Beim Übersetzen wird man sich oft mit ein und demselben Wort begnügen müssen; die Gefahr der Plattheit sollte man nicht durch Phantasie überspielen.

25 Im Aramäischen טַבְיָא (häufige Umwandlung von צ in ט). Dies ist der Eigenname in Apg 9,36.40: Ταβιθά, ἣ διερμηνευομένη λέγεται Δορκάς.

32 Ähnlich das lat. *turtur* durch Nachahmung desselben Vogelschreis.

33 Davon der Name Jona.

37 Zu Namen (oder Entwicklungsstadien) der Grashüpfer vgl. Joël 1,4; 2,25 und Kommentare.

53 Für die Jagdausdrücke konsultiere man Ijob 18,7–10 (vgl. Ps 35,7–8) und Kommentare; vgl. auch BARROIS, I, 344f.

80 בִּלְתִּי (לְבִלְתִּי vor einem Infinit. constr.) und בְּלִי, die wie Präpositionen gebraucht werden, sind in Wirklichkeit die *Statūs constructi* von בֶּלֶת* und בַּל (√ בָּלָה). Die (paragogische) Endung auf *i* findet sich noch in »זוּלָתִי = außer« (§ **14**,40), in mehreren Namen, besonders poetischen, und in zusammengesetzten Eigennamen wie »Gabri-el = Mann Gottes«, »Dani-el = Gerechtigkeit Gottes«, »Melki-sedek = König der Gerechtigkeit«. Es handelt sich nicht um das Suffix-Pronomen (Gott ist meine Gerechtigkeit). Zwar erinnern die Endungen an einen alten semitischen Genitiv auf *i*; aber es liegt kein eigentlicher Genitiv vor, weil sie zum Gegenstand, den man besitzt, gehören und nicht zum Besitzer. Doch haben vielleicht später die Israeliten selbst diese Formen possessiv verstanden und analoge Namen entwickelt; so sollte man diese naheliegende Interpretation nicht zu rasch ablehnen.

Jes 11,6–8

6 וְגָר זְאֵב עִם־כֶּבֶשׂ וְנָמֵר עִם־גְּדִי יִרְבָּץ וְעֵגֶל וּכְפִיר וּמְרִיא יַחְדָּו וְנַעַר קָטֹן נֹהֵג בָּם׃
7 וּפָרָה וָדֹב תִּרְעֶינָה יַחְדָּו יִרְבְּצוּ יַלְדֵיהֶן וְאַרְיֵה כַּבָּקָר יֹאכַל־תֶּבֶן׃
8 וְשִׁעֲשַׁע יוֹנֵק עַל־חֻר פָּתֶן וְעַל מְאוּרַת צִפְעוֹנִי גָּמוּל יָדוֹ הָדָה׃

Der Wolf wohnt bei dem Lamm, die Panterin legt sich mit dem Zicklein. Kalb und Löwenjunges weiden miteinander, und ein kleiner Junge führt sie. Die Kuh und der Bär weiden, ihre Jungen liegen zusammen. Der Löwe wie das Rind frißt Stroh. Das Kleinkind spielt am Loch der Schlange; in den Schlupfwinkel der Viper legt das Kind seine Hand.

12. – Ackerbau, Bäume, Pflanzen

1	חָרַשׁ	**pflügen** (§ **22**,71)	4	זֶרַע	m. **Samen** (T. § **32**,7)
2	אִכָּר	m. Pflüger, Bauer	5	אָסַף	**einsammeln, ernten**
3	זָרַע	säen	6	קָצַר	ernten
7	לָקַט	Ähren lesen	21	שְׂעֹרָה	f. Gerste
8	שָׁבַר	Korn kaufen	22*	דָּגָן	m. Korn
9	קָצִיר	m. Ernte (6)	23	צָרַר	binden
10	יְבוּל	m. Frucht der Erde	24*	קָבַץ	sammeln,ernten
11*	עֹמֶר	m. Garbe	25	צִיָּה	f. Trockenheit
12	קַשׁ	m. Stroh	26	רָעָב	m. **Hungersnot** (§ **8**,9)
13	גֹּרֶן	m. Tenne	27	חֹרֶב	m. Trockenheit
14	זָרָה	worfeln	28	כָּרָה	bohren (Brunnen usw.)
15	אָסַר	(Tiere) anspannen (§ **21**,33)	29	חָפַר	bohren
16	עֹל	m. Joch	30	רַעֲנָן	Adj. üppig wuchernd
17	צֶאֱצָא	m. Schößling (T. § **2**,2)	31*	קַיִץ	m. Sommer
18	תְּנוּבָה	f. Produkt, Frucht	32*	חֹרֶף	m. Herbst
19	תְּבוּאָה	f. Ernte			(vgl. § **10**,56–78;
20	חִטָּה	f. Weizen			**13**,55–78)
34	עֵץ	m. **Baum**	53	בָּצַר	pflücken
35	יַעַר	m. Wald	54	יֶקֶב	m. Kelter
36	שֹׁרֶשׁ	m. Wurzel	55	פָּרַח	knospen (37)
37	פֶּרַח	m. Zweig, Trieb (55)	56	פָּרָה	Frucht bringen (T. § **5**,7)
38	מַקֵּל	m. Zweig, Stock	57	צִיץ	m. Blüte
39	צֶמַח	m. Schößling	58*	פְּרִי	m. **Frucht** (56)
40	עָלֶה	m. Laub	59	פָּרַץ	aufblühen
41	נָטַע	pflanzen	60*	בֹּשֶׂם	m. Balsam, Gewürz
42	נָתַשׁ	ausreißen	61	פֵּשֶׁת	m. Flachs
43	גָּדַע	abschneiden, fällen	62	חוֹחַ	m. Dornbusch
44	נָעַר	schütteln	63	קוֹץ	m. Dorn
45	צָמַח	treiben	64	מֹר	m. Myrrhe
46	סָרַח	frei wachsen	65*	אֵזוֹב	m. Hyssop
47	כֶּרֶם	m. Weinberg	66*	שׁוּשַׁן	m. Lilie, Lotus, Rose
48	גֶּפֶן	f. Weinstock	67*	קָנֶה	m. Schilfrohr (§ **15**,1)
49	עֵנָב	m. Traube	68	סוּף	m. Schilfrohr, Binse
50	בֹּסֶר	m. grüne Traube	69	אֶרֶז	m. Zeder
51*	אֶשְׁכּוֹל	m. Traube	70	שִׁטָּה	f. Akazie
52	בָּשַׁל	reifen (§ **8**,57)	71*	תָּמָר	m. Palme
73*	אֵלָה	} f. Laubbaum, Terebinthe?	77	זַיִת	m. 1. Ölbaum, 2. Olive
74*	אֵלוֹן		78	רִמּוֹן	m. 1. Granatbaum, 2. Gra-
75*	אַלּוֹן	m. Laubbaum, Eiche?			natapfel
76	בְּרוֹשׁ	m. Zypresse? Wacholder?	79	תְּאֵנָה	f. 1. Feigenbaum, 2. Feige
			80	כַּרְמֶל	m. Obstgarten

11	Oder genauer »Handvoll Ähren«; denn man schnitt in der Höhe der Ähren. Es scheint keine Beziehung zwischen diesem Wort und dem gleichbenannten Maß (§ **15**,19) zu geben.
22	Daher in Aschdod der Gott Dagon, Gott der Ernte (vgl. lat. *Ceres* und die *cerealia*), wohl nicht Fischgott (דָּג, § **11**,40). Aber ist das Wort überhaupt semitisch?
24	Davon im modernen Ivrit Agrarkolonien, *Kibbuz* (pl. *Kibbuzîm*) und *Kvutsa* (pl. *Kvutsôt*).
31	Metereologisch gibt es in Palästina eigentlich nur zwei Jahreszeiten, den Winter (Herbst) als Regenzeit und den Sommer als Trockenzeit. Aber man spricht auch von der Saatzeit oder der Erntezeit usw.
32	Um sich mit den bäuerlichen Ausdrücken vertraut zu machen, kann man das Buch Rut lesen, ein liebenswürdiges und leicht zu lesendes Werk, für das der Kommentar von CHRISTIAN FREVEL, Stuttgart 1992, helfen kann.
51	Vgl. »Tal von Eschkol (Traubental)« (Num 13,23 u. a.; vgl. auch Gen 14,13).
58	Vielleicht ist daraus entstanden lat. *pirum*, fr. *poire* (T. § **5**,7). Interessant ist, daß ein generisches Wort, wenn es in eine andere Sprache übergeht, manchmal spezifiziert wird: lat. »*pomum* = Frucht« ergibt fr. »*pomme* = Apfel«; »*catulus* = Junges« ergibt fr. »*chat* = Katze«.
60	Daher (über das Arabische, Phönizische?) das griech. βάλσαμον (aus *βάσσαμον).
65	Griech. ὕσσωπον, lat. *hyssopus*.
66	Lehnwort aus dem Ägyptischen; davon Susanna.
67	Davon das griech κάννα, lat. *canna*. Dies ist wohl der Ursprung unserer Wörter »Kanon« und »Kanone«: 1. Der abgeschnittene Stengel des Schilfs diente als kleines Lineal, davon das griech. κανών = Regel, dann der Kanon der Schriften, der Konzilien, das kanonische Recht, die Kanonisierung, das Kanonikat usw. 2. Da das Schilf hohl ist, kommt es zur Bedeutung »Rohr«, dann wohl über das Italienische zum Vergrößerungswort *canon*, großes Rohr, Kanone. Vgl. ähnliche »Vergrößerungsworte«: »Karte - Karton«, »Ball - Ballon«.
71	Oder תִּמֹּרָה (vielleicht eine Diminutivform), welches nur als Bezeichnung für ein Ornament gebraucht wird. Die Volkslinguistik hat den sympathischen Unsinn der Übersetzung des Namens der alten Stadt Tademor (worin sie תָּמָר wiederzufinden meinte) mit *Palmyra* fertiggebracht.
73–75	Der Wortgebrauch der Übersetzungen ist nicht klar genug, um uns diese großen und dichtbelaubten Bäume mit Sicherheit identifizieren zu lassen: grüne Eichen, Terebinthen? Das gleiche gilt für Zypresse (76) und sogar Zeder (69) und allgemein für viele Namen der palästinensischen Flora und Fauna.

13. – Zeiteinteilung

1	שָׁנָה	f. **Jahr** (53)	27	קָצֶה	m.
2*	חֹדֶשׁ	m. **Monat** (14)	28	קָצָה	f. } Ende
3*	יֶרַח	m. Monat (60)	29	קֵץ	m.
4*	אָבִיב	m. *Abîb* (erster Monat)	30	תָּמִיד	m. **Ständigkeit**
5	יוֹם	m. **Tag** (T. § **43**,1)	31		Adv. **ständig**
6	שָׁבוּעַ	m. Woche	32	מְהֵרָה	f. Hast (17)
7	שַׁבָּת	f. **Sabbat** (§ **23**,30)	33*	מַהֵר	Adv. schnell
8	לַיִל	} m. **Nacht** (T. § **36**,2)	34	פִּתְאֹם	Adv. plötzlich
9	לַיְלָה		35	רֵאשִׁית	f. Anfang (T. § **42**,14)
10	בֹּקֶר	m. **Morgen**	36	מִקְרֶה	m. Zufall (§ **16**,44)
11	עֶרֶב	m. **Abend**	37	מָחָר	Adv. morgen
12	חֲלִיפָה	f. Wechsel (§ **15**,62)	38	מָחֳרָת	f. folgender Tag
13	יָשָׁן	Adj. alt	39	תְּמוֹל	} Adv. gestern
14	חָדָשׁ	Adj. neu	40	אֶתְמוֹל	
15	חָדַשׁ	erneuern	41	שִׁלְשׁוֹם	Adv. vorgestern
16	חוּשׁ	sich eilen	42	קֶדֶם	m. Urzeit (74)
17	מָהַר	sich eilen	43	קַדְמָה	f. Urzustand
18	צָהֳרַיִם	m.Pl. Mittag (lies *o*, *o*)	44	קַדְמֹנִי	Adj. vorherig (75)
19	עֵת	f. **Zeit** (T. § **25**,5)	45*	יוֹמָם	Adv. **tagsüber** (5)
20	דּוֹר	m. **Zeitabschnitt, Periode**	46	עַתָּה	Adv. **jetzt** (19)
21	חֶלֶד	m. Dauer, Leben	47	טֶרֶם	Konj. bevor
22	נֵצַח	m. Ewigkeit	48	טֶרֶם	m. Beginn
23	עַד	m. Ewigkeit	49	מָתַי	Adv. wann?
24	עוֹלָם	m. **Dauer** (T. § **61**,6)	50	עַד	Konj. **bis daß**
25	רֶגַע	m. Augenblick	51	עוֹד	Adv. **noch**
26	אֵיתָן	Adj. andauernd	52	מוּר	wechseln
			53	שָׁנָה	wechseln (§ **23**,40)
55	שָׁמַיִם	m.Pl. **Himmel**	67	צֵל	m. Schatten (§ **17**,76)
56	רָקִיעַ	m. Firmament (§ **22**,68)	68*	שַׁחַר	m. Morgenrot
57	שֶׁמֶשׁ	mf. **Sonne**	69	פֵּאָה	f. Seite, Rand
58	מָאוֹר	m. Gestirn (§ **6**,48)	70	צָפוֹן	f. **Norden**
59	כּוֹכָב	m. Stern (§ **26**,63B)	71	מַעֲרָב	m. Westen, Untergang (11)
60	יָרֵחַ	m. Mond (3)			
61	מוֹפֵת	m. Wunder	72	מִזְרָח	m. Osten, Aufgang (63)
62	פָּלָא	wunderbar sein	73	קָדִים	m. Osten
63	זָרַח	aufgehen	74	קֶדֶם	m. Osten (§ **16**,78)
64	יָפַע	leuchten, strahlen	75	קַדְמֹנִי	Adj. östlich
65	נֹגַהּ	f. Klarheit, Leuchtkraft	76	קֵדְמָה	Adv. gegen Osten
66	אֲפֵלָה	f. Dunkelheit	77	דָּרוֹם	m. Süden
			78	תֵּימָן	f. Süden (§ **16**,72)

2–3 Es handelt sich um Mondmonate, wie ihr Name andeutet: Neu(mond) (2) und Mondwechsel (3). Das Jahr mit zwölf Mondmonaten blieb um 10 Tage hinter dem Sonnenjahr zurück. Um die Übereinstimmung wiederherzustellen, fügte man ungefähr alle drei Jahre einen dreizehnten Monat (אֲדָר שֵׁנִי) hinzu. Aber all dies ist nur für das Frühjudentum klar bezeugt.

---

4 Der israelitische Kalender ist kaum bekannt. Von den alten kananäischen Monaten sind nur vier in der Bibel bezeugt:

1. אָבִיב 2. זִו 7. אֵיתָנִים 8. בּוּל.

Nach dem Exil wurde der Gebrauch babylonischer Monatsnamen eingeführt, von denen sechs in den jüngeren Büchern bezeugt sind (Est, Neh):

1. נִיסָן 2. סִיוָן 6. אֱלוּל 9. כִּסְלֵו 10. טֵבֵת 12. אֲדָר.

Die mazedonischen Monatsnamen, die später gebraucht wurden (vgl. Fl. Josephus), kommen in der Bibel nicht vor. In der Bibel wurden die Monate gewöhnlich vom *Nisan* an abgezählt (obwohl das bürgerliche Jahr im 7. Monat oder *Tischri* begann).

Auf welches »Zeitalter« bezog man sich? Im allgemeinen kannten die Alten nur die Angabe nach Königen oder höchstens Dynastien (seit der griechischen Periode).

Später haben die Juden eine Zeitlang »seit der Zerstörung des Tempels« (לחרבן הבית) gerechnet, vom 9. Jahrhundert an nach Berechnung des Talmud »seit der Schöpfung der Welt« (ליצירה oder auch לבריאת העלם), indem sie 3760/1 Jahre vor der christlichen Zeitrechnung begannen. So entspricht unser 1993/4 A.D. (*Anno Domini*) einem 5754 A.M. (*Anno Mundi*).

Eine berühmte Bibelausgabe ist so datiert: שנת ה"תרנ"ח ליצירה, im Jahr 5658 seit der Schöpfung, also 5658–3761/0 = 1897/8. Vor dem Datum steht: בדפוס האדון אדאלף האלצהויזען · וויען = In der Druckerei von Herrn Adolf Holzhausen – Wien.

---

33 Eigentlich: Inf. *Piel* des Verbs מהר (17). Man erinnere sich an den Namen des Sohns von Jesaja: »*Maher-Schalal-Hasch-Bas* = schnelle Beute – rascher Raub« (Jes 8,1).

---

45 Es handelt sich um das Wort יוֹם (5) mit dem (paragogischen) *a* der alten Akkusativform, gefolgt von dem Endungs-ם der Worte ohne Artikel. Dieses *a* findet sich noch (selten) in Worten wie לַיְלָה (T. § **36**,2), מְאוּמָה (§ **14**,15), עַתָּה (§ **13**,46) und (häufig) im Lokativ (*a* der Richtung: T. § **1**,24; **15**,7). Das Endungs-ם blieb nur selten bewahrt. Vgl. jedoch רֵיקָם (§ **25**,69) und חִנָּם (§ **24**,77).

---

68 בֶּן שַׁחַר bedeutet den Morgenstern, Venus (הֵילֵל, Jes 14,12 †) in dem berühmtem Text, in welchem der Prophet den Fall des Königs von Babylon beschreibt. Die christliche Tradition hat diesen Text (»wie bist du gefallen, Stern des Morgens [LXX: ἑωσφόρος, Vulg.: *Lucifer*], Sohn der Morgenröte?« auf den Fall des Teufels bezogen. Daher der Name Lucifer, angewandt auf den Teufel.

14. – Zahlen

Kardinalzahlen							Ordinalzahlen	
	m.	f.		Zehner				
1*	אֶחָד	אַחַת			**11**	אַחַד עָשָׂר	**1.**	רִאשׁוֹן
2	שְׁנַיִם	שְׁתַּיִם	**20**	עֶשְׂרִים	**12**	שְׁנֵים עָשָׂר	**2.**	שֵׁנִי
3	שְׁלֹשָׁה	שָׁלֹשׁ	**30**	שְׁלֹשִׁים	**13**	שְׁלֹשָׁה עָשָׂר	**3.**	שְׁלִישִׁי
4	אַרְבָּעָה	אַרְבַּע	**40**	אַרְבָּעִים	**21** }	עֶשְׂרִים וְאֶחָד	**4.**	רְבִיעִי
5	חֲמִשָּׁה	חָמֵשׁ	**50**	חֲמִשִּׁים	}	אֶחָד וְעֶשְׂרִים	**5.**	חֲמִישִׁי
6	שִׁשָּׁה	שֵׁשׁ	**60**	שִׁשִּׁים	**22** }	עֶשְׂרִים וּשְׁנַיִם	**6.**	שִׁשִּׁי
7	שִׁבְעָה	שֶׁבַע	**70**	שִׁבְעִים	}	שְׁנַיִם וְעֶשְׂרִים	**7.**	שְׁבִיעִי
8	שְׁמֹנָה	שְׁמֹנֶה	**80**	שְׁמֹנִים			**8.**	שְׁמִינִי
9	תִּשְׁעָה	תֵּשַׁע	**90**	תִּשְׁעִים	**300**	שְׁלֹשׁ מֵאוֹת	**9.**	תְּשִׁיעִי
10	עֲשָׂרָה	עֶשֶׂר	**100**	מֵאָה	**1000**	אֶלֶף	**10.**	עֲשִׂירִי

1	סָפַר	**zählen**, (*Piel*) erzählen	4	שָׁלַשׁ	(*Pi.*) dreiteilen, verdreifachen
2	מָנָה	zählen (§ **15**,1B)	5	אַרְבַּעְתַּיִם	Adv. vierfach
3	מִסְפָּר	m. **Zahl** (T. § **29**,3)	6	מְלֹא	m. Menge, Fülle
7	רַב	Adj. **viel**	32*	אֶבְיוֹן	Adj. bedürftig
8	רֹב	m. **Menge**	33	רוּשׁ	in Not sein
9	רְבָבָה	f. Menge	34	דַּל	Adj. unglücklich
10	רָבָה	**zahlreich sein**	35	חָסֵר	entbehren
11	רָבַב	zahlreich sein (T. § **6**,15)	36	מַחְסוֹר	m. Entbehrung
12	רִבּוֹא	f. Myriade, Zehntausend	37	חָסֵר	Adj. entbehrend
13	מָעַט	wenig sein, abnehmen	38	עֲנָוָה	f. Elend
14	מְעַט	m. **(ein) wenig**	39	אֱלִיל	m. Ungenügen
15	מְאוּמָה	etwas	40	זוּלַת	Präp. außer (§ **11**,80B)
16	יָסַף	**hinzufügen** (T. § **10**,15B)	41	חֲצִי	m. **Hälfte**
17	יֶתֶר	m. Überschuß	42	חָצָה	teilen
18	לְבַד	Adv. beiseite	43	רֶבַע	m. Viertel
19	בַּד	m. Teil	44	עִשָּׂרוֹן	m. Zehntel
20	בָּדָד	Adj. teilweise	45	מַעֲשֵׂר	m. Zehnter
21	חֶלְקָה	f. Stück Land	46	עָשַׂר	den Zehnten nehmen
22	חָלַק	teilen	47	שִׁבְעָתַיִם	Adv. siebenfach
23	חֵלֶק	m. Teil	48	יָחִיד	Adj. einzig
24	עָשַׁר	reich sein	49	עָשׂוֹר	m. Zehner
25	עֹשֶׁר	m. Reichtum	50	יַחְדָּו	Adv. zusammen
26	עָשִׁיר	m. Adj. reich	51	יַחַד	Adv. zusammen
27	הוֹי	Überfluß	52	מַחֲצִית	f. Hälfte, Mitte (41)
28	רְכוּשׁ	m. Besitz, Güter	53	דַּי	m. Genügen; genug
29	אֲחֻזָּה	f. Eigentum	54	רַק	Adv. **nur**
30	עָנִי	Adj. arm (lies *o*)	55	גָּרַע	mindern
31	עָנָו	m. Armer	56	בָּקַע	brechen, teilen

1ff Unser heutiger Bibeltext enthält keine Ziffern. Alle Zahlen sind voll ausgeschrieben. Es ist nicht sicher, daß es immer so gewesen ist (siehe Textkritik zu Ex 32,28). Ziffern findet man, wenn nicht in dem israelitischen Kalender von Gēser, so wenigstens in den aramäischen Dokumenten von Elefantine (5. Jhdt. v. Chr.), in den phönizischen Inschriften (z.B. Ešmunazar, 3. Jhdt. v. Chr.), auf Gewichten und Münzen. In der rabbinischen Epoche übernahm man das »alphabetische« System mit den folgenden Prinzipien:
Von 1 bis 9 = Buchstaben von א bis ט, 10 = י, 20 = כ, 30 = ל bis 90 = צ, 100 = ק, 200 = ר, 300 = ש, 400 = ת.
Danach folgen zwei Systeme, entweder die Schlußbuchstaben: 500 = ך, 600 = ם, 700 = ן, 800 = ף, 900 = ץ, oder die Methode der Addition: 500 = תק (400+100), 900 = תתק (400+400+100). Für die Tausender gilt dasselbe System; dabei stehen über den Buchstaben zwei Punkte: 2000 = ב̈.
Allerdings haben einige Buchstabenkombinationen bei den Rabbinern Bedenken hervorgerufen: 15 und 16 oder die Formen יה und יו (Abkürzung von יהוה) werden ersetzt durch טו (= 9 + 6) und טז (= 9 + 7).
Dieses Zahlensystem wird in unseren Bibeln verwandt, um Kapitel und Verse zu kennzeichnen; es wird auch auf den Rändern verschiedener Ausgaben, z.B. der *Biblia Hebraica* von R. KITTEL, angewandt, wo die »kleine Masora« angibt, wie häufig ein seltenes Wort oder ein seltener Ausdruck in der Bibel vorkommt. So bedeuten die Buchstaben ב̇, ג̇ usw., daß das betreffende Wort nur zwei- oder dreimal vorkommt. Der Buchstabe ל (Abkürzung von לית, einem aramäischen Wort, das »es gibt nicht« bedeutet) weist auf ein *Hapax* hin, also ein Wort, das sonst nicht vorkommt. Zu weiteren Gegebenheiten der Masora vgl. das Vorwort zur Biblia Hebraica Stuttgartensia (BHS).

Zum Gebrauch der Zahlworte:
1. 1 und 2 werden gewöhnlich wie Adjektive gebraucht.
2. Von 3 bis 10:
   a) Die weibliche Form (auf ◌ָה) wird mit männlichen Nomina gebraucht, die endungslose männliche Form mit weiblichen Nomina.
   b) Das Nomen der gezählten Dinge wird immer in den Pl. gesetzt.
   c) Man kann sagen: eine Zehnzahl von Pferden עֲשֶׂרֶת סוּסִים (st. constr.); zehn Pferde עֲשָׂרָה סוּסִים (Apposition); Pferde zehn סוּסִים עֲשָׂרָה (Apposition, eher späterer Gebrauch).
3. Über 10 gleiche Konstruktion für seltene oder wenig häufig gebrauchte Worte. Aber häufige Wörter (T. § 71,1B) bleiben im Singular. Wenn der Artikel verwandt wird, wird er entweder zur Zahl oder zur gezählten Sache gesetzt, aber nicht zu beiden.

32 Daher die Ebioniten zur Zeit des frühen Christentums.

15. – Maße, Handel

		A. Länge			**B. Gewicht (Münzen)**
1*	קָנֶה	m. Schilfrohr (6 Ellen)	6	כִּכָּר	f. Talent (3000 Schekel)
2	אַמָּה	f. **Elle** (ca. 0,50 m)	7	מָנֶה	m. Mine (50 Schekel) (§ **14**,2)
3	זֶרֶת	f. Handlänge, Spanne			
4	טֹפַח	m. Handlänge, Spanne	8	שֶׁקֶל	m. Schekel (ca. 16 gr)
5	אֶצְבַּע	f. Finger (§ **3**,58)	9	בֶּקַע	m. (½ Schekel) (§ **14**,56)
			10	גֵּרָה	f. (1/20 Schekel)
		C. Hohlmaß (Flüssigkeiten)			**D. Hohlmaß (Getreide)**
11	כֹּר	m. (60 *Hin*)	16	חֹמֶר	m. (10 *Efa*)
12	בַּת	m. (6 *Hin*) = *Efa*	17	אֵיפָה	f. (ca. 40 l) = *Baṭ*
13	הִין	m. (ca. 6,5 l)	18	סְאָה	f. (⅓ *Efa*)
14	קַב	m. (⅓ *Hin*)	19	עֹמֶר	m. (1/10 *Efa*)
15	לֹג	m. (1/12 *Hin*)	----	----------	----------------------------------
			20	צֶמֶד	m. Morgen (Fläche)
21	שָׁקַל	wiegen	36	קָטָן	Adj. klein
22	כָּבֵד	**schwer sein**	37	מָדַד	messen
23	כָּבֵד	Adj. schwer	38	מִדָּה	f. Maß
24	מִשְׁקָל	m. Gewicht	39	תָּכַן	eichen, abschätzen
25	קָלַל	leicht sein	40	רָבַע	viereckig sein
26	קַל	Adj. leicht	41	אָרֵךְ	Adj. lang
27	מֹאזְנַיִם	m. Du. Wage	42	אָרַךְ	lang sein
28	צַר	Adj. eng	43	אֹרֶךְ	m. **Länge**
29	דַּק	Adj. winzig	44	רָחָב	Adj. breit
30	קָצַר	kurz sein	45	רָחַב	breit sein
31	גָּדוֹל	Adj. **groß** (T. § **58**,1)	46	רֹחַב	m. **Breite**
32	גָּדַל	**groß sein**	47	גָּבֹהַּ	Adj. hoch, groß
33	גֹּדֶל	m. Größe	48	גָּבַהּ	hoch sein
34	גְּדוּלָּה	f. Größe	49	גֹּבַהּ	m. Höhe
35	קָטֹן	Adj. klein	50	קוֹמָה	f. Höhe
51	מָכַר	verkaufen	63*	קִבֵּל	(*Piel*) empfangen
52	קָנָה	kaufen (T. § **74**,2)	64	לָוָה	ausleihen
53	רָכַל	Handel treiben	65	נָשָׁא	leihen
54	מִמְכָּר	m. Verkauf (51)	66	חָבַל	ein Pfand nehmen
55	קִנְיָן	m. Eigentum	67	בָּצַע	Gewinn machen
56	מִקְנָה	f Kauf (52)	68	בֶּצַע	m. Gewinn
57	עָרַב	bürgen	69	יָרַשׁ	**erben**
58	מְחִיר	m. Preis	70*	גּוֹרָל	m. Anteil, Los (§ **17**,32)
59	נָתַן	**geben** (T. § **17**,9)	71	נַחֲלָה	f. **Besitz**
60	מַתָּנָה	f. Gabe	72	נָחַל	in Besitz nehmen
61*	יָהַב	geben	73	יְרֻשָּׁה	f. Erbe (69)
62*	חָלַף	übermitteln (§ **13**,12)	74	אוֹצָר	m. Schatz, Vorrat

1ff Zu den biblischen Maßen im allgemeinen und insbesondere zu dem schwierigen Problem ihrer Entsprechungen zu griechisch-römischen oder modernen Maßen vgl. die Archäologien; zum Münzwesen vgl. J. W. BETLYON, Coinage, in: The Anchor Bible Dictionary, I, New York 1992, 1076–1089. Das hebräische System, das wohl wenig kohärent ist, ist teilweise auf der Basis 60 aufgebaut. Münzen im strengen Sinn kommen erst in den jüngeren Büchern vor für die Zeit nach den persischen Eroberungen (1 Chr 29,7 dürfte ein Anachronismus sein). Im 4. Jhdt. v. Chr. prägten lokale jüdische Herrscher kleine Silbermünzen mit der Inschrift *Jahud*, dem Namen für das Gebiet Juda zur persischen Zeit; unter Ptolemäus II. wurden in Jerusalem kleine Silbermünzen mit der Inschrift *Jehuda* geprägt. Unter den Hasmonäern gibt es eine jüdische Münze, deren Einheit der Schekel (שֶׁקֶל) ist. Man kennt vor allem den »Bruchteil« (בקע, ½ Schekel? § **14**,57) und auch das »Halbe« (חצי, § **14**,41), das »Viertel« (רבע oder רביע, § **14**,43). Aber viele Münzen tragen überhaupt keine Wertangabe.

Das Neue Testament kennt fast nur griechisch-römische Münzen und Maße. Nur der ὁδὸς σαββάτου (Apg 1,12) (= 6 Stadien, nach Fl. Josephus, ± 1 km) kann sich auf biblischen Ursprung berufen (vgl. jedoch Lev 16,6 und § **8**,41B).

Was die Maßangaben bei Ezechiel angeht, die »zurück zu den Ursprüngen« weist, konsultiere man die Kommentare, insbesondere zu Ez 40,5; vgl. auch Ez 43,13 (Rückkehr zur großen Elle) und Ez 45,12 (Mine von 60 statt 50 Schekeln?).

Obgleich es sich dabei um eine aramäische Textstelle handelt, ist hier Dan 5,25 zu erwähnen, wo die Inschrift nach der wahrscheinlichsten Interpretation drei Gewicht- bzw. Wertangaben enthält: מְנֵא = Mine, תְּקֵל (hebr. שֶׁקֶל), פְּרֵס = Halbmine. Daniel interpretierte dies als Verben: »Gott hat dein Reich abgeschätzt (§ **14**,2) ..., du bist leicht (25) ..., dein Reich geteilt ...«.

---

61 Im Aramäischen sehr häufiges Verb, das im Hebräischen nur im Imper. bezeugt ist und häufig den abgeschwächten Sinn einer Interjektion hat: הַב, הָבָה (mit paragogischem *a*), f. הָבִי , pl. הָבוּ.

---

62 Das gleiche Wort hat im Arabischen zu *Kalif* geführt = Nachfolger (Mohammeds). Der offizielle Titel ist: *ḥalifa raṣul Alla* = Nachfolger des von Gott Gesandten.

---

63 Spätes und seltenes Wort im Hebräischen, sehr gebräuchlich im Aramäischen. Davon die *Kabbala*, die sich als eine »Tradition« versteht.

---

70 Von einer √, die kleine Kiesel bezeichnete, mit denen man das Los zog. Vgl. griech. »ψῆφος = Kiesel«, aber auch »Stimmabgabe, Berechnung«.

16. – Reisen, Wandern

1	דֶּרֶךְ	m. **Landstraße** (T. § **41**,4B)	6	נָסַע	herausreißen (Zeltpflök-
2	אֹרַח	m. (poetisch) Landstraße			ke), aufbrechen
3*	הָלַךְ	**gehen** (T. § **12**,3; **55**,6)	7	שָׁכַם	(*Hifil*) früh aufbrechen
4	אָרַח	reisen			(§ **3**,11; T. § **19**,11)
5	מָלוֹן	m. Herberge	8	חָנָה	**sich niederlassen, lagern**
9	דּוּשׁ	niedertreten, dreschen	45	פָּנָה	**entgegentreten**
10*	אָתָה	kommen	46	עָתַק	vorankommen
11	דָּרַךְ	wandern (1)	47	יָצַב	sich plazieren
12*	רָגַל	durchlaufen (§ **3**,61)	48	הֲלֹם	Adv. hier
13	צָעַד	vorankommen	49	עָקַב	folgen (§ **3**,63)
14	שָׁגָה	umherirren	50	אָחַר	dahinter sein (T. § **2**,1)
15	תָּצָה	gehen und kommen	51	פָּצַר	stoßen
16	שׁוּט	hinundhergehen	52	לִין	übernachten
17	סָחַר	vagabundieren	53	נוּחַ	**sich ausruhen** (T. § **33**,6)
18	נוּד	ziellos umherirren	54	מְנוּחָה	f. Ruheplatz
19	שׁוּב	**zurückkehren** (T. § **10**,15)	55	פַּעַם	f. **Schritt, Mal**
20	סָבַב	**sich wenden** (Gr. § **78**)	56	צַעַד	m. Schritt
21	נָקַף	um etwas herumgehen	57	עֲגָלָה	f. Wagen
22	יָרַד	**herabsteigen**	58	גַּלְגַּל	m. Rad, Wagen (§ **22**,26)
23	נָחַת	herabsteigen	59	אוֹפַן	m. Rad
24	עָלָה	**aufsteigen** (T. § **57**,5)	----	---------	----------------------------------
25	מַעֲלֶה	m. Aufstieg	60	רָחַק	fern sein
26	נָהַג	führen	61	רָחוֹק	Adj. entfernt
27	נָגִיד	m. Führer (T. § **40**,13)	62	מֶרְחָק	m. Entfernung
28	נָחָה	führen	63	נָגַשׁ	**nahen**
29	הָפַךְ	sich umwenden	64	קָרַב	**sich nähern** (T. § **8**,8)
30	עָבַר	**hinübergehen** (T. § **53**,1)	65	קָרוֹב	Adj. nahe
31	רוּץ	laufen	66	לְעֻמַּת	Präp. in der Nähe von
32	אָשַׁר	geradeaus laufen	67	אֵצֶל	Präp. an der Seite von
33*	יָם	m. **Meer** (T. § **66**,2)	68	נֶגֶד	Präp. **vor, gegenüber**
34*	תְּהוֹם	mf. Abgrund	69	נֹכַח	Präp. vor
35	אֳנִי	m. Flotte	70	לִפְנֵי	Präp. im Angesicht von
36	אֳנִיָּה	f. Schiff (lies *o*)			(45)
37	חֶבֶל	m. Tauwerk	71	סָבִיב	Adv. ringsum (T. § **33**,8)
38	חֹבֵל	m. Matrose	72*	יָמִין	f. rechte Hand, Seite
39	גַּל	m. Welle	73	יְמָנִי	Adj. rechter
40	מְצוּלָה	m. Tiefe	74	שְׂמֹאל	m. linke Hand, Seite
----	---------	----------------------------------	75*	הִשְׂמְאִיל	nach links gehen
41	בּוּס	zertrampeln	76	פָּגַע	begegnen, treffen
42	כָּשַׁל	straucheln (§ **17**,75)	77	פָּגַשׁ	begegnen, treffen
43	רָקַד	Sprünge machen	78	קָדַם	vorausgehen (§ **13**,74)
44*	קָרָה/קָרָא	**hinzukommen, unvermutet**	79	לִקְרַת	entgegenkommend
		eintreffen, begegnen			(Inf. + לְ)
		(§ 13,36)	80	מִשְׁעֶנֶת	f. Stock, Stab

3 Es wurde bereits darauf hingewiesen (Gr. § **67**,1 NB), daß dieses Verb unregelmäßig ist. Die Linguisten diskutieren, ob es sich ursprünglich um ein einziges Verb (הלך) gehandelt hat, das sich an die Verben פ״י angeglichen hat (T. § **12**,3), oder ob es ursprünglich zwei verschiedene Verben הלך und ילך (ולך*) gegeben hat, deren Konjugation vermischt wurde. Daß es im Akkadischen *alaku* gibt und im Ugaritischen *hlk* und *tlk*, genügt nicht, um die Frage zu entscheiden.

10 Davon im Aramäischen die Formel »*Maran 'atha* = Der Herr kommt« (1 Kor 16,22); vielleicht liest man sie (wie es die Einheitsübersetzung tut) gemäß Apg 22,20 besser: »*Marana tha* = unser Herr, komm!« Das Partizip dieses Verbs הָאֹתִיּוֹת bedeutet »künftige Dinge, Zukunft« (Jes 41,23 u. a.).

12 Bemerkenswert die seltsame Form Hos 11,3: תִרְגַּלְתִּי = »ich habe zu gehen gelernt« oder »ich habe die Schritte gelenkt«. Einige Grammatiker sehen dies als eine Form *Tif'al* oder *Tif'el* des Verbs רָגַל an (vgl. zwei andere Beispiele dieser Form mit dem Verb חָרָה, Jer 12,5; 22,15). Andere machen daraus ein eher von einem Nomen abgeleitetes Verb mit vier Buchstaben.

33ff Zum Seemannsvokabular vgl. zwei wichtige, aber schwierige Stellen: Jona 1 und Ez 27. Außer in diesen Texten und einigen Anspielungen in 1 Kön 9,26–28 u. a. dürfte bei den Israeliten kaum von Seefahrt die Rede gewesen sein. Man kann sie nicht gut als Seeleute bezeichnen.

34 Akkadisch: *Ti'amtu*. Nach der assyro-babylonischen Mythologie wurde die Göttin *Tiamat* von *Marduk* besiegt. Aus ihrem Körper, den er in zwei Teile spaltete, machte der Gott den Ozean und den Himmel, um daraus alle Wesen der Schöpfung hervorgehen zu lassen. Im Hebräischen bedeutet das Wort תְּהוֹם das »Urmeer«, das der geordneten Welt voraufging (Gen 1,2), oder das »unterirdische Meer«, welches die Erdteile trägt (Dt 8,7), oder auch einfach die »Tiefen des Meeres«.

44 Die Grammatiker neigen dazu, dieses Verb mit קָרָה (= קָרָא) (44) zu identifizieren, dessen Formen durch die Verben ל״ה angesteckt wären. Aber die Existenz eines Verbs *qrj* im Ugaritischen würde eher eine Unterscheidung der beiden Verben nahelegen. Es gibt noch das sehr häufige andere Verb »קָרָא = rufen«, vgl. T. § **4**,3 (*Qerê*).

72 Davon: Benjamin (§ **24**,2 B). Die rechte Seite ist die günstige Seite. Das Wort bezeichnet auch den Süden, der einem zur Rechten liegt, wenn man die aufgehende Sonne *vor* sich hat, § **13**,78.

75 Eine *Hifil*-Form eines vierbuchstabigen abgeleiteten Verbs (vgl. 12). Solche Verben sind selten. Im ganzen gibt es davon nicht einmal zehn.

17. – Religion, Götzendienst

1	אֵל	m. **Gott**
2	אֱלֹהִים	m. **Gott** (T. § **21**,3)
3	אֱלוֹהַּ	m. Gott
4*	אָדוֹן	m. **Herr**
5	עֶלְיוֹן	m. Höchster (§ **7**,63)
6	שַׁדַּי	m. Allmächtiger
---	---------	------------------------------------
7	קָדוֹשׁ	Adj. **heilig**
8	קֹדֶשׁ	m. **Heiligkeit, Heiliges**
9	קָדַשׁ	**geweiht sein**
10	נֶדֶר	m. Gelübde
11	נָדַר	geloben
12	נָזַר	weihen
13	נֵזֶר	m. Weihe
14*	נָזִיר	m. Geweihter
15	שָׁבַע	**schwören** (T. § **10**,7)
16	שְׁבוּעָה	f. Schwur
17*	אָלָה	f. Fluch
18*	הָלַל	**loben**
19*	תְּהִלָּה	f. Lob
20	אַדֶּרֶת	f. Ehre (§ **19**,41)
21	כָּבוֹד	m. **Ehre** (§ **15**,22)
22	פֶּלֶא	m. Wunder
23	נָבִיא	m. **Prophet**
24	נְבִיאָה	f. Prophetin
25	נְאֻם	m.constr. **Orakel, Spruch**
26	מַשָּׂא	m. Orakel
27	חָזוֹן	m. Vision
28	חֹזֶה	m. Seher
29	מַרְאֶה	m. **Vision**
30	רֹאֶה	m. Seher
31	נָבָא	**prophezeien** (T. § **8**,6)
32	גּוֹרָל	m. Los (§ **15**,70)
33	הָגָה	meditieren (§ **5**,45)
34	עָתַר	fürbitten

35	פלל	(*Hitpael*) beten (T. § **59**,14)
36	תְּפִלָּה	f. Gebet
37	תּוֹדָה	f. Danksagung (§ **24**,70)
----	----------	---------------------------------
38	צוה	(*Piel*) **anordnen**
39	תּוֹרָה	f. **Entscheidung, Gesetz**
40	חֹק	m. } **Vorschrift** (§ **22**,70)
41	חֻקָּה	f. }
42	דָּת	f. Dekret
43	פִּקּוּדִים	m.Pl. Gebote
44	מִצְוָה	f. **Gebot** (38)
45	עֲצַבִּים	m.Pl. Götzenbilder
46*	גִּלּוּלִים	m.Pl. Götzenbilder
47	פֶּסֶל	m. Bild, Götzenbild (§ **22**,69)
48	פְּסִילִים	m.Pl. Götzenbilder
49	צֶלֶם	m. Bild
50	מַסֵּכָה	f. Standbild (§ **18**,65)
51	שִׁקּוּץ	m. Götzenbild, Scheusal
52	חַמָּן	m. Rauchopferaltar
53*	אֲשֵׁרָה	m. heiliger Baum, Aschere
54	מַצֵּבָה	f. Stele
55	אֶדֶן	m. Sockel
56	כֵּן	m. Fundament
57	כְּרוּב	m. Kerub
58	יִדְּעֹנִי	m. Hausgeist
----	----------	---------------------------------
59	קָסַם	wahrsagen
60	קֶסֶם	m. Wahrsagung
61	בַּעַל	m. **Baal** (§ **2**,15)
62	עָרֵל	Adj. unbeschnitten
63*	כפר	(*Piel*) **sühnen**
64	צוּם	fasten
65	צוֹם	m. Fasten
66	בָּרָא	erschaffen

67	חוה	(*Hištafel*) **sich niederwerfen** (T. § **67**,2)
68*	בֵּרֵךְ	(*Piel*) segnen (§ **3**,65; T. § **61**,3)
69	בְּרָכָה	f. Segen
70	מְשׁוּבָה	f. Abfall (§ **16**,19)
71	תַּחֲנוּנִים	m.Pl. Bittgebete

72	אוֹב	m. Geist, Gespenst
73	עָנַן	verhexen
74	נָחַשׁ	Wahrsagung betreiben
75*	מִכְשֹׁל	m. Stein des Anstoßes, Skandal (§ **16**,42)
76*	צַלְמָוֶת	m. Todesschatten

4 Pl. (maiestatis) אֲדֹנִים; mit Suffix: אֲדֹנָי (mit emphatischem ָ; das Wort, das für יהוה eingesetzt wird, T. § **4**,3 B).

14 Zum Nasiräat, vgl. Num 6; Ri 13,1–7; 1 Sam 1,19–28 usw.

17 Ursprünglich »Fluch«; aber auch »Eid«, weil Eide mit Verwünschungen für den Fall des Meineids verbunden waren (T. § **72**,4 B).

18 Von hier unser Halleluja (הַלְלוּ־יָהּ, Ps 104,35 u.v.a.). Und auch das *Hallel*, das die Psalmen 113–118 (Vulg. 112–117) umfaßte und am Ende des Pascha-mahls gesungen wurde (Mk 14,16; Mt 16,30).

19 Pl.: normalerweise תְּהִלּוֹת, aber תְּהִלִּים als Titel des Buchs der Psalmen. Nicht verwechseln mit תְּפִלָּה (36).

46 גִּלּוּלִים, immer im Pl., ist ein Wort der Verachtung wie שִׁקּוּץ (51). Vielleicht steht es in Zusammenhang mit גֵּל = Kot, Mist (√ גלל, § **22**,26).

53 *Aschere*, vielleicht ursprünglich dem Kult der Göttin desselben Namens gewidmet (= Astarte); aber dann in weiterem Sinn gebraucht. Trotz der Interpretation der LXX und der Vulg. (*lucus*) ist die *Aschere* verschieden von einem geheiligten Wald und auch von dem dichtbelaubten Baum, in dessen Nähe sie oft aufgestellt wurde (1 Kö 14,23); es handelt sich wohl um einen Holzpfahl.

63 Davon der יוֹם כִּפֻּרִים = Tag der Sühneleistungen, der am 10. des Monats Tischri gefeiert wurde (Lev 16; 23,27–32; Num 29,7–11). Vgl. auch § **18**,9.

68 Davon das Part. pass.: בָּרוּךְ *bārûḵ* (= Benedikt).

75 Oder auch צוּר מִכְשׁוֹל, der Stein, über den man stolpert (§ **16**,42). Indem drei Texte des AT zusammengefügt werden, identifiziert 1 Petr 2,6–8 diesen Stein des Anstoßes bei Jes 8,14 (vgl. Röm 9,32) mit dem Stein, den die Bauleute verwarfen (Ps 118,22; vgl. Mt 21,42), und stellt ihn dem in Sion gesetzten Eckstein von Jes 28,16 entgegen (vgl. noch Röm 9,33).

76 Es handelt sich wahrscheinlich um einen volkstümliche und falsche Vokalisation (»צֵל = Schatten«, § **13**,67, und »מָוֶת = Tod«, § **4**,19) des abstrakten Wortes »צַלְמוּת (√ צלם) = Dunkelheit«.

Und dies ist der Text des **Vaterunsers** nach der hebräischen Übersetzung des Neuen Testaments von FRANZ DELITZSCH (1885); es empfiehlt sich, ihn auswendig zu können:

אָבִינוּ שֶׁבַּשָּׁמַיִם יִתְקַדֵּשׁ שְׁמֶךָ׃ תָּבֹא מַלְכוּתֶךָ יֵעָשֶׂה רְצוֹנְךָ כְּמוֹ בַשָּׁמַיִם כֵּן בָּאָרֶץ׃
אֶת־לֶחֶם חֻקֵּנוּ תֶּן־לָנוּ הַיּוֹם׃ וּסְלַח־לָנוּ אֶת־חֹבוֹתֵנוּ כַּאֲשֶׁר סָלַחְנוּ גַּם־אֲנַחְנוּ לְחַיָּבֵינוּ׃
וְאַל־תְּבִיאֵנוּ לִידֵי נִסָּיוֹן כִּי אִם־חַלְּצֵנוּ מִן־הָרָע׃ (אָמֵן)׃

18. – Tempel, Gottesdienst

1*	בֵּית יהוה, בַּיִת	m. **Tempel**	4	הֵיכָל	m. *Hêkāl*, »Heiliges«
2	דְּבִיר	m. Allerheiligstes	5	אוּלָם, אֵילָם	m. Vorhof (17)
3	קֹדֶשׁ־הַקֳּדָשִׁים	m. Allerheiligstes	6	מִקְדָּשׁ	m. Heiligtum
7	מִזְבֵּחַ	m. **Altar** (23)	15	יְרִיעָה	f. Zelttuch
8	אֲרוֹן	m. **Bundeslade**	16	מַחְתָּה	f. Weihrauchfaß
9	כַּפֹּרֶת	f. Sühnegerät (§ **17**,63)	17	אַיִל	m. viereckiger Pfeiler
10	מְנוֹרָה	f. Leuchter	18	נְצִיב	m. Pfeiler
11	מְכוֹנָה	f. Gestell	19	עַמּוּד	m. **Säule**
12	לִשְׁכָּה	f. Nebenraum	20	כַּפְתּוֹר	m. Kapitäl
13	תָּא	m. Zimmer	21	כֹּתֶרֶת	f. Kapitäl
14	פָּרֹכֶת	f. Vorhang			
22*	זֶבַח	m. **Opfer** (T. § **82**,3)	27	עֹלָה	f. **Brandopfer** (§ **16**,24)
23	זָבַח	**opfern**	28	כָּלִיל	m. Brandopfer (§ **6**,62)
24	מִנְחָה	f. Opfergabe (Korn u.ä.)	29	עֹלַת תָּמִיד	f. regelmäßiges
25	שְׁלָמִים	m.Pl. Friedensopfer			Brandopfer
26	נְדָבָה	f. freiwillige Opfergabe	30	אָשָׁם	m. Vergehensopfer
			31	חַטָּאת	f. **Opfer für Sünde**
32	כֹּהֵן	m. **Priester**	55	יָבַל	(*Hifil*) herbeibringen
33	לֵוִי	m. **Levit**	56	שַׁבָּתוֹן	m. Sabbateinhaltung
34	לָוָה	sich anschließen	57*	יוֹבֵל	m. Jubiläum
35	נְתִינִים	m.Pl. Diener (§ **15**,59)	----	-------------	---------------------------
36	כְּהֻנָּה	f. Priestertum	58	טָמֵא	unrein sein
37	כָּהַן	als Priester fungieren	59	טָמֵא	Adj. unrein
38	מִלֻּאִים	m.Pl. Weihe (§ **8**,47)	60	טֻמְאָה	f. Unreinheit
39	מָשַׁח	salben	61	נִדָּה	f. Unreinheit
40	מִשְׁחָה	f. Salbung	62	חָלַל	**entheiligen**
41	מָשִׁיחַ	m. Gesalbter, Messias	63	חָנֵף	Adj. profan, gottlos
----	---------------	------------------------------	64	נֶסֶךְ	m. Trankopfer
42	טָהוֹר	Adj. rein	65	נָסַךְ	ausgießen
43	בָּרַר	reinigen	66	זָרַק	verspritzen
44	טָהֵר	rein sein	67	תְּרוּמָה	f. Beitrag
45	טָהֳרָה	f. Reinigung	68	אִשֶּׁה	m. Feueropfer (§ **8**,67)
----	---------------	------------------------------	69	בִּכּוּרִים	m.Pl. Erstlinge (§ **2**,39)
46	מַחֲלֹקֶת	f. Teil, Platz in Reihe	70	לְבֹנָה	f. Weihrauch (§ **5**,1)
		(T. § **79**,1)	71	קָטַר	**rauchen lassen, opfern**
47	מוּל	beschneiden	72	קְטֹרֶת	f. Opferrauch
48	חַג	m. Fest	73	קָרְבָּן	m. Opfergabe (lies *o*)
49*	פֶּסַח	m. Pascha			(T. § **8**,8)
50	מַצָּה	f. ungesäuertes Brot	74	נִיחֹחַ	m. was mild stimmt
51*	חַג שָׁבֻעֹת	m. Wochenfest	75	תְּנוּפָה	f. rituelles Schwingen
52*	חַג הַסֻּכּוֹת	m. f. Laubhüttenfest	76	נוּף	schwingen
		(T. § **79**,3)	77	סָלַח	vergeben
53*	חֲנֻכָּה	f. Einweihung	78	חֵרֶם	m. Fluch, Zerstörung
54	חָגַג	eine Pilgerfahrt machen			

1 Zum Tempel und seinen Einteilungen konsultiere man die verschiedenen Lehrbücher der Archäologie sowie die Kommentare zu 1 Kön 5–7; vgl. Ez 40–44. Für den zweiten und dritten Tempel vgl. einige Hinweise in Esra, Neh und 1 und 2 Makk, die Evangelien und in der Mischna den Traktat *Middot*.

22f Es ist unmöglich, eine Beschreibung aller Arten von Opfern zu geben; man konsultiere die gesetzgebenden Texte, vor allem Lev 1–7, sowie die Archäologien. Für Ganzbrandopfer (27) und Darbringung (31) scheint die Übersetzung einigermaßen etabliert; für alle anderen Ausdrücke besteht jedenfalls unter den Übersetzungen eine große Uneinigkeit.

49 Für das »Pascha« oder das »Fest der ungesäuerten Brote«: Ex 12; 13,1–16; vgl. Lev 32,4–14; Num 28,16–25. Es handelt sich um die Verbindung eines Darbringungsritus der Erstlinge (Lamm und vielleicht Brot) und eines nationalen Gedächtnistages des Auszugs aus Ägypten; es ist das wichtigste Familienfest. Zu seiner Feier im Frühjudentum vgl. Mischna, Traktat *Pesaḥîm*.

51 Oder Pfingsten, 7 x 7 Tage nach dem auf Ostern folgenden Tag, Lev 23,15–21; Num 28,26–31. Es ist der Tag der Getreideernte, der durch das Frühjudentum zur Proklamation des Gesetzes auf dem Sinai in Beziehung gesetzt wurde.

52 »Das Fest« schlechthin (vgl. Joh 7,10–14, vgl. 2), Fest des Endes der Ernte oder Fest der Weinlese, wozu noch die Erinnerung an den Aufenthalt in der Wüste kommt. Lev 23,42ff; Num 29,12–39. Diesem Fest ging voran der *Roš haššana* (§ **3**,36) und der *Jom kippurim* (§ **17**,63B).

53 Als jährliches Gedenkfest der Reinigung und Wiedereinweihung des Tempels am 25. Kislew 164 v. Chr. durch Judas Makkabäus eingeführt: 1 Makk 4,52–59; 2 Makk 1,1–9; 10,1–8. Später wird es Lichterfest genannt und den drei Hauptfesten angeglichen.

57 Das Jubeljahr (שְׁנַת הַיּוֹבֵל) wurde durch Hörnerklang eröffnet (§ **5**,55) und brachte Befreiung der Sklaven und Zurückerstattung ererbten Besitzes mit sich, Lev 25,8–19; vgl. Jer 34. Es handelt sich um das Urbild unseres christlichen Jubiläumsjahres, das Bonifaz VIII. im Jahr 1300 einsetzte. Die lateinischen Wörter *iubilare, iubilatio*, die Freudenrufe bezeichnen, haben keine Beziehung zum israelitischen Jubeljahr; aber vielleicht haben sie Hieronymus für die Schaffung des Wortes *iubilaeus* zur Übersetzung von יוֹבֵל beeinflußt.

19. – Politik, Recht

1	מֶלֶךְ	m. **König** (T. § **18**,9)
2	מַלְכָּה	f. Königin
3	אָדוֹן	m. Herrscher (§ **17**,4)
4	מָלַךְ	König sein
5	מְלוּכָה	f. Königtum
6	מַלְכוּת	f. Königtum
7	מַמְלָכָה	f. **Königreich**
8*	נָשִׂיא	m. Fürst
9*	רַב	m. Hauptmann (T. § **6**,15)
10	עָרִיץ	m. Gewaltherrscher
11	שַׂר	m. **Fürst** (T. § **2**,7)
12	שָׂרָה	f. Fürstin
13	סָגָן	m. Vorgesetzter
14	פֶּחָה	m. Gouverneur
15	חֹר	m. Edler
16	שֹׁטֵר	Part. Beamter
17	בָּחַר	**wählen, ernennen**
18*	כַּבִּיר	Adj. groß, mächtig
19*	מָשַׁל	Macht haben
20	סָרִיס	m. Höfling, Eunuch
21	רָדָה	beherrschen
22	מֶמְשָׁלָה	f. Herrschaft (19)
23	אָבִיר	} Adj. mächtig
24	אַבִּיר	
25	שָׁלוֹם	m. **Frieden, Wohlstand**
26	שָׁלֵם	**im Frieden sein** (T. § **7**,2)
27	גּוֹי	m. **Nation** (T. § **14**,8)
28	עַם	m. **Volk** (T. § **1**,19)
29	לְאֹם	m. Volk
30	יָעַד	zusammenrufen
31	עֵדָה	f. Versammlung
32	מוֹעֵד	m. Versammlung
33	מוֹשָׁב	m. Rat, Sitz
34*	קָהַל	versammeln
35	קָהָל	m. **Versammlung**
36	עֲצָרָה	f. Versammlung, Fest
37*	כָּנַס	vereinen
38	מִקְרָא	m. Einberufung
----	---------	------------------------------------
39	שְׂאֵת	f. Würde
40	הוֹד	m. Majestät

41	אַדִּיר	Adj. majestätisch (§ **17**,20)
42	גַּאֲוָה	f. Hochsein (§ **26**,27)
43	הֵיכָל	m. Palast (§ **18**,4)
44	כִּסֵּא	m. **Thron**
45	שֵׁבֶט	} m. Szepter (§ **10**,48–49)
46	מַטֶּה	
47*	עֲטָרָה	f. Krone
48	נֵזֶר	m. Diadem (§ **17**,1)
----	----------	----------------------------------
49	מָרַד	rebellieren
50	מָרָה	Aufrührer sein
51	פָּשַׁע	rebellieren
52	גָּרַשׁ	vertreiben (§ **9**,10)
53	דִּין	richten
54	דִּין	m. Gericht, Klage
55	שָׁפַט	**entscheiden, urteilen**
56	שֶׁפֶט	m. Urteil (T. § **43**,3)
57	מִשְׁפָּט	m. **Endurteil, Prozeß**
58	עֵד	m. Zeuge } (T. § **23**,16)
59	עֵדָה	f. Zeugin
60	עֵדוּת	f. Zeugnis
61	עוּד	bezeugen
62	שֹׁחַד	m. Trinkgeld, Bestechung
63	נָקָה	unschuldig sein
64	כֶּלֶא	m. Gefangenschaft
----	----------	----------------------------------
65	בקשׁ	(*Piel*) **suchen**
66	דָּרַשׁ	**suchen** (T. § **13**,5)
67	שָׁחַר	sorgfältig suchen
68	תּוּר	erforschen
69	מָצָא	**finden**
70	טָמַן	verbergen
71	צָפַן	(ver)bergen
72	כחד	(*Piel*) verhehlen
73	סתר	(*Nifal*) sich verbergen
74	עָלַם	verborgen sein
75	סֵתֶר	m. Versteck
76*	מִסְתָּר	m. Versteck
77	חָבָה	} sich verbergen
78	חָבָא	

8ff Die Bücher der Könige und der Chronik geben Listen von königlichen Beamten, die manchmal schwer genau zu bestimmen sind. Z. B. scheint der *Mazkir* (vgl. § **23**,68) nicht nur ein Archivar, sondern auch ein Herold und Protokollchef gewesen zu sein. Vgl. U. RÜTERSWÖRDEN, Art. »Beamte«, in: Neues Bibel-Lexikon, I, 252–254.

9 Es gibt verschiedene Ableitungen dieses Wortes, um die Lehrer (*Rabbîn*, aramäischer Plural) oder jüdischen Schulleiter zu bezeichnen: *Rabbi* oder aramäisch *Rabbuni* (= mein Lehrer), *Rabbûnu* oder aramäisch *Rabban* (= unser Lehrer). Nach SHERIRA wurde in Babylonien *Rab* gesagt, in Palästina *Rabbi*. Die Reihenfolge der Titel war: *Rab*, *Rabbi*, *Rabban*, aber der allerhöchste Titel bestand darin, überhaupt keinen zu haben (z. B. für die ältesten Autoritäten: Hillel u. a.). *Rabbi* par excellence ist *Rabbi Juda*, der Fürst und »unser heiliger Lehrer« genannt, der Redakteur der Mischna (135–200 n. Chr.).

18 Poetisches und im Hebräischen wenig gebrauchtes Adjektiv. Im Arabischen häufig. Man erinnere sich an *el'aïd el-kebir*, »das große Fest«, und an den spanischen Fluß *Guadalquivir* (*el-oued el-kebir* = »der große Fluß«).

19 Zur (umstrittenen) Beziehung zwischen dieser √ und dem S. m. »מָשָׁל = Sprichwort« siehe die Lexika und die Einführungen in das Buch der Sprichwörter.

34 Daher Kohelet, griech. Ἐκκλεσιάστης, der Ekklesiast. Es kann sich entweder um den Versammlungsleiter (ein feminines Wort, mehr oder minder abstrakt, das eine Funktion oder Würde bezeichnet) handeln, oder das Wort bezeichnet ein Kollektiv, die Versammlung.

37 Von daher das Wort כְּנֶסֶת, das im rabbinischen Hebräisch die Synagoge bezeichnet und im modernen Hebräisch auf das israelische Parlament, die *Knesset*, angewandt wird.

47 »Es besteht kein Anlaß, aus Texten wie Ps 21,4; Est 8,15, 2 Sam 12,30 zu schließen, daß die *'Atarah* ein Stück Goldschmiedekunst ist. Man kann eher an eine Mütze aus Gewebe denken, die mit Stickereien und Juwelen geschmückt war.« (BARROIS, II, 56)

76 Es gibt zwar eine auffallende Ähnlichkeit zu dem griechischen Wort μυστήριον. Aber aus solchen Entdeckungen sollte man nicht zu leicht irgendwelche Folgerungen ziehen. Nur zuviele Bücher oder Traktätchen wollen beweisen, daß das Französische, das Bretonische und das Madagassische vom Hebräischen kommt. Nichts leichter und nichts trügerischer, als Ähnlichkeiten zu sammeln wie מִסְתָּר - Mysterium, מְהֻדָּל - Medaille, צוֹר - *tour* (Turm), oder מִגְרָשׁ - Migration, und daraus eine These zu entwickeln. Solche linguistischen Phantasien gehören zu den periodischen Erscheinungen wie »Das Geheimnis der großen Pyramide«; sie gehören ins Museum der ungefährlichen, aber auch völlig unbrauchbaren Kuriositäten.

20. – Heer, Krieg

1	חַיִל	m. **Truppe, Macht**	6	צָבָא	Krieg führen
2*	צָבָא	m. **Heer**, Bataillon	7	מִלְחָמָה	f. **Krieg, Schlacht** (57)
3	שַׂר צָבָא	f. Armeechef	8	עָרַךְ	zur Schlacht aufstellen
4	אַלּוּף	m. Kriegsherr	9	אָרַב	einen Hinterhalt machen
5	גִּבּוֹר	m. **Elitesoldat, Held**	10	נָדַד	sich zurückziehen, fliehen
11	מַחֲנֶה	mf. **Lager**	46	טוּל	werfen (Spieß)
12	מַעֲרָכָה	f. Schlachtreihe (8)	47	יָרָה	schießen (Pfeile)
13*	שָׁלִישׁ	m. Offizier	48	תַּעַר	m. Klinge (§ **3**,47)
14	טַבָּח	m. Leibwache (§ **11**,50)	----	----------	--------------------------------
15	רַגְלִי	m. Fußsoldat (§ **3**,61)	49	מַחְסֶה	m. Zuflucht
16	מִשְׁנֶה	m. Zweiter Rang (§ **13**,53)	50	עָזַר	zu Hilfe kommen
17*	רֶכֶב	m. **Wagenzug**	51	עֵזֶר	m. } Hilfe
18*	מֶרְכָּבָה	w. Wagen	52	עֶזְרָה	f. }
19*	פָּרָשׁ	m. Reiter	53*	ישׁע	(*Hifil*) befreien, retten
20	רָכַב	reiten			(T. § **62**,6)
----	-----------	-----------------------------------	54	יֵשַׁע	m. Befreiung
21	בְּרִית	f. **Bündnis, Vertrag, Ver-**	55	יְשׁוּעָה	f. Befreiung
		pflichtung	56	תְּשׁוּעָה	f. Befreiung
22	כָּרַת	(Bündnis) **schließen**	57	לחם	(*Nifal*) **kämpfen, bekäm-**
23	פרר	(*Hifil*) (Bündnis) brechen			**pfen**
24	חָבַר	verbünden (T. § **77**,7)	58	אוֹיֵב	m. **Feind** (§ **26**,1)
25	חָבֵר	m. Verbündeter, Gefährte	59	צַר	m. Feind (§ **26**,3)
26	גְּדוּד	m. Truppe	60*	שָׂטָן	m. Gegner
27	שָׂכַר	in Sold nehmen	61	הוּם	} in die Flucht schlagen
28	שָׂכָר	m. Sold	62	הָמַם	}
29	שָׂכִיר	Adj. gemietet, besoldet	63	פּוּץ	sich zerstreuen
30	עָצַם	mächtig sein	64	נָגַף	schlagen
31	עָצוּם	Adj. mächtig	65	תְּרוּעָה	f. Kriegsgeschrei
32	אָמֵץ	tapfer sein (§ **4**,18)	66	רוּעַ	schreien (§ **5**,40)
33	יָרֵא	Adj. ängstlich (§ **24**,18)	----	----------	--------------------------------
34	חָלַץ	rüsten, bewaffnen	67	צָפָה	wachen, beschützen
35*	נֵשֶׁק	m. Ausstattung	68	מַצָּב	m. Posten (76)
36	צִנָּה	f. großer Schild	69	נָצַר	wachen, beschützen
37	מָגֵן	mf. Rundschild	70*	שָׁמַר	**beobachten**
38	שֶׁלַח	m. Wurfgeschoß (T. § **1**,5)	71	אַשְׁמוּרָה	f. Wache
39	קֶשֶׁת	f. Bogen	72	מִשְׁמֶרֶת	f. Wache, Posten
40	חֵץ	m. Pfeil	73	נָטַר	wachen
41	אַשְׁפָּה	f. Köcher	74	מִשְׁמָר	m. Wachposten
42	חֶרֶב	f. **Schwert**	75	מַטָּרָה	f. Wachmannschaft
43	רֹמַח	m. Lanze	76	נָצַב	seinen Posten einnehmen
44	חֲנִית	f. Wurfspieß	77*	אוֹת	mf. Signal
45	שָׁלַף	aus der Scheide ziehen	78*	נֵס	m. Feldzeichen
			79*	דֶּגֶל	m. Standarte (?)

2 Pl. צְבָאוֹת. In den prophetischen Ausdrücken »Gott der Heere, JHWH der Heere« wurde Gott vielleicht ursprünglich, vor allem in Silo und in der Umgebung der Bundeslade, als Führer der Armeen Israels (vgl. 1 Sam 17,45) angesehen, dann auch der himmlischen Heere; vielleicht verstand man in einer späteren Zeit unter den Armeen auch die von Gott geschaffenen Sterne, die seine Befehle ausführen (Jes 34,4; Jer 33,22 u. a.).

13 Von »שָׁלֹשׁ = drei«. Vielleicht ursprünglich der Offizier, der neben den Kutschern als Dritter auf den königlichen Wagen stieg. Vgl. das assyrische *Šalšu* und die entsprechenden Halbreliefs.

17–19 Zur Waffe der Streitwagen, die bei den Israeliten seit Salomo wichtig wurde, vgl. BARROIS, II, 98. Im Gegensatz dazu scheint die Reiterei eher vernachlässigt worden zu sein (ebd. 99).

18 Ausgehend von der Vision von Ezechiel (1–3 und 10) ist die *Merkaba* (wie auch die *Ophannim* § **16**,59) ein wichtiges Element der mystischen Spekulation des frühen Judentums. Vgl. G. G. SCHOLEM, *Les grands courants de la mystique juive* (fr. Übersetzung, Paris 1950), Kap. II; P. SCHÄFER, Rivalität zwischen Engeln und Menschen, Berlin - New York 1975.

35 Zur Identifikation der Waffen lese man in 1 Sam 17,4–7 von der außerordentlich umfassenden Bewaffnung von Goliat; vgl. auch die Kommentare.

53 Daher unter vielen Eigennamen: Jesaja (יְשַׁעְיָהוּ), Josua (יְהוֹשׁוּעַ, der wohl älteste Name, der den Namen JHWHs einschließt), abgekürzt zu יֵשׁוּעַ (Esr 2,6 u. a.), was gräzisiert wurde (und zwar bereits im Griechisch des Buches Jos) zu Ἰησοῦς, Jesus. Vgl. Mt 1,21: καὶ καλέσεις τὸ ὄνομα αὐτοῦ Ἰησοῦν· αὐτὸς γὰρ σώσει τὸν λαὸν αὐτοῦ ...

60 Sowohl der menschliche Widersacher (1 Sam 29,4; 2 Sam 19,23 u. a.) wie auch der Engel, dessen Funktion ist, die Menschen zu versuchen (Ijob 1,6–12; 2,1–7; Sach 3,1–2). In diesen letzteren Texten hat die LXX immer ὁ διάβολος. Das Wort scheint in 1 Chr 21,1 ein Eigenname (ohne Artikel) geworden zu sein.

70 Vgl. jiddisch »Schmiere stehen«.

77 Zu den »Signalen« hier die letzten Zeilen des Ostrakon IV von Lachisch:

כי אם · בתסבתה בקר וידע כי אל · משאת לכש · נחנו שמרם ככל האתת אשר נתן
אדני · כי לא נראה את עזקה

»Allenfalls wenn der Morgen zurückkehrt. Und er soll wissen, daß wir das Zeichen von Lachisch überwachen gemäß allen Signalen, die mein Herr gegeben hat. Denn Azeqa sehen wir nicht.«

78–79 Die Archäologie belehrt uns kaum in bezug auf diese Zeichen und Standarten. Dieser letztere Ausdruck, wie auch seine gelegentliche Übersetzung mit »Banner«, kann die Phantasie irreleiten. Man weiß nur, daß es sich um Zeichen handelte, die dem Zusammenschluß dienten. דֶּגֶל bedeutet auch eine »Abteilung« der Stämme.

21. – Belagerung, Plünderung, Gefangenschaft

1*	בִּירָה	f. Festung	41	כָּבַשׁ	unterwerfen
2	מְצָד	f. } Bergfeste	42	נָדַח	zerstreuen
3	מְצוּדָה	f. }	43	חָלָל	m. Getöteter
4*	צוּר	belagern	44	שָׁמַד	ausrotten
5	מָצוֹר	m. Belagerung	----	----------	---------------------------------
6	סֹלְלָה	f. Angriffswall (§ **22**,42)	45*	בָּזַז	plündern
7	פֶּרֶץ	m. Bresche, Lücke	46	בַּז	m. } Beute, Plünderung
8	גּוּד	angreifen	47	בִּזָּה	f. }
9	חרם	(*Hifil*) zerstören (§ **18**,78)	48	שָׁסָה	plündern
10	חָרֵב	verwüstet sein	49	שָׁלַל	plündern
11	חָרְבָּה	f. Verwüstung (lies *o*)	50	שָׁלָל	m. Beute
12	הָרַס	umstürzen	----	----------	---------------------------------
13	שָׁמֵם	verwüstet werden	51	קָשַׁר	sich verbünden,
14	שְׁמָמָה	f. Verwüstung (T. § **18**,12)			sich verschwören
15	שַׁמָּה	f. Verwüstung	52	קֶשֶׁר	m. Verschwörung
16	נָגַשׂ	unterdrücken	53	פָּלַט	entkommen
17	עָשַׁק	unterdrücken	54	פָּלִיט	m. } Geretteter
18	עֹשֶׁק	m. Unterdrückung	55	פְּלֵיטָה	f. } (vgl. § **19**,70–78)
19	לָחַץ	unterdrücken	56	יָתַר	(*Hifil*) **auslassen,**
20	לַחַץ	m. Unterdrückung			**verschonen**
21	צָרַר	unterdrückt werden	57*	שָׁאַר	**übrig sein**
22	כָּלָה	f. Zerstörung	58	שְׁאָר	m. } Rest
23	הַוָּה	f. Zerstörung	59	שְׁאֵרִית	f. }
24	שׁוֹאָה	f. Unglück	60	נוּס	**fliehen**
25	שָׁחַת	zerstören	61	מָלַט	entkommen
26	מַשְׁחִית	m. Zerstörung	62	בָּרַח	entwischen
27*	שָׁבָה	gefangennehmen	63	חָסָה	sich flüchten
28*	שְׁבִי	m. } Gefangenschaft,	64	שָׂרִיד	m. Überlebender
29*	שְׁבִית	f. } Gefangene (koll.)	65	מִקְלָט	m. Asyl
30*	שְׁבוּת	f. } (T. § **14**,5)	66	מָעוֹן	m. Zufluchtsort
31	אָסִיר	m. Gefangener	67	צוּק	(*Hifil*) zwingen
32	לָכַד	**einfangen** (§ **11**,60)	68	עָלַל	mißhandeln
33	אָסַר	verbinden (§ **12**,15)	69	חָמָס	m. Gewalt
34	מוֹסֵר	m. Band	70	כָּלַם	beleidigen
35	כֹּפֶר	m. Lösegeld (§ **17**,63	71	זֵד	Adj. frech
36	פָּדָה	Lösegeld zahlen	72	זָדוֹן	m. Frechheit
37	גָּלָה	(*Hifil*) **deportieren**	73	גָּרָה	Streit suchen
38	גָּלוּת	f. Deportation	74	רִיב	mit jemandem streiten
39	גּוֹלָה	f. Deportation	75	יָנָה	mißhandeln
40	חָבַל	vernichten	76*	רָדַף	**verfolgen**
			77	שָׁדַד	Gewalt antun
			78	שֹׁד	m. Gewalt

1ff Über die Methoden und Maschinen der Belagerung vgl. Ez 4,1–3; 21,27 sowie die Beschreibung von der Belagerung Jerusalems durch Sanherib in 2 Kön 18 und 19. Vgl. vor allem die zahlreichen assyrischen Halbreliefs und die sie kommentierenden Texte.

---

4 Vgl. 21. Es gibt noch weitere zwei oder drei schwache Verben, die in Formen und Bedeutung einander verwandt sind (z.B. § **5**,20–21; **14**,10–11; **20**,61–62; T. § **6**,15; **13**,6). Dieses häufige Phänomen ist linguistisch interessant. Einige sehen darin ein Argument für die ursprüngliche Zweibuchstabigkeit der hebräischen Wurzeln. Aber das Problem ist komplex. Man müßte weitere Beispiele bringen und diskutieren, bei denen der dritte Wurzelbuchstabe kein schwacher Buchstabe ist, etwa »נָזָה = sprudeln« und »נָזַל = fließen«, oder »מָרָה« und »מָרַד = einen Aufstand machen«; dazu müßten vielfache Beobachtungen aus anderen semitischen Sprachen kommen. Bisher ist man noch nicht zu einer Lösung dieses sehr diskutierten Problems der semitischen Philologie gekommen.

27–30 שָׁבָה שְׁבִי = Gefangene machen. Dieser Ausdruck aus Ps 68 (67),19 wird Eph 4,8 zitiert: (Χριστὸς) ἀναβὰς εἰς ὕψος ᾐχμαλώτευσεν αἰχμαλωσίαν (= ± LXX) und Vulg.: *(Christus) ascendens in altum captivam duxit captivitatem ...*

Wenn man während des Kampfes wenige Gefangene machte, wurde häufig danach die gesamte Bevölkerung in die Gefangenschaft geführt und aufgeteilt auf Harem, Sklavenmarkt, Zwangsarbeit und Gefängnis. Die Praxis der Deportation (37–39), die von den assyrischen Herrschern vor allem von Teglat-Pileser III. an entwickelt wurde, ist davon etwas verschieden; sie entsprach einem genauen politischen und zugleich religiös motivierten Plan.

45–50 Daher der Sohn Jesajas (8,1–3): Maher-Schalal-Hasch-Bas (vgl. **13**,33).

---

57 Daher der andere, bekanntere Sohn von Jesaja (7,3; 10,21–22): Schear-Jaschub.

---

76 Zum Verb רָדַף (und einigen anderen) eine der wichtigsten Stellen des *Midraschs Habakuks* (der in Grotte 11 von Qumran gefunden worden ist) zu Hab 2,15:

פשרו על הכוהן הרשע אשר רדף אחר מורה הצדק לבלעו בכעס חמתו אבית
גלותו ובקץ מועד מנוחת יום הכפורים הופיע אליהם לבלעם ולכשולם ביום צום
שבת מנוחתם

P. VERMÈS übersetzt dies so: »Seine Erläuterung betrifft den gottlosen Priester, der sich auf die Verfolgung des Lehrers der Gerechtigkeit begeben hat, um ihn in die Irre zu führen, in der Aufwallung seines Zornes, am Ort seines Exils. Und es ist zur Zeit des Ruhe-Festtags des *Jom kippurim*, daß er sich ihnen vorgestellt hat, um sie in die Irre zu führen und sie straucheln zu lassen am Tag des Fastens, ihrem Ruhe-Sabbat.« (Midr. Hab. [DSH] XI,4–8)

22. – Arbeit, Berufe

1	עָבַד	**arbeiten** (T. § **19**,9)	6	מַעֲשֶׂה	m. **Tätigkeit, Tat** (11)
2	עָמַל	wirken, arbeiten	7*	פָּעַל	machen, handeln
3	עֲבֹדָה	f. **Arbeit** (§ **2**,47)	8	פֹּעַל	m. (poet.) Tat
4	מְלָאכָה	f. **Aufgabe**	9	יָגַע	sich mühen, müde sein
5	גְּמוּל	m. Wohltat, Lohn	10	יְגִיעַ	m. Werk, Produkt
11	עָשָׂה	**machen** (T. § **57**,9)	48	מוֹט	m. } Stange
12	עָמָל	m. Mühe, Arbeit (2)	49	מוֹטָה	f. } Stange
13	מַס	m. Zwangsarbeit	50	בְּרִיחַ	m. Stange (Holz)
14	פָּקַד	**überwachen** (T. § **10**,9)	51	גַּל	m. Haufen (26)
15	פָּקִיד	m. Aufseher	52	וָו	m. Nagel
16	פְּקֻדָּה	f. Überwachung	----	----------	----------------------------------
17	נָשָׂא	**emporheben**	53	אֶבֶן	f. **Stein**
18	מַשָּׂא	m. Last	54	גָּזִית	f. Steinmetzarbeit
19	רָעַע	mißhandeln	55	חוֹל	m. Sand
20	מָחַץ	zerschlagen	56	לְבֵנָה	f. Ziegel (§ **5**,11)
21	דָּכָא	zerdrücken	----	----------	----------------------------------
22	גָּזַר	abschneiden	57	יֵצֶר	m. Modell, Ziel (74)
23	נָתַץ	zerstören	58	תַּבְנִית	f. Plan, Modell (35)
24	נָקַב	durchbohren	59	בַּרְזֶל	m. Eisen
25	נָתַק	ausreißen	60	נְחֹשֶׁת	m. **Bronze, Kupfer**
26*	גָּלַל	wälzen	61	בְּדִיל	m. Zinn
27	נֶגַע	m. Schlag (§ **5**,19)	62	צָרַף	erproben, verfeinern
28	גָּעַשׁ	geschüttelt werden	63	בָּחַן	erproben
29	דָּקַק	zu Staub machen	64	סִיג	m. Schlacke
30	נָפַץ	scheitern	65	יָצַק	gießen, schmelzen (§ **8**,52)
31	חָצַב	behauen, ausgraben	66	נָסַךְ	gießen
32	סָתַם	versperren	67	מָרַט	glätten
33	נָכָה	**schlagen**	68	רָקַע	hämmern, ausdehnen
34	לָאָה	ermüdet sein	69	פָּסַל	meißeln (§ **17**,47)
35*	בָּנָה	**bauen** (T. § **5**,1)	70	חָקַק	eingravieren (§ **17**,40)
36	יָסַד	gründen	71	חָרַשׁ	eingravieren (§ **12**,1)
37	יְסוֹד	f. Fundament	72*	חָרָשׁ	m. Graveur
38	מוּסָד	m. } Gründung	----	----------	----------------------------------
39	מוּסָדָה	f. } Gründung	73	יוֹצֵר	m. Töpfer
40	סָפַן	bedecken	74*	יָצַר	formen
41	צָפָה	bekleiden	75	הָפַךְ	drehen, wechseln
42	סָלַל	bauen (Straße u. a.)	76	שָׁזַר	flechten
43	קַו	m. Meßschnur	77	רָמַס	walken
44	טוּר	m. Reihe	----	----------	----------------------------------
45	חֹמֶר	m. Tonerde	78	גַּרְזֶן	m. Axt, Hacke
46	לוּחַ	m. Brett	79	חָרַץ	schleifen
47	קֶרֶשׁ	m. Bohle	80*	שָׁנַן	schleifen

7 Dieses Verb diente bis zu W. GESENIUS († 1842) als Paradigma der Konjugation; noch heute geht unsere Terminologie teilweise darauf zurück (*Nifal, Piel,* פ"ן, usw.). Es hatte aber den Nachteil, daß sein zweiter Wurzelvokal ein Guttural war. Das Wort kommt unvergleichlich häufiger vor als קָטַל, ist aber nur im *Qal* bezeugt.

26 Eine √, von der viele Worte abgeleitet werden, die Rundheit oder Rollen ausdrücken, z.B. גַּל, m. = Haufen (51), Welle (§ **16**,39); גֵּל, m. = Fladen Kuhmist (als Brennmaterial) (vgl. § **17**,46); גַּלְגַּל, m. = Rad (§ **16**,58); הַגִּלְגָּל, Ortsname für einen Kreis von aufgerichteten Felsblöcken; גֻּלְגֹּלֶת, f. = Schädel (§ **3**,48); גֻּלָּה, f. = Becken (§ **8**,39); גָּלִיל, m. = Türangel; גְּלִילָה, f. = Landkreis (vgl. Galiläa, Jes 8,23); מְגִלָּה, f. = Rolle (§ **23**,8) u.a.

35ff Über Bau und Architektur vgl. die Texte von 1 Kön, die den Bau des Tempels (5,15ff) und des Palastes (7) betreffen, sowie Chr und Kommentare.

72 Viele Handwerke umfassend: Graveur, Schmied, Ziseleur, Bildhauer, Gießer.

74 Dieses Wort wird gebraucht für die Formung des Mannes (Gen 2,7–8); Gott arbeitet wie ein Töpfer mit Staub oder vielleicht Schlamm (§ **9**,15). Dagegen wird für die Frau das Wort »בָּנָה = bauen« gebraucht (Gen 2,22).

80 Zur Illustration die Inschrift von Siloë mit alten hebräischen Buchstaben aus dem 8. Jhdt. Sie wurde 1880 entdeckt, einige Meter vom Eingang des unterirdischen Kanals, der den Teich von Siloë mit der Giḥon-Quelle verbindet. Es handelt sich um eine Art großes *Graffito*, welches die Ingenieure und Arbeiter im Stolz auf ihr Werk hinterlassen haben. Es beschreibt den Durchbruch des Kanals. Vgl. 2 Chr 32,30; 2 Kön 20,20; Sir 48,17.

[... הנקבה · וזה · היה · דבר · הנקבה · בעוד [...] הגרזן · אש · אל · רעו · ובעוד ·
שלש · אמת · להוק[ב · בשמ]ע · קל · אש · ק[ר]א אל · רעו · כי · הית · זדה ·
בצר · מימן · ומ ...... ובים · הנקבה · הכו · החצבם · אש · לקרת · רעו · גרזן ·
על · גרזן וילכו · המים · מן · המוצא · אל · הברכה · במאתים · ואלף ·
אמה · ומאת · אמה · היה · גבה · הצר · על · ראש · החצבם ·

Man lasse sich nicht durch defektive Schreibweise (אש statt אִישׁ) oder das eine oder andere unbekannte Wort stören: זדה = »Spalt, Loch« (?), nach anderen »Echo« (?). נקבה läßt sich leicht als von נקב (§ **22**,24) abgeleitet erkennen: »[Hier] ist der Tunnel, und dies war die Geschichte des Durchbruchs: während noch [die Steinhauer] die Beilhacken [schwangen], jeder auf den anderen zu, und während (nur) noch drei Ellen zu durch[brechen waren, hör]te man Stimme(n) einander zurufen, denn es war ein Tönen im Fels, von Süden und [von Nord]en. – Und am Tag des Durchbruchs schlugen die Steinhauer einer dem anderen entgegen, Beilhacke gegen Beilhacke. Und das Wasser lief von der Quelle zum Teich auf tausendzweihundert Ellen, und hundert Ellen war die Höhe des Felsens über dem Kopf der Steinhauer.« (Übersetzt von DIETHELM CONRAD, in: Texte aus der Umwelt des Alten Testaments 11,4, Gütersloh, Gütersloher Verlagshaus Gerd Mohn 1988, 555f.)

23. – Unterricht, geistiges Leben

1	יָדַע	**kennen** (T. § **11**,3)	6	סֵפֶר	m. **Buch, Brief** (T. § **29**,3)
2	דֵּעַ	m. ⎫	7	אִגֶּרֶת	f. Brief
3	דֵּעָה	f. ⎬ Kenntnis	8*	מְגִלָּה	f. Rolle, Band
4	דַּעַת	f. ⎭	9	סֹפֵר	m. Schreiber
5	תַּחְבֻּלָה	f. Ausrichtung, Verhalten	10*	כְּתָב	m. Schrift, Schriftliches (57)
11	מַחֲשָׁבָה	f. Denken	44	אָמַן	bestätigen
12	חָשַׁב	**denken**	45	אֱמֶת	f. Festigkeit
13	בִּינָה	f. ⎫ Verstand (§ **5**,10)	46	תִּקְוָה	f. Hoffnung
14	תְּבוּנָה	f. ⎭	47	קָוָה	hoffen (T. § **11**,16)
15	חָכַם	weise sein	48	חָכָה	warten
16	חָכָם	Adj. **weise**	49	יָחַל	warten
17	חָכְמָה	f. **Weisheit** (lies *o*)	50	מִבְטָח	m. Vertrauen
18	יָעַץ	beraten	51	בֶּטַח	m. Sicherheit (T. § **31**,13)
19	עֵצָה	f. Rat, Meinung	52	בָּטַח	Vertrauen haben
20	סוֹד	m. Vertrauen	53	אַלּוּף	Adj. vertrauend
21	זָמַם	nachdenken	54	אָכֵן	Adv. gewiß
22	מְזִמָּה	f. Plan	55	קָרָא	**lesen** (T. § **12**,1)
23	שִׂיחַ	beschäftigt sein	56*	מָשָׁל	m. Sprichwort
24	שִׂיחַ	m. Beschäftigung	57	כָּתַב	**schreiben**
25	יָכַח	entscheiden, beweisen	58	מִכְתָּב	m. Geschriebenes
26	עֵקֶב	m. Folge (§ **3**,63)	59	חָתַם	siegeln
----	---------	------------------------------------	60	חוֹתָם	m. Siegel
27	גָּמַל	vollenden, heimzahlen	61	טַבַּעַת	f. Ring (Siegel)
28*	גָּמַר	beenden	62	מַלְאָךְ	m. **Bote, Engel**
29	חָדַל	aufhören	63	שָׁלַח	**schicken** (T. § **1**,5)
30*	שָׁבַת	anhalten, aufhören	64	שְׁמוּעָה	f. Nachricht (§ **5**,29)
31	מוּשׁ	aufhören, verschwinden	65	נָגַד	(*Hif.*) **erklären** (T. § **40**,13)
32	כָּלָה	**aufhören, vollenden**	66	גָּלָה	entblößen, offenbaren
33	אָלַף	(*Piel*) unterweisen	67	בָּשַׂר	melden
34	זָהַר	warnen	----	----------	----------------------------------
35	מוּסָר	m. Zucht	68	זָכַר	**sich erinnern**
36	יָסַר	unterweisen, bestrafen	69	זֵכֶר	m. Erinnerungszeichen
37*	לָמַד	lernen	70	נָשָׁה	vergessen
38	לִמֵּד	m. Schüler	71	שָׁכַח	**vergessen**
39	עָנָה	**antworten** (T. § **25**,5)	----	----------	----------------------------------
40*	שָׁנָה	wiederholen (§ **13**,53)	72	חָלַם	träumen
41	חִידָה	f. Rätsel	73	חֲלוֹם	m. Traum
42	אֱמוּנָה	f. Vertrauen (T. § **60**,7)	74	לָשׁוֹן	mf. **Sprache** (§ **3**,41)
43	אָמֵן	Adv. gewiß	75	שָׂפָה	f. **Lippe, Sprache** (§ **3**,40)

8 Bekannt sind die fünf *Megillot* (§ **22**,26) oder fünf »Buchrollen« (Hoheslied, Rut, Klagelieder, Kohelet, Ester), die zu den *Ketubîm* der hebräischen Bibel gehören und an den fünf großen Festen des Frühjudentums gelesen wurden.

10 Das Wort »Schrift« wird nicht vor der christlichen Epoche gebraucht, um das Ganze der Bibel zu bezeichnen. Selbst im NT bedeutet eine »Schrift« (γραφή) einen einzelnen Text, der den heiligen Büchern entnommen ist, nicht das Ganze. Die älteste Bezeichnung des Ganzen (dreimal im Prolog von Sirach) entspricht der heutigen Einteilung der hebräischen Bibel: תּוֹרָה נְבִיאִים וּכְתוּבִים (abgekürzt: תנך, *Tanak*): »Gesetz, Propheten, Schriften«. Später, in der masoretischen Zeit, gebraucht man das Wort מִקְרָא (55).

In diesem Zusammenhang noch einige Ergänzungen, die auf berechtigte Neugier antworten. Die Einteilung der Heiligen Schrift in Verse (פְּסוּקִים, Pl. von פָּסוּק, Gr. § **18**, III) entstand kurz vor der Arbeit der Masoreten. Diese zählten, um den Text zu fixieren, die Verse jedes Buchs und notierten sorgfältig das Resultat jeweils am Schluß desselben. So liest man in der Bibel von KITTEL am Schluß des Buchs Genesis: »סכום הפסוקים של ספר אלף וחמש מאות ושלשים וארבעה = Gesamt der Verse des Buchs: 1534«. In anderen Ausgaben liest man noch ausführlichere Angaben. Die Einteilung in Kapitel ist jüngeren Datums (15. Jhdt.) und ist in Nachahmung des christlichen Gebrauchs eingeführt worden. Die Masoreten kannten und haben uns überliefert die Einteilung in Abschnitte (פָּרָשׁוֹת), welche in unseren heutigen Bibeln durch die Buchstaben פ (פְּתוּחָה = **offener** Abschnitt, auf den eine neue Zeile folgt) und ס (סְתוּמָה = **geschlossener** Abschnitt, ohne neue Zeile) bezeichnet wird. Die Buchstaben פפפ und ססס bedeuten große Abschnitte.

28 Davon im mittleren Hebräisch וְגוֹמַר (abgekürzt וגו׳), das unserem »usw.« entspricht (wörtlich: »und was abschließt«).

30 Davon der Sabbat, das Aufhören der Arbeit, Ex 20,8–11 und Dt 5,12–15; Ex 23,12; 16,23–30; Lev 23,3.

37 Davon »*Talmud* = Unterricht«.

40 Davon »*Mischna* = Wiederholung«, sei es, daß es sich um eine Wiederholung des Gesetzes (vgl. die Bedeutung des Wortes »Deuteronomium«), sei es um eine mündliche Unterweisung handelt, die durch Wiederholung weitergegeben und erlernt wurde, bevor sie um 200 n. Chr. schriftlich fixiert wurde.

56 Zum Sinn dieses Wortes (Ausspruch, Maxime, Rede, Epigramm, Satire, Rätsel, Vergleich, Parabel) vgl. die Einleitungen zum Buch der Sprichwörter.

24. – Gefühle

1	אָבַל	traurig sein (§ **4**,34)	19	פָּחַד	beben
2*	אָוֶן	m. Kummer	20	פַּחַד	m. Beben
3	עָנָה	bekümmert sein	21	רָגַז	hin und her bewegt werden
4	עֳנִי	m. Betrübnis	22	עָרַץ	schaudern
5	יָגוֹן	m. Kummer	23	חָתַת	von Schrecken befallen werden
6	כַּעַס	m. Kummer	24	מְחִתָּה	f. Schrecken, Einsturz
7	כָּעַס	ärgerlich sein	25	עָנִי	Adj. bekümmert sein
8	צַר	m. } Not (§ **21**,21)	26	עָצַב	Mühe machen
9	צָרָה	f. }	27	אָבֵל	Adj. in Trauer (1)
10	בָּכָה	**weinen**	28	אֵיד	m. Unglück
11	בְּכִי	m. Tränen	29	נָסָה	(*Piel*) versuchen, erproben
12	דִּמְעָה	f. Tränen	30	זַעֲוָה	m. Beben (T. § **18**,7)
13	אֵימָה	f. Schrecken	31	בָּעַת	einen Schrecken einjagen
14	בַּלָּהָה	f. Entsetzen	32	חָרַד	beben
15	בָּהַל	jemanden erschrecken	33	חֲרָדָה	f. Beben
16*	יִרְאָה	f. Furcht	34	רָעַשׁ	zittern
17	מוֹרָא	m. Angst	35	רַעַשׁ	m. Zittern
18	יָרֵא	**fürchten**	36	נוּעַ	beben

37	שִׂמְחָה	f. Freude	59	מַחְמַד	m. Wünschenswertes
38	שָׂמֵחַ	Adj. freudig	60	חֶמְדָּה	f. Wünschenswertes
39	שָׂמַח	**froh sein**	61	נָחַם	(*Piel*) **trösten**
40	גִּיל	sich freuen	62	חָמַל	Mitleid haben
41	עָנֹג	(*Hitpael*) Gefallen finden	63	רָחַם	sich erbarmen
42	חָפֵץ	sich vergnügen	64	רַחוּם	Adj. mitfühlen
43	חָפֵץ	Adj. vergnügt	65	רַחֲמִים	m.Pl. Mitleid
44	חֵפֶץ	m. Vergnügen	66	חוּס	sich erbarmen
45	עָלַז	jubeln	67	נָשַׂג	erlangen
46	נָעֵם	angenehm sein	68	צָלֵחַ	Erfolg haben
47	נָעִים	Adj. angenehm	69	תּוֹדָה	f. Danksagung (§ **17**,37)
48*	צָחַק	lachen	70	יָדָה	danken, loben
49	שִׂישׂ	jubeln	71	נְדָבָה	f. Freiwilligkeit (54)
50	שָׂשׂוֹן	m. Jubel	72	שָׂגַב	gedeihen
51	מָשׂוֹשׂ	m. Jubel (vgl. § **2**,74–80)	73	רָצוֹן	m. Gunst
52	אָוָה	wünschen	74	רָצָה	begünstigen
53	תַּאֲוָה	f. Wunsch	75	תְּחִנָּה	f. Bitte
54	נָדַב	gerne tun	76	חַנּוּן	Adj. gnädig
55	נָדִיב	Adj. geneigt (71)	77	חִנָּם	Adv. umsonst (§ **13**,45 B)
56	אָבָה	annehmen	78*	חֵן	m. Gnade
57*	יָאַל	(*Hifil*) geruhen	79	חָנַן	eine Gnade gewähren
58*	חָמַד	wünschen	80	שָׁאַל	**bitten**

2 Nicht verwechseln mit עָוֹן (§ **25**,39). Sich erinnern an בֶּן־אוֹנִי, *Ben-Oni*, Sohn von Rachel und Jakob, so von seiner sterbenden Mutter genannt. Aber der Vater veränderte diesen Namen zu Benjamin (§ **16**,72), Gen 35,18.

16 Über »Furcht JHWHs (יִרְאַת יְהוָה)« und deren religiöse Bedeutung vgl. die Kommentare zu den Weisheitsbüchern. Die »Furcht JHWHs« gehört zu den Attributen des Geistes JHWHs, der auf dem »Sprößling des Baumes Jesse« ruhen soll, Jes 11,2. Diese »Furcht JHWHs« hat die Vulg., darin der LXX folgend, zweigeteilt in *spiritus pietatis* und *spiritus timoris Domini*, so daß eine Schriftgrundlage für unsere **sieben** Gaben des Heiligen Geistes entstand.

46 Davon נָעֳמִי, Noomi; vgl. Rut 1,20: »Nennt mich nicht mehr *Noomi* (meine Liebliche), nennt mich *Mara* (Bittere, Bitterkeit)« (§ **8**,36).

48 Davon *Isaak*. Vgl. die verschiedenen Anspielungen von Gen 17,17; 18,12–15; 21,6–9 (wo dasselbe Verb den Sinn von »spielen« hat); gleichwohl bietet der Text keine ausdrückliche Etymologie des Namens.

57 Zu dem Verb יָאַל, manchmal (im *Hifil*) als Halbhilfszeitwort (ähnlich wie שׁוּב und יָסַף) gebraucht, und zwar im Sinn von »sich würdigen«, vgl. **T** § **61**,2.

58 Dasselbe Verb im Arabischen (mit dem Sinn von »loben«) hat den Eigennamen Moḥammed ermöglicht: Part. pass. der 2. Form (= *Piel*): *Muqaṯṯel*.

78 Von daher viele Eigennamen: Anna, Hanania, Johannes (Jehoḥanân); vgl. auch das punische Hannibal (Hanni-baal = Gnade Baals, § **11**,80).

Wir haben bereits die *Pirḳe aboṯ* erwähnt (T. § **46**,2). Hier deren erste Verse, die eine leichte Übung darstellen und einen ersten Kontakt mit dem Mittleren Hebräisch bieten. (Einst hat man **Althebräisch** oder Biblisches Hebräisch vom **Neuhebräisch** oder rabbinischen Hebräisch unterschieden; letzteres enthielt viele Aramäismen und wurde von der Mischna, dem Talmud und den Schriften der Rabbiner des Mittelalters repräsentiert. Heute nennt man letzteres eher **Mittelhebräisch** und verwendet die Bezeichnung **Neuhebräisch** nur für das moderne Hebräisch, welches der Staat Israel als Nationalsprache angenommen hat.)

1 מֹשֶׁה קִבֵּל תּוֹרָה מִסִּינַי וּמְסָרָהּ לִיהוֹשֻׁעַ וִיהוֹשֻׁעַ לִזְקֵנִים וּזְקֵנִים לִנְבִיאִים וּנְבִיאִים
מְסָרוּהָ לְאַנְשֵׁי כְנֶסֶת הַגְּדוֹלָה · הֵם אָמְרוּ שְׁלֹשָׁה דְבָרִים: הֱיוּ מְתוּנִים בַּדִּין וְהַעֲמִידוּ
תַלְמִידִים הַרְבֵּה וַעֲשׂוּ סְיָג לַתּוֹרָה |
2 שִׁמְעוֹן הַצַּדִּיק הָיָה מִשְּׁיָרֵי כְנֶסֶת הַגְּדוֹלָה · הוּא הָיָה אוֹמֵר:
עַל שְׁלֹשָׁה דְבָרִים הָעוֹלָם עוֹמֵד עַל הַתּוֹרָה וְעַל הָעֲבוֹדָה וְעַל גְּמִילוּת חֲסָדִים · |
3 אַנְטִיגְנֹס אִישׁ סוֹכוֹ קִבֵּל מִשִּׁמְעוֹן הַצַּדִּיק · הוּא הָיָה אוֹמֵר:
אַל תִּהְיוּ כַעֲבָדִים הַמְשַׁמְּשִׁין אֶת־הָרַב עַל מְנָת לְקַבֵּל פְּרָס אֶלָּא הֱיוּ כַעֲבָדִים הַמְשַׁמְּשִׁין
אֶת־הָרַב עַל־מְנָת שֶׁלֹּא לְקַבֵּל פְּרָס וִיהִי מוֹרָא שָׁמַיִם עֲלֵיכֶם ·

25. Sittliche Wertungen

1	יָשָׁר	Adj. **gerade** (§ **9**,29)
2	יֹשֶׁר	m. } Geradheit
3	מֵישָׁר	m. } Geradheit
4	צֶדֶק	m. Gerechtigkeit
5	צְדָקָה	f. **Gerechtigkeit**
6	צָדֵק	gerecht sein
7	צַדִּיק	Adj. **gerecht**
8	שֵׂכֶל	m. Klugheit
9	שָׂכַל	klug sein
10	רָכַךְ	feinfühlig sein
11	מִבְחָר	m. das Beste (§ **19**,17)
12	נָקִי	Adj. unschuldig (lies *o*)
13	פָּתָה	einfach sein
14	פֶּתִי	Adj. einfach
15	כֵּן	Adj. ehrbar
16	כּוּן	**fest sein**
17	נְדִיבָה	f. Edelmut
18	כָּנַע	sich demütigen
19	שָׁחַח	sich neigen
20	יָעַל	(*Hifil*) nützlich sein
21	סָעַד	stützen
22	שָׁמַט	fallen lassen
23	חֶסֶד	m. **Güte, Mitleid**
24	חָסִיד	Adj. mitleidig
25	מָאַן	(*Piel*) zurückweisen
26	מָנַע	zurückweisen
27	תָּעַב	verabscheuen
28	סוּר	**abweichen, sich wegwenden**
29	סוּת	(*Hifil*) anstiften
30	חָשַׂךְ	zurückhalten
31	עָצַר	hindern
32	עָכַר	untersagen
33	נָטַשׁ	erlauben, lassen
34	חָטָא	**sündigen** (T. § **75**,3)
35	חֵטְא	m. Sünde
36	חַטָּאָה	f. Sünde
37	חַטָּאת	f. **Sünde** (§ **18**,31)
38	חַטָּא	Adj. sündig
39	עָוֹן	m. **Bosheit**
40	עָוָה	Böses tun
41	פֶּשַׁע	m. Übertretung
42	תּוֹעֵבָה	f. **Greuel** (27)
43	שָׁגַג	irrtümlich handeln
44	שְׁגָגָה	f. unfreiwilliger Fehler, Versehen
45	מַעֲלָל	m. } Untat
46	עֲלִילָה	f. } Untat
----	---------	--------------------------------------
47	סוּג	sich entfernen (von Gott)
48	בָּדַל	sich trennen
49	פָּרַד	trennen
50	יָסַר	strafen
51	מוּסָר	m. Strafe
52	גָּעַר	tadeln
53	גְּעָרָה	f. Tadel
54	תּוֹכַחַת	f Vorwurf
55	חָרַף	vorwerfen
56	חֶרְפָּה	f. Vorwurf
57	מַגֵּפָה	f. Geißel, Bestrafung
58	מָעַל	untreu sein
59	מַעַל	m. Untreue
60	נָאַף	ehebrechen (T. § **23**,5)
61	זָנָה	Unzucht begehen
62	זְנוּנִים	m.Pl. Unzucht
63	זִמָּה	f. schlechtes Verhalten
64	קָנָא	eifersüchtig sein
65	קִנְאָה	f. Eifersucht
66	בְּלִיַּעַל	m. Nichts
67	רִיק	m. Nichtigkeit
68	שָׁוְא	m. Nichtigkeit
69	רֵיקָם	Adv. nichtigerweise (§ **13**,45 B)
70	רֵיק	Adj. nichtig
71	כֶּסֶל	m. Einbildung
72	כְּסִיל	Adj. eingebildet
73	אִוֶּלֶת	m. Torheit
74	אֱוִיל	Adj. ungereimt
75	נְבָלָה	f. Dummheit (oft für Sexualvergehen) (T. § **23**,3)
76	נָבָל	Adj. dumm, töricht
77	מוּם	m. Fehler, Makel
----	---------	--------------------------------------
78	תּוֹרָה	f. **Gesetz** (§ **17**,38–44)
79	גְּמוּל	m. Belohnung
80	פְּעֻלָּה	f. Belohnung

Zum Abschluß einige Texte, an denen sich bereits Fortgeschrittene üben können. Zunächst ein leichter biblischer Text ohne Vokalisation. Man lese ihn mit genauer Aussprache, übersetze ihn dann und frage sich, ob es nicht andere Interpretationsmöglichkeiten gibt als die von der masoretischen Vokalisation vorgesehenen.

1 ויהי איש אחד מן־הרמתים צופים מהר אפרים ושמו אלקנה בן־ירחם בן־אליהוא בן־תחו
בן־צוף אפרתי:
2 ולו שתי נשים שם אחת חנה ושם השנית פננה ויהי לפננה ילדים ולחנה אין ילדים:
3 ועלה האיש ההוא מעירו מימים ימימה להשתחות ולזבח ליהוה צבאות בשלה ושם שני
בני־עלי חפני ופנחס כהנים ליהוה:
4 ויהי היום ויזבח אלקנה ונתן לפננה אשתו ולכל־בניה ובנותיה מנות:
5 ולחנה יתן מנה אחת אפים כי את־חנה אהב ויהוה סגר רחמה:
6 וכעסתה צרתה גם־כעס בעבור הרעמה כי־סגר יהוה בעד רחמה:
7 וכן יעשה שנה בשנה מדי עלתה בבית יהוה כן תכעסנה ותבכה ולא תאכל:
8 ויאמר לה אלקנה אישה חנה למה תבכי ולמה לא תאכלי ולמה ירע לבבך הלוא אנכי טוב
לך מעשרה בנים:
9 ותקם חנה אחרי אכלה בשלה ואחרי שתה ועלי הכהן ישב על־הכסא על־מזוזת היכל יהוה:
10 והיא מרת נפש ותתפלל על־יהוה ובכה תבכה:
11 ותדר נדר ותאמר יהוה צבאות אם־ראה תראה בעני אמתך וזכרתני ולא־תשכח את־אמתך
ונתתה לאמתך זרע אנשים ונתתיו ליהוה כל־ימי חייו ומורה לא־יעלה על־ראשו:
12 והיה כי הרבתה להתפלל לפני יהוה ועלי שמר את־פיה:
13 וחנה היא מדברת על־לבה רק שפתיה נעות וקולה לא ישמע ויחשבה עלי לשכרה:
14 ויאמר אליה עלי עד־מתי תשתכרין הסירי את־יינך מעליך:
15 ותען חנה ותאמר לא אדני אשה קשת־רוח אנכי ויין ושכר לא שתיתי ואשפך את־נפשי
לפני יהוה:
16 אל־תתן את־אמתך לפני בת־בליעל כי־מרב שיחי וכעסי דברתי עד־הנה:
17 ויען עלי ויאמר לכי לשלום ואלהי ישראל יתן את־שלתך אשר שאלת מעמו:
18 ותאמר תמצא שפחתך חן בעיניך ותלך האשה לדרכה ותאכל ופניה לא־היו־לה עוד:
19 וישכמו בבקר וישתחוו לפני יהוה וישבו ויבאו אל־ביתם הרמתה וידע אלקנה את־חנה
אשתו ויזכרה יהוה:
20 ויהי לתקפות הימים ותהר חנה ותלד בן ותקרא את־שמו שמואל כי מיהוה שאלתיו:
21 ויעל האיש אלקנה וכל־ביתו לזבח ליהוה את־זבח הימים ואת־נדרו:
22 וחנה לא עלתה כי־אמרה לאישה עד יגמל הנער והבאתיו ונראה את־פני יהוה וישב שם
עד־עולם:
23 ויאמר לה אלקנה אישה עשי הטוב בעיניך שבי עד־גמלך אתו אך יקם יהוה את־דברו
ותשב האשה ותינק את־בנה עד־גמלה אתו:
24 ותעלהו עמה כאשר גמלתו בפרים שלשה ואיפה אחת קמח ונבל יין ותבאהו בית־יהוה
שלו והנער נער:
25 וישחטו את־הפר ויביאו את־הנער אל־עלי:
26 ותאמר בי אדני חי נפשך אדני אני האשה הנצבת עמכה בזה להתפלל אל־יהוה:
27 אל־הנער הזה התפללתי ויתן יהוה לי את־שאלתי אשר שאלתי מעמו:
28 וגם אנכי השאלתיהו ליהוה כל־הימים אשר היה הוא שאול ליהוה
וישתחו שם ליהוה: (1 Sam 1,1-28)

26. – Bosheit, Zorn

1	אָיַב	**Feind sein**	41	מָאַס	zurückstoßen
2	אֵיבָה	f. Feindschaft	42	זָנַח	zurückweisen
3	צָרַר	feindlich sein	----	----------	----------------------------------
4	צַר	m. Gegner	43	קָשָׁה	streng sein
5	שָׂנֵא	**hassen**	44	קָשֶׁה	Adj. streng, hart
6	שִׂנְאָה	f. Haß	45	בּוּז	verachten
7	קוּץ	Abneigung haben	46	בָּזָה	verachten
8	נָקָם	m. } Rache	47	בּוּז	m. Verachtung
9	נְקָמָה	f.	48	כְּלִמָּה	f. Beleidigung
10	נָקַם	rächen	49	נָאַץ	verachten
----	---------	------------------------------------	50	קָלָה	verachten
11	נָכָה	**schlagen**	51	קָלוֹן	m. Entehrung
12	רָצַח	morden	52	חָפַר	sich schämen
13	סָקַל	steinigen	53	בּוֹשׁ	**sich schämen**
14	רָגַם	steinigen	54*	בֹּשֶׁת	f. Scham
15	תָּלָה	aufhängen	55	רָשַׁע	böse sein
16	גָּנַב	stehlen	56	רָשָׁע	Adj. **böse**
17	גַּנָּב	m. Dieb	57	רֶשַׁע	m. } Bosheit
18	גָּזַל	sich bemächtigen	58	רִשְׁעָה	f.
19	מָדוֹן	m. Streit (§ **19**,53)	59	רָעַע	böse sein
20	רִיב	m. Streit	60	רֹעַ	m. Übel (T. § **17**,15)
21	עָוֶל	m. } Unrecht	61	רָעָה	f. **Bosheit**
22	עַוְלָה	f.	62	רַע	Adj. **schlecht**
23	אָשַׁם	beleidigen	----	----------	----------------------------------
24	אָשָׁם	m. } Beleidigung	63*	כָּזַב	lügen
25	אַשְׁמָה	f.	64	כָּזָב	m. Lüge
----	---------	------------------------------------	65	בָּגַד	mit Falschheit handeln
26	עֶבְרָה	f. Arroganz	66*	שֶׁקֶר	m. **Falschheit**
27*	גָּאוֹן	m. Stolz (§ **19**,42)	67	כַּחַשׁ	m. Lüge
28	אַף	m. **Zorn** (§ **5**,17)	68	נָשָׁא	täuschen
29	זָעַם	fluchen	69	כָּחַשׁ	lügen, leugnen
30	זַעַם	m. Fluch	70	עָרוּם	Adj. schlau
31	אָרַר	fluchen	71	חָלָק	Adj. süß, süßlich
32	קָבַב	fluchen	72	לִיץ	verhöhnen
33	קְלָלָה	f. Fluch	73	לָעַג	verhöhnen
34	חָרָה	in Zorn entbrennen	74	שָׂחַק	lachen, sich lustig machen
35	חָרוֹן	m. Zorneshitze	75	שְׂחוֹק	m. Hohn
36	חֵמָה	f. **Wut**	76	זִיד	frech handeln
37	קָצַף	wütend sein	77	לוּן	murren gegen
38	קֶצֶף	m. Wut	78	סָרַר	starrsinnig sein
39	אָנֵף	zürnen (28)	79	עָצֵל	Adj. faul
40	פָּרַץ	ausbrechen	80	עִקֵּשׁ	Adj. verderbt

16f Vgl. jiddisch »Ganove«.

27 Diesen Titel gab man im hohen Mittelalter bestimmten Rabbinern, die eine Schule leiteten (ungefähr soviel wie »Exzellenz«) (§ **19**,42).

54 Das Wort בֹּשֶׁת muß dazu gedient haben, ein anderes Wort zu ersetzen, das man aus religiösen oder moralischen Gründen nicht aussprechen wollte. So in den Eigennamen: Ischboschet für Ischbaal (2 Sam 2,8 = 1 Chr 8,33); aber auch in Texten wie Hos 9,10, Jer 3,24; 11,13. In ähnlich gelagerten Fällen hat man nur die Vokalisation von *boschet* verwandt, d. h. man wandte auf ein Wort, das man in seiner eigenen Form nicht aussprechen wollte, die Vokale des Wortes בֹּשֶׁת an. So wurde aus der Gottheit מֶלֶךְ (= König) ein מֹלֶךְ (Vulg. *Moloch*, nach der LXX), 2 Kön 23,10 u. a.

63 Der Anführer des jüdischen Aufstands (132–135 n. Chr.) nannte sich selbst בַּר כֹּכְבָא (= Sternensohn), was als messianischer Titel angesehen wurde (vgl. Num 24,17). Von anderen wurde dieser Titel dann zu בַּר כּזִיבָא (= Sohn der Lüge) verballhornt.

66 Von diesem Wort (oder seiner aramäischen Entsprechung) kommt wohl Iskariot (*Šqariā* oder mit hinzugefügtem *i*: *Išqariā*) = Heuchler, Verräter. Dieser Begriff diente bei den ersten Christen, um Judas vom gleichnamigen Judas, dem heiligen Apostel, zu unterscheiden. Die Erklärung *Isch-qeriot* (= der Mann aus [der unbekannten Ortschaft] *Qeriot*) ist kaum festzuhalten.

Hier ein Teil der Inschrift der **Mešastele** (Gr. § **3**,1), deren rekonstruierte Fragmente man im Louvre besichtigen kann. Sie ist in einem moabitischen Dialekt geschrieben, der dem klassischen Hebräisch sehr nahe ist.

אנך · משע · בן · כמשכן · מלך · מאב · הדיבני | אבי · מלך · על · מאב · שלשן · שת · ואנך ·
מלכתי · אחר · אבי | ואעש · הבמת · זאת · לכמש · בקרחה | בנס-- · ישע · כי · השעני · מכל ·
השלכן · וכי · הראני · בכל · שנאי | עמרי · מלך · ישראל · ויענו · את · מאב · ימן · רבן · כי ·
יאנף · כמש · בארצה | ויחלפה · בנה · ויאמר · גם · הא · אענו · את · מאב | בימי · אמר · -- ·
וארא · בה · ובבתה | וישראל · אבד · אבד · עלם · וירש · עמרי · את · ארץ · מהדבא |
וישב · בה · ימה · וחצי · ימי · בנה · ארבען · שת · וישבה · כמש · בימי | ואבן · את · בעלמען ·
ואעש · בה · האשוח · ואבן · את · קריתן | ואש · גד · ישב · בארצ · עטרת · מעלם · ויבן · לה ·
מלך · ישראל · את · עטרת | ואלתחם · בקר · ואחזה | ואהרג · את · כל · העם · - · הקר · רית ·
לכמש · ולמאב | ואשב · משם · את · אראל · דודה · ואסחבה · לפני · כמש · בקרית |
ואשב · בה · את · אש · שרן · ואת · אש · מחרת | ויאמר · לי · כמש · לך · אחז · את · נבה ·
על · ישראל | ואהלך · בללה · ואלתחם · בה · מבקע · השחרת · עד · הצהרם | ואחזה · ואהרג ·
כל · שבעת · אלפן · גברן · וגרן · וגברת · וגרת · ורחמת | כי · לעשתר · כמש · החרמתה | ואקח ·
משם · א--- · לי · יהוה · ואסחב · הם · לפני · כמש | ומלך · ישראל · בנה · את · יהץ · וישב ·
בה · בהלתחמה · בי | ויגרשה · כמש · מפני · ואקח · ממאב · מאתן · אש · כל · רשה | ואשאה ·
ביהץ · ואחזה · לספת · על · דיבן

Man lasse sich nicht von fehlenden *matres lectionis* oder einigen ungewöhnlichen Formen verunsichern: אנך (= *anak*?) für אנכי, שת für שנה, Plurale auf ין statt auf ים (vgl. aramäisch), die Verbform הלתחם, *Hitpael* mit Umstellung von לחם. Nichtbiblische Worte sind אשוח (Brunnen, Zisterne?, vgl. Sir 50,3) und רית (רִיַּת, für רְאִיַּת = Schauspiel?). Vgl. KURT GALLING (Hrsg.), Textbuch zur Geschichte Israels, Tübingen [3]1979, 52.

Schlußwort

Wir sind an das Ende dieser Einführung ins Hebräische gelangt. Was haben wir erreicht? Wer mit Aufmerksamkeit mitgemacht hat, besitzt erste Grundlagen der *deskriptiven Grammatik* des biblischen Hebräisch oder genauer des masoretischen biblischen Hebräisch. Diese Präzisierungen markieren die Ausdehnung und die Grenze des erreichten Wissens.

Letzteres ist vor allem *deskriptiv*. Wir haben nur seltene und sehr unzureichende Hinweise zu den Gebieten der historischen Grammatik und der vergleichenden Linguistik gegeben.

Mehr noch: Wir haben uns auf das Studium des *masoretischen* biblischen Hebräisch beschränken müssen, also auf den Zustand der hebräischen Sprache, wie er uns von den rabbinischen Schulen des hohen Mittelalters überliefert worden ist. Diese Entscheidung ist nicht ohne Nachteile; denn sie bedeutet den Bezug auf ein spätes und teilweise künstliches System. Dennoch lag sie nahe, insofern das System vollständig und genau ist und darüber hinaus auf einer soliden Überlieferung beruht.

Es kann also nicht darum gehen, diese Entscheidung rückgängig zu machen[1]. Aber wer Interesse an der hebräischen Sprache gewonnen hat, wird sich auch für den Zustand der hebräischen Sprache in früheren Epochen und in ihren Anfängen zu interessieren beginnen[2].

Für solche Zwecke sind nützliche Hinweise zu finden in den beiden ausgezeichneten Hebräisch-Grammatiken auf französisch: MAYER LAMBERT (vor allem in der Morphologie) und PAUL JOÜON (ausführlicher und besonders originell in der Syntax). Für eine weitere Vertiefung seien die deutschen Hebräisch-Grammatiken von GOTTHELF BERGSTRÄSSER und HANS BAUER / PONTUS LEANDER empfohlen oder die englischen Arbeiten von SAMUEL ROLLES DRIVER und GODFREY ROLLES DRIVER (Vater und Sohn)[3] Aber unser Ziel ist nicht, zu dieser Weiterführung anzuleiten; einer Anleitung bedarf es nicht mehr. Wir wünschen nur noch gutes Gelingen.

---

1 In der Vergangenheit haben große Exegeten dies versucht. C. F. HOUBIGANT, einer der Meister der Textkritik im 18. Jahrhundert, hat seine sämtlichen Arbeiten allein auf den konsonantischen Text der Bibel aufgebaut.

2 Man kann ihr natürlich auch in ihren späteren Entwicklungen nachgehen. Insbesondere wird das Studium des Neuhebräischen, wie es in Israel gesprochen wird, – wenn es schon keinen bedeutenden Fortschritt in linguistischer Wissenschaft bringen wird –, den Umgang mit dem Vokabular und der normalen Syntax erleichtern.

3 Nicht zu vergessen die Studien von P. DHORME über »Die Sprache Kanaans«, das frühe Hebräisch nach den Dokumenten von El-Amarna (Revue Biblique 22 [1913] und 23 [1914]). – Anmerkung des Übersetzers: Unter den Grammatiken ist heute auch zu empfehlen die englische Ausgabe: PAUL JOÜON / TAKAMITSU MURAOKA, A Grammar of Biblical Hebrew, Rom 1991, sowie RUDOLF MEYER, Hebräische Grammatik, Berlin ^{3}1966–1972 (Sammlung Göschen), ferner JACOB WEINGREEN, A Practical Grammar for Classical Hebrew, Oxford ^{2}1959, und THOMAS O. LAMBDIN, Introduction to Biblical Hebrew, New York 1971. Zur Vertiefung in einem zweiten Durchgang sei empfohlen: ERNST JENNI, Lehrbuch der Hebräischen Sprache des Alten Testaments, Basel-Stuttgart ^{2}1981, vor allem aber PAGE H. KELLEY, Biblical Hebrew – An Introductory Grammar, Michigan 1992.

INDIZES

Index der erläuterten hebräischen Wörter

Schriftstellen

Sachweiser

Autoren (die Zahlen beziehen sich auf Seiten)